COMPARISON OF
FISHERMEN'S SOCIETY
BETWEEN
CHINA AND JAPAN
IN THE PERIOD OF
SOCIAL TRANSFORMATION

李晶 著

# 中日渔民社会

社会转型期湛江与石卷地区渔民社会的人类学民族志

社会科学文献出版社
SOCIAL SCIENCES ACADEMIC PRESS (CHINA)

# 序　言

《中日渔民社会——社会转型期湛江与石卷地区渔民社会的人类学民族志》即将问世，作者李晶教授嘱我作序，中学同窗，多年情谊，自不能推辞。我们1973年上高中，值"文革"后期，社会动荡，未来不明，李晶等意气相投的同学常来我家聚，排泄苦闷，讨论问题，探索哲理。我们都来自知识分子家庭，有几位的父亲是大学老师，李晶的父亲是内蒙古大学的老师，擅长俄语和日语，我父亲在画报社工作，家里都有些藏书。寒暑假到了，我们对酒当歌，高谈阔论，传阅"禁书"和名著，对罗曼·罗兰的《约翰·克利斯朵夫》印象深，大家受书中主角的感召，发誓不做平庸人。后来，我们大多考入大学，有的成为艺术家，有的成为学问家。高中三年，时光不虚，学习钻研，志存高远，情同手足，弥足珍贵。

李晶在大学里读日语专业，毕业以后在呼和浩特市的一所大学任教，后赴日深造，回国后继续在大学里教日语。2000年他去东京大学访学，结识了东京大学的几位人类学教授，产生了跨学科研究的念头。我那时在中国社会科学院民族研究所工作，就推荐他加入了中国民族学学会，他还在学会主办的国际学术会议上宣读了研究内蒙古地区藏传佛教的论文。2008年他成为中山大学麻国庆教授的博士研究生，系统地学习了人类学，完成了毕业论文《稻作传统与社会延续——日本宫城县仙台秋保町马场村的民族志》，已由三联书店出版。

《中日渔民社会——社会转型期湛江与石卷地区渔民社会的人类学民族志》一书由导言和十一章组成。导言部分阐述了在世界经济一体化、中国社会现代化、城乡一体化的社会转型的大背景下，传统渔民所经历的变迁，以及在社会变迁中文化传统整合社会的作用。提出了"中国社会在'两个一百年'的发展战略中，应注入'社会重构'的发展意识，从传统文化中汲取智慧，并使之成为治理社会的重要资源"的核心观点。第一章"中日两国的渔民社会"，重点介绍了中国和日本在官方语境中的"渔民"概念以及两国渔民社会的特点，指出日本的渔民社会与中国的渔民社会的最大不同是，日本渔民社会中有渔民自己的组织——渔协，渔民有渔业权，沿海的渔民基本还是传统的渔民，渔民的概念清晰。第二章"日本渔民社会管理对中国渔民社会的启示"，按照社会学的社会治理理论，分析了日本渔民社会的治理机制，认为，日本渔民社会仍然是利用社会"惯行"来管理，所谓社会"惯行"就是传统社会中延续下来的管理社会的经验和习惯。第三章"基于宫城县石卷和湛江地区牡蛎养殖业的田野调查"，深描了中国与日本养殖渔业情况。通过对比，发现湛江地区养殖渔业发展的困境以及发展滞后的主要原因，一是养殖渔业缺乏政府的监管；二是养殖渔业的非组织化。第四章是"日本渔民社会中的社会组织"。作者认为日本的渔协和农协一样，既是渔民自己的组织，也是政府管理渔民社会的渠道，它是日本渔民社会不可或缺的存在。第五章是"日本'3·11'大地震后灾区渔民社会的转型"。作者认为，日本东北地区的"3·11"大地震使日本渔民社会，特别是日本东北地区的渔民社会进入社会转型期。面对社会转型，对于传统文化根深蒂固的渔民社会也是一个挑战。第六章是"社会转型视野下的中日远洋渔业"。作者认为，远洋渔业离不开政府的支持，它是一个跨区域甚至是跨境的产业，需要多方面的协调与合作，需要有健全的管理机制。第七章是"日本和中国的休闲渔业"。作者认为，如今的渔业生产，特别是海洋捕捞渔业，越来越受到各种情况的制约，兴办渔家乐，发展休闲渔业是未来渔民社会的一个方向。第八章"社会转型期的'疍民'族群"阐述了研究疍民对于认识和整合中国渔民社会的意义。作者认为，在转型期延续传统渔民的生存空间，也是政府重建社会的一项任务，也是社会发展的需要。第九章"传统文化与渔民社会"探讨了传统文化与渔民社会的维持问题。作者认为，文化也具有维系社会、整合社会的功能。日本的渔民社会之所以能不断延续，主要在于渔民社会中传统文化的张力；重建中国渔民社会，应该注意对传统渔民社会中文化资源的挖掘和保护，提高疍家渔民的文化自觉，使其文化在社会发展中发挥更大的作用。第十章"湛江疍家渔民的自我表述与对石卷地区渔民的考察"进一步探讨了疍民作为特殊群体具有的文化传统。作者认为，在转型期重建新型渔民社会的过程中，不能没有传统文化的支撑。第十一章是"文化传统与渔业保险"。作者认为，日本的渔业保险也很有日本味道。日本的渔业保险是在日本政府的推动下开展起来的，它体现了日本政府保护本国农业的立场，是日本传统的"农本主义"在现代社会中的体现。

李晶教授的专著是一部关于中国渔民社会与日本渔民社会的比较民族志。该书运用人类学民族志的研究方法，在中国和日本的田野点进行长期调查，深入阐释了中日两国渔民社会，探讨了在全球经济一体化背景下挖掘和利用跨境经验的可行性。作者从文化模式的视角出发，考察中日两国渔民社会的变迁，提出在建构新时代中国渔民社会的过程中，要注意整合传统文化，重视传统文化在社会管理中的作用，发挥渔民社会组织在社会管理中的积极作用。该研究突破了学界以往对渔民社会的研究范式，为中国人类学走出国门积累了经验，为知己知彼提供了经验。李晶教授的研究属于海洋人类学范畴，他对日本宫城县的松岛、石卷和中国广东湛江的特呈岛、东海岛、硇洲岛的渔民社会的转型发展做比较研究，拓宽了南海区域渔业社区研究的学术视野，挖掘和整理了渔业社区的文化资源，加深对环南海区域特殊性的理解和认识，为国家调整区域政策，改善渔民生存环境，提供了参考依据。李晶教授的研究充分体现了人类学的整体观，把社会人类学和文化人类学的"社会结构"和"文化模式"结合起来，双重透视中日渔民社会的发展问题，为我国制定渔民社会发展规划提供借鉴；为更好地发挥渔民的社会能动性，完善其自我管理能力，发挥传统文化的作用，提高当地社会管理水平，提供了人类学的研究经验，拓宽了我国海洋人类学的研究维度。

纳日碧力戈

北京市朝阳区太阳宫社科院宿舍楼

2020 年 2 月 3 日

# 目录
Contents

导言 ·················································································· 1

第一章　中日两国的渔民社会 ············································· 22

第二章　日本渔民社会管理对中国渔民社会的启示
　　　　——基于中国湛江、日本石卷沿海渔民的人类学调查 ········ 36

第三章　基于宫城县石卷和湛江地区牡蛎养殖业的田野调查 ············· 67

第四章　日本渔民社会中的社会组织
　　　　——基于日本石卷地区渔协的田野调查 ························· 85

第五章　日本"3·11"大地震后灾区渔民社会的转型
　　　　——基于对宫城县石卷市桃浦牡蛎生产者合同会社的
　　　　　人类学调查 ··················································· 102

第六章　社会转型视野下的中日远洋渔业
　　　　——基于湛江和石卷牡鹿半岛的调查 ···························· 112

第七章　日本和中国的休闲渔业
　　　　——基于石卷地区和湛江地区渔民社会的调查 ·················· 123

第八章　社会转型期的"疍民"族群 …………………………… 139

第九章　传统文化与渔民社会
　　　　——以湛江地区的疍民社会变迁和日本东北地区的
　　　　　渔民信仰为例 ……………………………………… 163

第十章　湛江疍家渔民的自我表述与对石卷地区渔民的考察 ………… 181

第十一章　文化传统与渔业保险
　　　　——基于日本石卷地区渔民社会的田野调查 ……………… 195

结　语 …………………………………………………………… 208

附　录 …………………………………………………………… 215

参考文献 ………………………………………………………… 224

后　记 …………………………………………………………… 232

# 导　言

　　本书是一部关于中国南海区域海洋渔民社会的民族志。它运用了人类学的跨文化比较方法、田野调查方法，以文化模式与文化资本的理论为视角，以日本渔民社会为参照系，关注了中国南海区域海洋渔民社会，在世界经济一体化、中国社会现代化、城乡一体化的社会转型的大背景下，传统渔民所经历的变迁，阐述了在社会变迁中文化传统整合社会的作用。中国正迎来前所未有的社会发展机遇，中国社会在"两个一百年"的发展战略中，应注入"社会重构"的发展意识，从传统文化中汲取智慧，并使之成为治理社会的重要资源；而挖掘、整理、利用传统文化，重建新型"海洋渔民社会"是中国社会长治久安，不断发展的需要。

## 一　文化模式与文化资本的理论视角

### 1. 文化概念的解读

　　最早给文化下定义的是人类学家爱德华·泰勒，"文化……就其广泛的民族学意义来讲，是一个复杂的统一体，它包括知识、信仰、艺术、道德、法律、习俗以及人类在社会里所得到的一切的能力与习惯。对于泰勒来说，人类社会的不同，可以看成是他们在文化、道德或信仰上的不同。在人类学的意义上，文化是一个共享并相互协调的意义系统，这一系统是由人们通过阐释经验和产生行为而习得并付诸实践的知识所知晓并熟悉的"。① 泰勒的文化定义,为大多数人类学家所接受。

费孝通在《乡土中国》中指出:"文化是依赖象征体系和个人的记忆而维持着的社会共同经验。这样说来,每个人的'当前',不但包括他个人'过去'的投影,而且还是整个民族的'过去'的投影。"② 费孝通在《对文化的历史性和社会性的思考:在第八届"现代化与中国文化研讨会"上的讲话》中进一步指出:"在中国文化中,文化在这个特殊意义上具有的历史性,又紧密地与文化的社会性相联系。"③ 贺雪峰认为:"对于村民而言,生活于其中的村庄不仅是一个物质的世界,而且为一个意义的世界。从生活面向的角度看,村庄不仅象征着一种与城市相隔离的生活空间,也象征着一种与之相异的生活方式和价值选择。经济物质条件的改善,带来了乡土社会器物层面的变迁,真正的变化则发生在价值系统层面。费孝通先生的'乡土重建'、梁漱溟先生的'乡村建设',都将文化重建当作重点。"④

### 2. 文化模式理论

本书使用的文化模式理论是由美国人类学家本尼迪克特提出的文化人类学理论。该理论吸收了马林诺夫斯基和博厄斯的整体有机联系的观点,主张根据文化发展的来龙去脉来评价文化现象,认为文化模式是一个社会的文化特征和文化复合体的整体组织形式。

本尼迪克特的文化模式理论所提供的主要价值是:她把生活于同一社会文化环境中的人们行为规范、道德标准和爱恶感等归纳为一个民族的文化模式,它存在于每一个民族之中,构成了该民族人们的文化背景;她强调文化模式不可漠视,有不同民族具有不同文化模式者,也有不同民族属于同一文化模式者,不同文化模式即文化差异。

中国是多民族国家,文化模式是多样的,各民族的文化交织甚至融合

---

① 田兆元主编《文化人类学教程》,华东师范大学出版社,2006,第47~49页。
② 费孝通:《乡土中国》,北京大学出版社,2012,第16页。
③ 乔建、李沛良、李友梅、马戎主编《文化、族群与社会的反思》,北京大学出版社,2005,第6页。
④ 贺雪峰:《新乡土中国》,北京大学出版社,2013,第24页。

在一起，但是各民族的文化自有其相对独立的一面，正因为如此，它才能成为民族识别的一个重要依据。中国南方沿海地区的传统渔民中"疍民"居多，"疍民"没有被认定为一个独立的民族，只被认定为汉民族中漂泊在江河湖海中的特殊"渔民"。疍民中没有出现过客家"民系"中能够自我表述的学者，人们对他们知之甚少。事实上，"疍民"是一个历史悠久的"族群"，有自身的文化传承，如今我们讨论"疍民"问题，使用文化模式理论不失为一个很好的路径。

### 3. 文化资本理论

文化资本是布迪厄在《资本的形式》一文中首次提出的一个概念。在布迪厄看来，社会空间中的资本积累表现为经济资本、社会资本、文化资本、象征资本等形式。"文化资本作为一种广义资本中的一部分，具有一般资本的共性；但文化资本又属于精神性资本，因此具有自身文化特性……文化资本往往具有一定的物质载体，通过物质载体将内化于其中的文化价值释放出来，并在释放、利用的过程中实现价值观体系的积累和扩展。文化资本具有自身文化特性。"①"布迪厄将文化视为一种资本，提出文化资本理论，从资本的角度对文化进行了分析，为我们的社会学研究和文化研究开辟了新的蹊径。可以说，文化资本理论拓宽了社会研究视野，扩充了基本的概念，又赋予了文化新属性，提升了文化的主体性……文化不仅是资源，更重要的是权利，行动者凭借这种权利占据场域中的某种位置，进而可以支配场域中的资源。"② 在肯定布迪厄的学术贡献的同时，也有学者指出了布迪厄文化资本理论的缺陷，认为："文化资本的支配只是符号支配，他从来没有做出努力证明，从文化资本的占有可以引申出经济剥削。"③ 但随着中国社会的发展，人们开始重新认识布迪厄文化资本理论的意义。"随着社会文化的蓬勃发展，文化在社会、经济、政治等领域的地位日益突出，文化运作已经在世界范围内大规模展开，而文化资本理论

---

① 王广振、王伟林：《论文化资本与文化资源》，《人文天下》2017年第1期。
② 闫西安：《布迪厄文化资本理论及其实践价值研究》，硕士学位论文，东北师范大学，2006。
③ 朱国华：《习性与资本：略论布迪厄的主要概念工具》，《东南大学学报》（社会科学版）2004年第1期。

的出现为文化资源的开发和文化产业的发展提供了有力的指导和动力"。① 曹静在《社会区隔的文化隐喻与实践——品味〈区分〉》一文指出，"对布迪厄著作的梳理中发现理解当代社会分层的新路径，结合布迪厄实践理论的四个关键词，从三个角度剖析品味的社会区隔生成逻辑。第一，从品味和文化资本的关系入手探究人何以成为文化贵族。第二，个体如何在场域中展开象征斗争以获得和维系文化属性"。② 黄方在《乡村治理中的文化认同危机及其重构》一文中运用文化资本理论，分析了乡村治理中的文化认同危机，认为，"文化失调、文化断裂、精神无处安放是当前乡村治理的症结所在。日渐式微的乡村社会文化认同，严重影响着乡村文化价值以及乡村文化自信的实现，阻碍着乡村社会的发展进程。振兴乡村文化是乡村治理能力与体系现代化的迫切需求。因此，厘清当前乡村文化认同危机，并提出重构策略，这对于破解乡村治理问题，实现乡村治理现代化意义重大"③。胡思婷、胡宗山在《文化资本视野下环巢湖地区传统村落保护研究——以巢湖市洪瞳村为例》中运用文化资本理论研究了传统村落的保护问题，指出："随着传统村落国家名录的发布，中国传统村落保护迎来了历史性机遇，同时也面临着新的挑战。科学判断并合理化解保护与开发之间的恒久矛盾，才能真正做到完整保护与科学开发并存。文化资本理论有助于在遵循历史文化遗产内在发展规律的前提下实现真正的科学开发，并为开发过程中传统村落保护提供了新的研究视角。环巢湖地区传统村落的历史文化价值在合肥市'大湖名城'战略中具有不可替代的作用，应在对村落历史文化内涵的挖掘、整理和提炼的基础上，通过兴建村庄历史博物馆、非遗剧场、乡愁故事开发、文创产品开发等多种形式，实现从文化到资本的价值转换，积极推动以洪瞳村为代表的环巢湖地区传统村落历史文化的有效保护与传承。"④ "文化资本理论有助于在遵循历史文化遗产内在发展规律的前提下实现真正的科学开发，为开发过程中传统村落保护提供了新的研究视角……近年来，学界有不

---

① 闫西安：《布迪厄文化资本理论及其实践价值研究》，硕士学位论文，东北师范大学，2006。
② 曹静：《社会区隔的文化隐喻与实践——品味〈区分〉》，《西北民族研究》2019 年第 8 期。
③ 黄方：《乡村治理中的文化认同危机及其重构》，《决策探索》（下）2019 年第 7 期。
④ 胡思婷、胡宗山：《文化资本视野下环巢湖地区传统村落保护研究——以巢湖市洪瞳村为例》，《江淮论坛》2019 年第 2 期。

少研究专门使用文化资本概念分析历史文化问题,作为历史文化遗存的传统村落毫无疑问是一种文化资产,但在计划经济时代,它们的根本价值被人所遗忘,经济和社会的附加价值也体现不出来。从文化资本理论的视角来看,传统村落所蕴含的历史文化资源可以在遵循作为历史文化遗存属性要求的逻辑前提下对外溢出其经济价值,实现文化与资本的对接,这不仅能够使传统村落演化为社会发展资源,而且能够反过来直接促进文化遗产自身的保护与传承。"①

可以说中国学界已经进入了文化资本理论的实践阶段。渔民社会不同于传统的农业社会,它有其独特的文化资源和文化传承,但文化资本理论同样适用于渔民社会的研究。把文化资本理论运用于转型期渔民社会的研究中,可以说是一种理论创新,应该得到鼓励。南海区域传统渔民主要是疍家渔民。本书一大特色是布迪厄文化资本理论在疍家渔民社会研究中的运用。本书在布迪厄文化资本理论的框架下,在与日本渔民社会对比的基础上,研究了中国南海区域湛江沿海地区的传统疍家渔民的历史与现状。认为在华南沿海地区要彻底解决渔民社会的问题,有必要在挖掘疍家传统文化的基础上,重新建构以传统渔民文化为主体的渔民社会。

## 二 研究方法

### 1. 整体观与跨文化比较

本书采用了人类学的跨文化比较研究方法。卢克·拉斯特在《人类学的邀请》中指出,"简单来说,人类学就是对人类过去和现在所有的生物复杂性与文化复杂性的研究。可以肯定的是,人类学是一个极其宽广而深邃的学科。但是,整体和比较法这两个主要概念,却将各个分支领域连成了一个更大的整体。整体观是一种强调整体而非仅仅是各个部分的视角,整体观是人类学的哲学根基,而一种具有广阔基础的方法,比较法,则使整体观视角成为可能。简单说,比较法就是在人类所有的

---

① 胡思婷、胡宗山:《文化资本视野下环巢湖地区传统村落保护研究——以巢湖市洪疃村为例》,《江淮论坛》2019年第2期。

生物和文化复杂特点中，寻找他们之间及其内部的相似点和差异性。我们有规律地比较自己和他者，其他宗教，或者其他生活方式；最终，我们了解到自己和他人有着怎样的相似点和不同之处。人类学、分支领域、应用人类学、整体观、比较法由此成为人类学的核心概念，人类学家利用这些概念来建构一个更加复杂的对人类生物与文化的理解。"① "比较是认识事物和接近真理的基础，为进一步把握实质与规律性打下一定的基础。借助比较的研究方法，不但能认识他者，往往也能从比较中认清自我。人类学往往通过跨国比较、跨文化比较、跨地区比较找出一些共同的问题，在比较中'同中求异''异中求同'，也在比较之中理解或欣赏各种文化差异。"② "人类学的田野工作，要求运用整体论方法。所谓整体研究方法，是指实地考察工作者对某一文化进行全貌性的深入研究，反对从整体的文化中抽出个别要素进行跨文化比较。跨文化比较研究是为了从具体的社区或个案通过田野工作的研究概括与归纳出一般原理与原则必须采用的方法。人类学自产生之初就是以文化作为研究对象的，在一百多年的发展过程中，虽然人类学的研究对象、范围逐渐扩大，但这一学术传统仍然保留至今。"③

## 2. 人类学的田野调查

田野调查（Field work）亦称田野工作，"是人类学家获得研究资料的最基本途径。是'民族志'（ethnography）即'记述民族学'（descriptive ethnology）构架的源泉。它是人类学研究最主要、最基本的方法。田野工作是一个探索的过程。调查者在进入实地之前，会带着许许多多假设，但人类学田野工作并不完全依赖于假设，而是立足于调查所获得的实际资料。假设可以被证明成立，也可以被实际材料所推翻，这个过程，鲜明地表现出探索性"。④ 田野调查包括直接体验、参与观察、深度访谈、文献搜集、问卷调查等方法。

---

① 〔美〕卢克·拉斯特：《人类学的邀请》，王媛、徐默译，北京大学出版社，2008，第4页。
② 郭一丹：《论李安宅文化人类学的理论与方法》，《西华大学学报》（哲学社会科学版）2017年第5期。
③ 朱炳祥：《社会人类学》，武汉大学出版社，2004。
④ 田兆元主编《文化人类学教程》，华东师范大学出版社，2006。

## 三　海洋人类学研究的实践

本书为海洋人类学的渔民社会研究。"所谓海洋人类学（Maritime Anthropology）就是运用人类学的理论、视角和方法对海洋社会的人群行为及文化进行分析和研究，包括将人类学的知识应用于海洋生态的保护和渔业资源的管理等方面。作为人类学的一门分支学科，海洋人类学秉承了人类学研究的传统，强调从文化的视角来分析海洋及海洋社会的发展，突出海洋社会自身环境（自然环境与社会环境）的特殊性，尤其认为海洋社会作为一种独特的社会文化类型，包括他们的生产方式、组织制度、行为方式、经济模式、家庭结构、亲属关系、心理性格、技术工具、宗教艺术等，都有其不同于陆地社会的运作逻辑和文化规范。"①

马林诺夫斯基的《西太平洋上的航海者》、玛格丽特·米德的《萨摩亚人的成年》、拉德克利夫·布朗的《安达曼岛人》、雷蒙德·弗斯的《马来渔民的小农经济》都可以归属在海洋人类学的范畴内。"从20世纪60年代末开始，海洋人类学这一概念及其相关研究成果逐渐为学术界所熟悉和认可，其研究也在20世纪70年代达到了一个高潮，而海洋人类学作为人类学与海洋学共有的一个分支学科也就应运而生，其标志性成果主要是1977年美国人类学家史密斯（M. Estellie Smith）所编著的《海上人家：一项海洋人类学研究》一书。"②"海洋人类学"这一概念的最终确立，时间虽然并不久远，但是人类学对于海洋研究的历史，可以追溯到人类学学科的初始阶段。马林诺夫斯基在《西太平洋上的航海者》的写作实践中，开创了新的民族志方法论，即对研究对象的长期田野调查。从此以后，田野调查便成为人类学研究的重要方法，可以说，海洋人类学的实践促进了人类学的整体发展。

"在海洋人类学的发展过程中，渔业社区与海洋社会是两个争议较多

---

① 张先清、王利兵：《海洋人类学：概念、范畴与意义》，《厦门大学学报》（哲学社会科学版）2014年第1期。
② 张先清、王利兵：《海洋人类学：概念、范畴与意义》，《厦门大学学报》（哲学社会科学版）2014年第1期。

的核心概念。从西方已有的海洋人类学研究成果来看,其所考察的对象基本集中在以渔业经济为主要生计的渔业社区和群体。"① 中国与西方学术界不同,目前国内从事海洋人文社会科学研究的学者多强调使用"海洋社会"作为海洋人文社会科学研究的范围。随着全球经济一体化和移民流动,传统渔业社区与外界之间的联系越来越紧密,"渔业社区"与"海洋社会"的内涵越来越接近。海洋社会的主体就是渔民。以研究海洋渔业著称的人类学家艾奇逊(James M. Acheson)曾经将海洋人类学的主要研究范畴归纳为三个方面,即现代渔业、船上生活和史前海洋适应。如今人类学的海洋研究主要聚焦以下三个主题:现代渔业、渔民船上的生活和人类对海洋的适应。海上捕捞作业在技术、工具、操作等方面也不同于陆地上的采集、狩猎和农耕生产,所以生活在海上、岛屿和沿海的渔民的社会生活自然也就具有其不同于农民的独特性。渔业产生于多变的和不确定的环境之中,其中多变和不确定性因素既来自自然环境,也来自社会环境。② 广东、海南的渔民去南海打鱼,是其世世代代的生计方式,由此形成了一整套的历史、信仰、民俗和知识体系。③ 实际上,对于马达加斯加的渔民来说,海不仅是自然环境和劳动的场所,同时也是选择行动时的主谋者,维持个人荣誉的评判者,是邻里间故乡经验的中介人,即海在个性和社会性的源泉意义上与人们的生活息息相关。④ 从 20 世纪 50 年代开始,渔业技术出现革新,渔获量开始大幅提升。渔民个人行为嵌入全球化产业及相关利益链。王崧兴从结构功能主义的视角出发,阐述了在龟山岛这样一个以渔业为主要生计的地方社会,其社会结构和文化规范所呈现的诸多特殊性。⑤ 科塔克的《远逝的天堂:一个巴西小社区的全球化》展示了 20 世纪 70 年代以来的巴西社会、巴西渔村的经济发展、生态恶化和全球化的影响。⑥ 渔业发展导致了渔业资源枯竭。秋道智弥等认为,海洋作为一个公

---

① 张先清、王利兵:《海洋人类学:概念、范畴与意义》,《厦门大学学报》(哲学社会科学版)2014 年第 1 期。
② 王利兵:《海洋人类学的文化生态视角》,《中国海洋大学学报》2014 年第 3 期。
③ 麻国庆:《文化、族群与社会:环南中国海区域研究发凡》,《民族研究》2012 年第 2 期。
④ 饭田卓:『以海为生的技术和知识的民族志—马达加斯加捕捞社会的生态人类学』,东京:世界思想社,2008。
⑤ 王崧兴:《龟山岛——汉人渔村社会之研究》,台北:中研院民族学研究所,1967。
⑥ 〔美〕康拉德·科塔克:《远逝的天堂:一个巴西小社区的全球化》(第四版),张经纬、向瑛瑛、马丹丹译,北京大学出版社,2012。

共物品，其生态稳定性遭到破坏难以恢复，这成了全球共识。① 在我国，渔民是介于农民和城镇居民之间的一个特殊群体。渔民既做不到农民的自给自足，又不像城市居民那样能自由地从事第二、三产业，拥有稳定的收入来源。渔民对自然条件的依赖性较强，容易在社会结构中被边缘化，属于社会弱势群体。② 最近十几年，渔民的经济收入增长幅度减小，有些渔民甚至已经陷入贫困。学者普遍认为，造成其结果的影响因素主要是生产、市场、渔民素质、政策等四方面因素。在沿海和岛屿地区，渔民的生存环境正进一步恶化，渔民社区面临严峻危机。近年来，学者开始重视海洋的人类学、社会学研究，并取得了一些研究成果。但是，比较而言，我国的海洋渔村研究缺少全球化的维度，缺少文化传承的视角和立场。研究多侧重于政策对渔村的影响等主题，在研究视角上大多是问题描述和统计分析，缺少生态经济的综合研究。③ 在具体对象的选择上，多侧重于沿海地区，岛屿渔民研究较少。日本是海洋大国，历来重视对渔民社会的研究，如今"3·11"大地震重灾区东北地区渔业振兴的研究正成为热点。从某种意义上说，日本灾区目前也处在社会转型期，同样面临着如何摆脱渔民困境的问题。目前尚未有日本与我国南海渔民社会的人类学研究。笔者通过对日本宫城县的松岛、石卷与广东湛江的特呈岛、东海岛、硇洲岛渔民社会转型发展的比较，拓宽南海区域渔业社区研究的视野，挖掘和整理渔业社区的文化资源，进而加深对环南海区域特殊性的理解和认识，为国家调整区域政策，改善渔民生存环境提供参考依据。

  人类学分为体质人类学和文化人类学。在德国，习惯上把文化人类学称为民族学；在欧洲的其他国家，特别是英国，把文化人类学称为社会人类学。在日本，早期人类学家如石田英一郎、冈正雄、大林太良等，都有过在德国学习的经历，在他们的影响下，在相当长一段时间内，文化人类学在日本被称为民族学。到了日本民族学重量级人物大林太良去世3年以后的2004年，日本才把民族学改称为文化人类学。日本民族学与民俗学学脉相连，大林太良时代二者的研究领域没有明显的不同，但是之后，二者

---

① 〔日〕秋道智弥等：《生态人类学》，范广融、尹绍亭译，云南大学出版社，2007。
② 梅蒋巧：《沿海渔区渔民弱势群体的现状与问题研究》，《经营管理者》2013年第16期。
③ 王书明、兰晓婷：《海洋人类学的前沿动态——评〈海洋渔村的"终结"〉》，《社会学评论》2013年第5期。

的研究领域开始分化。日本民俗学重新拾起柳田国男所倡导的民俗学，即民俗学以"传承"为线索，重点研究本国及本民族文化，而民族学对研究资料没有限制，一切资料均可利用，主要研究"他民族"的文化与社会。以至于让我们感到，日本文化人类学（民族学），除了对本国的冲绳原住民和北海道的阿伊努人略有研究之外，重点关注的是海外的"他者"。然而，自从日本"3·11"大地震发生以后，不少日本人类学学者开始转向对地震灾区渔民社会的研究，其中比较有代表性的是日本东北大学东北亚研究中心的高仓浩树，他原本是研究俄罗斯狩猎畜牧生态方面的专家，日本"3·11"大地震以后，开始转向对地震灾区渔民社会的研究，他和泷泽克彦共同编写了《灾害中的无形民俗文化遗产——东日本大地震和宫城县沿岸地区社会的民族志》一书。长期以来，在日本人类学学者的意识中，人类学研究中的"他者"就应该是"异民族"，他们不热衷于本土研究，本土研究让位于民俗学。但是，在"3·11"大地震发生以后，日本人类学研究出现新动向，有学者开始把地震、海啸、核泄漏灾区视为"他者"，视域开始转向国内。但是，究其研究内容，关注的核心问题仍然是社会生活中的"文化变迁"，研究取向彰显着文化人类学的特征，人类学的"社会变迁"研究让位于民俗学。其中民俗学家高桑守史更具代表性，他先后编辑、出版了《能登寄神与海村》《日本渔民社会论考》等著作。

虽然日本文化人类学学者不是很热衷于本土研究，但其对"异民族"的研究理论和方法，对其他学科具有一定影响，特别是对日本民俗学"渔民社会研究"的影响更大。日本海洋人类学中的重要人物西村朝日太郎，1909年生，主要从事东南亚的渔业文化研究，1967年创立日本海洋民族学研究会，任首届会长，代表著作有《文化人类学论考》《海洋民族学——从陆路文化到海洋文化》，其一生致力于海洋人类学的研究，成果丰硕。文化人类学学者秋道智弥发挥的作用也不可低估。秋道智弥是日本海洋人类学的倡导者和实践者，1982年以后，他先后出版了《鱼与文化——萨塔瓦尔诸岛民族鱼类志》（1984年）、《海人的民族志》（1988年）、《鲇鱼与日本人》（1992年）、《鲸鱼和人的民族志》（1994年）、《海洋民族学》（1995年）、《画地为牢的文化史——海、山、河流的资源与民俗社会》（1995年）、《共享的人类学文化、历史、生态》（2004年）、《鲸鱼是谁的？》（2009年）、《共享的地球史——面向世界经济一体化的共享理论》

(2010年)、《从生态史解读环境学——与画地为牢相关的智慧》(2011年)、《捕捞的民族志——从东南亚到大洋洲》(2013年)。秋道智弥的研究对象虽然并不是本国渔民社会,但他的研究视角和方法被日本民俗学广泛借鉴,可以说,他的海洋民族学(海洋人类学)开启了日本民俗学的"渔业民俗"的研究。日本的"渔业民俗"研究正在担负着对日本渔业研究的重任,其研究领域涉及"渔民社会研究""知事技能研究""分时系统研究""资源利用研究"等,其中"渔民社会研究"是民俗学研究的重点。秋道智弥的《海上民族学——自然主义者们》,以太平洋岛屿为田野,描述了生活在海上的人们的航海技术和捕捞技术、由交易和交换形成的族群网络,以及靠"惯行"的资源管理模式,尝试围绕海洋世界的"海人"与海洋生物编织起来的新的海洋研究。秋道智弥的另一部著作《生于海上的"海人"民族志》以世界的海为田野,研究了海洋民族。该书是海洋民族研究的集大成,研究涉及生物多样性的、饮食文化的、常识性的人类学视角,从地域性的到全球性的,生动地描绘了"海人"的世界。秋道智弥的海洋人类学的全球视野,对笔者启发很大。日本的海洋人类学学者人数不少,小野林太郎、长津一史、印东道子编的《海面的移动志——太平洋的网络社会》,岸上伸启编著的《捕鲸的文化人类学》《海洋资源的流通与管理的人类学》,小野林太郎的《海域网络社会的诸相与族群网络论》《海民社会的人类史——探寻其历史性、普遍性、地域性》均探讨了全球性渔民问题。日本学术语境中的"海民"是生活在海上的人的总称,它指的不仅仅是海洋渔民和捕捞渔民。在日本最初使用"海民"概念的是纲野义彦,他所说的"海民"指的是"以海洋为舞台,通过各种活动维持生活的人们",除了捕鱼者和制盐者之外,还包括利用船只从事交通运输和物资运输以及从事海盐贸易的人们。可以说日本的海洋人类学的研究范围广泛,成果颇丰,为人类学的海洋研究提供了丰富的经验。与日本相比,中国海洋人类学起步较晚,较早的有台湾地区人类学学者王崧兴的《龟山岛——汉人渔村社会之研究》(1967年),之后还有彭兆荣的《渔村叙事——东南沿海三个渔村的变迁》(1998年),秦璞、徐桂兰、徐杰舜的《河疍与海疍珠疍》(2000年),研究成果寥寥无几。近年来,海洋人类学逐渐受到学界的重视,但总的来说,中国的海洋人类学还处于起步阶段,讨论的问题还局限在理论问题上,真正意义上的民族志研究还没有出现。"张先清认为,一要借鉴西方已有的研究成果，二要做好本土化研究。'中国的海洋人类学研究必须注意结合中国本土实践，建立自身的学科体系、理论框架与表达方式。'在此之外，王书明还强调世界化的研究视野，'海洋学研究应置于全球化背景下，在研究国内的同时，也要研究国外，在理解世界中理解中国'。"①

## 四　多点民族志的实践

多点民族志（Multi-Sited Ethnography）从字面上理解是在不止一个地点进行田野调查。早期人类学家的一些研究就在不止一个地方进行，比如马林诺夫斯基在《西太平洋上的航海者》中描述他跟随当地人航行去不同的地方进行"库拉"交易。乔治·马库斯（George E. Marcus）在20世纪90年代中期进一步发展多点民族志，他把多点民族志作为一种方法来推动人类学成为一个适应当代社会的学科。当代社会，人和物的流动达到前所未有的程度，中国与世界密不可分，社会学、人类学也被纳入了一个全球的体系，研究对象变得全球化。对这些人群的研究，多点民族志或许是比较适合的方法。比如对在华非洲人的研究。因为非洲商人不断地往返于中国和非洲，研究者想要了解他们生活的全景，不能仅仅停留在非洲商人在中国的生活，还需要从他们流动的发源地探讨其出发的原因和机制，以及流动对他们返回家乡后生活的影响。研究跨国人口需要在流动的场景和空间中进行，这些研究对象在不停地拓展他们的社会空间、经历多种场景，因此传统的民族志在特定地点的研究对这些人群不可行或无效。在这种情况下，多点民族志或许是更好地理解人们在一个日益全球化的世界的跨境经验的方法。中国社会科学研究要"走出去"，也需要探讨研究方法上的"走出去"，让研究者走出国门，走向世界，而多点民族志是一个可以连接国内外研究的方法。

笔者的中日渔民社会研究，其研究性质是多点民族志，但本书所采用

---

① 李永杰、章昕颖：《海洋人类学：凝练与海洋相处的智慧》，《中国社会科学报》2014年10月30日。

的多点民族志与传统的多点民族志有所不同，它不是对一个流动的人群的两地或多地的研究，而是对两个不同国度的同样职业的人群进行对比式的研究。在本书中，笔者在两个不同的社会时空和文化空间上考察其社会结构与文化模式，希望从对比中寻找出能为中国发展所用的东西，其研究方法虽然不是人类学的传统，但符合人类学的学术追求。人类学研究的目的之一就是希望通过对他者的研究来认识自身。早期的人类学的目的之一就是希望通过对不发达社会的研究来认知自身的过去。作为不发达社会的人类学学者，研究发达社会的主要目的就是希望通过对发达社会的过去和现在的研究，为不发达社会发展提供发达社会发展过程中的经验和教训，憧憬不发达社会的未来。

## 五　研究的缘起

笔者研究渔民社会，要从来湛江时说起，2006年笔者被广东海洋大学作为特需人才引进，任务是创建日语专业。笔者大学本科学的是日语专业，后留学日本多年研究日语，参加了不少日本学术团体，有广泛的日本学术人脉，学术积累颇为丰厚，特别想为日语学界做点贡献。在日语专业创建伊始，笔者想着能否创办一个有特色的日语专业。广东海洋大学是在水产、航海等专业的基础上建设起来的、以涉海专业为主的新型综合大学，学校提倡所有专业突出海洋特色。传统的日语专业具有明显的工具性，专业特征不明显，它可以挂靠语言学科，也可以挂靠文学学科，学科一般定为日本语言文学专业。如何把传统的日语专业嵌入更大的人文学科中，这是笔者经常思考的问题。广东海洋大学日语专业申报成功后，2008年迎来了第一届学生。为了实现个人的学术追求，2008年笔者考上中山大学人类学系的博士生，博士论文选题的时候，导师建议笔者把湛江作为研究的地点。湛江地处雷州半岛，历史上以农业、渔业为主，有丰富的文化传承。2008年6月收到中山大学的博士生录取通知书，7月笔者就进入了"田野"。首先去的地方是雷州市北和镇潭葛村。潭葛村是濒临北部湾的一个农业村落，村民大多以农业为生，以种水稻、香蕉、辣椒为主，极少数村民在海边养虾。离该村不远的海康港，过去是湛江有名的珍珠养殖基地。笔者去的时候，海康港已经今非昔比，养殖珍珠贝用的木架散落在海滩上，加工珍珠的工棚已经坍塌，很难想象这里曾经是热闹的珍珠和鱼类养殖基地。当地人讲，海水养殖风险很大，这里没有避风港，直面大海，一刮台风，养殖业就会损失惨重，所以现在没有人敢在这里从事海水养殖了，有些渔民也不得不离开此地，去外地谋生。这是笔者第一次听到的关于渔民的故事。考上了博士生以后，笔者没有按照导师的意愿去研究雷州半岛，而是选择去日本，研究日本的农民，希望用人类学的方法研究日本社会，以农业社会为切入点，把在此基础上的学术积累延伸到对整个日本社会的认识上，最终实现"日语专业"研究的跨越。为了这个学术梦想，笔者在日本宫城县和山形县的农村进行了为期 1 年多的田野调查，这期间笔者亲历了 2011 年 3 月 11 日日本东北的大地震。此次地震引发了史无前例的海啸，笔者所在的宫城县沿海地区遭到灭顶之灾，房屋毁坏、田地被海水浸泡、人员伤亡很多。地震发生后不久，笔者便骑着摩托车去海啸的重灾区宫城县石卷附近的沿海地区考察。之后又加入志愿者队伍，往返于石卷、女川町、牡鹿半岛之间，目睹了沿海渔村的惨状，开始关注沿海地区渔民的生活状况。2011 年 6 月在完成了博士学位论文答辩以后，又返回日本松岛、石卷、女川町等沿海地区，进行了为期两个月的田野调查，当时的调查重点是沿海地区的灾后重建。在这个过程中，笔者对几个地区的渔业生产有了一定程度的了解。松岛、石卷市是日本著名的养殖牡蛎的地区，该地区生产的牡蛎除了满足日本国内的需要还出口到许多国家和地区。据说香港市面上就有该地区的牡蛎出售，该地区牡蛎的特点是个大、肥美、可以生吃。笔者在国内居住、生活、工作的地方是湛江。湛江三面环海，渔业发达，湛江也很盛行养牡蛎。看到这里的情况，自然萌生出要进行中日两国渔民社会比较研究的念头，笔者把这个想法和日本东北大学东北亚研究中心的赖川昌久先生讲了，他知道笔者在日本的山间农村做过 1 年多的田野调查，写出了博士学位论文，鼓励笔者在此基础上把对农民的研究扩展到对渔民的研究上，完成对日本"大农业"社会的研究，其实这正是笔者研究日本的"初心"。在日本进入工业社会之前，支撑日本社会的是包括渔业的"大农业"。漫长的农业社会奠定了日本社会的文化基础，造就了日本社会的结构。在讨论日本社会的时候，一般认为，日本的农业主要是"水田稻作"，稻作农业之外的"渔捞"很难进入"村落文化"的主流。之所以如此,是因为"稻作至少是大和朝廷建立统一国家以后,靠强大的政治力量得以扩大,成为维系祭政秩序的核心,在这个过程中的稻作文化的接受,从宫廷文化扩展到民众层面,虽然每个村落都有所不同,但一个统一的文化模式已经覆盖到整合社会的表面"①。这种观点的主要倡导者是日本著名民俗学家柳田国男,他在《村落的样式》一书中虽然向人们展示了村落生活的多样性,但还是强调了"一元性",提出了研究日本民俗的"周圈论"和"重出立证法"。柳田国男之后的民俗学家福田亚细男,则提出了日本的村落文化不仅是水田稻作文化,还有旱田农耕、渔捞文化等,日本村落不是整齐划一的,而是有各种各样的生活模式。他认为用日本文化一元论的观点很难把握日本文化的特性,研究日本民俗社会最好用"个别分析法",他为日本村落社会研究提供了新的视角。笔者受福田亚细男启发,之后开始把研究的视野扩展到日本的渔民社会,在做志愿者期间,有意识地接触受灾严重地区的渔民,了解了一些情况。2013年4月,利用参加在日本东京筑波大学举办的国际学术研讨会间隙,笔者再次赴宫城县石卷、女川町等地的沿海渔村进行了实地考察,加深了对日本渔民社会的了解。笔者看到了日本渔民社会中沉淀的文化在灾后重建中所发挥的积极作用,"文化"凝聚起失去家园的渔民,于是破败不堪的渔村开始逐渐恢复。自然灾害给渔民带来了巨大损失,文化传统成为渔民恢复水产的巨大动力。从此以后,笔者更加关注湛江地区的渔民了,先后多次登上特呈岛渔民的渔排,向渔民了解情况。随着调查的深入,笔者发现中日两国渔民社会有很多共通的东西,存在可比性,之后就着手这方面的研究。2015年申报国家社会科学基金项目获批,笔者真正开始了中日渔民社会的比较研究。

笔者在另一部专著中曾经指出:"与其他社会相比,日本农村社会中,最有特色的就是'村落共同体'。日本自古以来的农业就是以稻作为主的农业,稻作农业离不开互助,离不开对水资源的共同开发和利用。历史上的每个时期,日本农村社会中都有与稻作农业有关的'村落共同体'存在。事实上,'村落共同体'不是一个一成不变的概念,日本的'村落共同体'存在于日本历史上的各个时期,'共同体'概念的内涵也随着时代

---

① 坪井洋文:『村落的理论—多元论的视角』,东京:小学馆,1984,第8页。

的发展而不断扩大或缩小。在日本的村落之所以能在社会的不断变化中维持其自身的发展,主要原因就是:村民的'村落共同体'意识并没有丧失;村落中各种社会组织基本健全;村落的传统文化没有遭到破坏。"① 日本的渔民社会也是紧密的共同体社会。共同体社会一经形成,就有其自身维持社会发展的功能。一般认为,农业社会中的村落都是共同体社会,其特征是村民相互依存,共同发展。日本社会虽然早已经进入工业社会,而且是发达的工业社会,但是日本农村仍然保留着共同体社会的特征,渔民社会也是如此。为什么会是这样?因为日本的农村和渔村还是传统的"熟人社会",社会成员没有发生根本性的变化。反观中国的农村和渔村,除了极其边远的农村外,农村的社会成员已经发生了很大变化,有的成为"半熟人社会",有的成为"无主体社会"。最近有日本研究中国农村社会的学者用"无共同体社会"来形容中国农村的"无主体"现象。日本学者川濑由高指出,在中国农村已经出现了"无共同体社会"的倾向,村民间的互助已经很少。他举例说,农村收割农作物的时候,外省来帮助收割的收割专业户就会来,你给他钱就行了。有了这种服务,村落边界线被打开,农村出现了"无边界性"。② 他没有直接阐述造成村落"无边界性"的后果。但是就笔者对湛江地区田野点的渔民社会的考察,可以说,今日的渔民社会使原有的渔民社会边界开始出现"无边界性"倾向。人类对"共同体社会"的认识经过了几个不同阶段,从开始的肯定阶段,到后来的否定阶段,再到现在的重新认识阶段。唐国建在《海洋渔村的终结——海洋开发、资源再配置与渔村的变迁》一书中对中国的海洋渔村进行了分类,根据资源状况将海洋渔村划分为三种类型,即海岛渔村、城边渔村和海边渔村。他给出的结论是:"海洋渔村的终结,是自然边界的终结——无边化,经济边界的终结——市场化,社会边界的终结——模糊化,文化边界的终结——冲突化。"③ 唐国建提出了"海洋渔村终结"的观点,认为村落是自然的实体,也是文化模式和行为模式的载体,村落应该"回归自

---

① 李晶:《稻作传统与社会延续——日本宫城县仙台秋保町马场村的民族志》,三联书店,2019,第342页。
② 川濑由高:《"无共同体社会"的人类学:苏南农村"非境界""得过且过"》,中日人类学学术交流研讨会,中央民族大学民族学与社会学学院主办,2019年9月13日,北京。
③ 唐国建:《海洋渔村的终结——海洋开发、资源再配置与渔村的变迁》,海洋出版社,2012,第3页。

然"。但他既没有指出"海洋渔村终结"的根本原因，又没有指出"回归自然"的办法，这无疑是他研究的缺憾。但不管怎么说，他的研究表明了渔民社会是一个不断变迁的社会，海洋渔村与农业村落一样正在经历历史的阵痛，开始走向所谓"无共同体社会"的发展方向。"无共同体社会"是一个缺乏自我控制能力的社会，容易导致社会失范。一旦发展成这种社会，不仅会增大社会管理的成本，社会成员间的关系也会变得冷漠，社会中的温情淡薄。这样的社会肯定不是我们所需要的社会。人类学是研究人类社会的学问，也是解决社会问题的学问。先行者的遗憾，正是笔者研究的起点。带着这个问题，笔者走进了中国和日本的渔民社会，希望通过研究找到解决问题的办法。

## 六　田野点的选择

笔者研究的一个对象是南海区域湛江沿海地区的渔民社会。本书采用了比较研究的方法，作为比较研究的对象是日本宫城县石卷地区的渔民社会。南海区域为宽泛的区域概念，研究者只有选择区域内具体地区的渔民社会作为研究对象，研究才能成为真正意义上的科学研究。笔者生活的湛江三面临海，自古以来，渔业是该地区的传统产业。对该地区渔民社会的研究属于人类学的区域研究，迄今为止，学界对该地区的渔民社会研究寥寥无几。费孝通先生早年选择家乡作为研究对象，其研究的成果《江村经济》已成为中国社会区域研究的典范，为后人提供了宝贵的研究经验。笔者之所以选择湛江渔民社会作为研究对象，首先是因为湛江的渔民社会历史悠久。其次是笔者就生活在湛江，熟悉湛江，去田野点调研方便。作为比较的对象，选择了日本宫城县石卷地区的渔民社会，也是因为笔者熟悉该地区，在该地区，笔者有很好的人脉，易于调研。另外，宫城县石卷沿海地区有日本著名的渔场，渔业自古以来就是该地区的主要产业，渔业传统深厚，渔村并没有因为城市化、现代化而遭到"终结"。

中国的湛江和日本的石卷虽然不在同一纬度上，但都是渔业发达的地区，渔业历史悠久。两者分别处在不同的海域，渔业生产受各自地区的渔业资源和自然条件的限制，渔民的渔猎方式会有所不同，但这些都不是主要的，因为笔者研究的不是不同区域的渔猎方式本身，而是渔民社会具有的普适性的生产方式、社会管理模式和文化传统，特别是传统社会中的管理模式和文化模式是如何在现代社会中发挥作用的问题。总而言之，本书的目的是在不同的渔民社会中，提炼出具有普适性的知识来，为转型期的中国提供渔民社会管理的知识和经验。

# 七　中国的田野点

湛江市地处雷州半岛，三面临海，海洋资源十分丰富，是一个海洋大市。海域总面积2万多平方公里，10米等深线以内浅海滩涂面积48.92万公顷，港湾101处，海岸线长达1243.7公里，占广东省海岸线的30.2%，居广东省各市首位，占全国的7%，位列全国地级市第一。湛江市沿海大小岛屿134个，岛岸线长约779.9公里，排在广东省第三位，其中有居民岛屿12个，无居民海岛122个。湛江市目前拥有国内捕捞渔船11000多艘，每艘渔船平均吨位仅为9吨多，小型渔船占比达80%多，船只小型化情况普遍。

## 1. 雷州市企水镇

企水镇是雷州市（原海康县）的一个老建制镇，位于雷州半岛西南部，北部湾西部海岸线中心，面积5.6平方公里。下辖21个管理区，47个自然村，人口45327人（根据第五次全国人口普查）。2016年1月28日，笔者到企水镇访谈了企水镇农业局的李科长和企水镇渔业村委会主任杨×松。他们介绍说，现在企水镇的常住人口已经5万多了，渔民有6500多人，渔民多数出海打鱼，少数从事养殖渔业，还有一些人去珠江三角洲打工。关于"企水"的来历，有渔民说，"企水"之所以叫"企水"，是因为这里的渔民都是踩着海水生活的，"企水"是疍家话"踩水"的意思，说明企水镇是因为渔民而得名的，而这里的渔民多数是疍民。

杨×松告诉笔者，这里的疍民都是过去从阳江、珠江三角洲甚至香港一路划船、捕鱼过来的，他们没有固定居所，都住在船上，走到哪里就住在哪里，有点像草原上的牧人，赶着牲畜逐水草而居，他们是哪里有鱼就去哪里，但渔船是帆船，能去的地方有限，一般都沿着海岸前行。疍民顺着海岸南下，有的在湛江的硇洲岛停下了，固定在那里的海域打鱼，有的继续南下到徐闻县外罗海域，停下了，有的到了角尾，有的到了乌石，还有的到了这里，这些人应该是一个民系，很多人是亲戚。一直到新中国成立前，疍民都住在渔船上，20世纪50年代开始上岸。现在也有渔民住在船上，但一般在岸上都有房子，有时候也会去住，过去疍民的孩子很少上学，现在疍民和其他民系一样，孩子都上学。

2. 雷州市乌石镇

乌石镇是一个渔港镇，位于雷州半岛西南部，距雷州市74公里，濒临北部湾，总面积126.9平方公里，辖27个村（居）委会、85个自然村，总人口7.67万。其中镇区规划面积8.1平方公里，常住人口2.4万。渔港靠近北部湾渔场，是广东省西南沿海及海南、广西北部湾作业渔船的海上生产补给、渔货物集中分散、避风的重要场所。与北部湾对岸的越南仅隔150海里，该镇有渔业村委会15个，其中纯渔业村委会2个（镇南、镇西）。从事渔业生产的人口4.1万人，其中世代以捕鱼为生的纯渔民（疍家渔民）4587人。海水养殖主要有对虾养殖、扇贝养殖、鱼类网箱养殖。

笔者多次访谈过镇南、镇西两个村委会的村干部。镇南渔业村始建于20世纪50年代初，村民的主要姓氏是麦、张、李、冯、杨、黄、吴、郭、梁、何、叶、林、石、陈。第一大姓麦姓、第二大姓张姓、第四大姓冯姓都是1949年以前从阳江地区迁移过来的。镇西渔业村的情况与镇南渔业村类似。

3. 徐闻县外罗镇

徐闻县位于广东省雷州半岛南端，属于湛江市管辖；是中国大陆离海南省最近的地方。外罗港为国家二级渔港，它位于雷州半岛徐闻县的东部海岸，陆地距徐闻县城53公里，水路北至硇洲岛19海里、湛江港44海里，南抵海口港41海里。港湾的西南方为陆地，北及东北方与新寮岛隔海相望。港湾呈狭长的圆弧形，全部水域面积约640万平方米，可供千艘渔船停泊。

### 4. 湛江市开发区硇洲镇

硇洲岛，古称硴，位于湛江市东南约 40 公里处。它北傍东海岛，西依雷州湾，东南面是南海，总面积约 56 平方公里。硇洲岛物产丰富，全岛以渔业为主，渔民中疍家渔民居多，附近是南海大陆架的一个肥沃渔场，盛产闻名世界的硇洲鲍鱼、龙虾等名贵水产。

### 5. 湛江市坡头区官渡镇

坡头区官渡镇位于湛江市东北部，西南隔着石门海湾与遂溪县黄略镇相望，有海滩涂 11000 多亩，水质优良，含盐度适中，无污染，风浪不大。适宜蚝苗繁殖生长，对发展养蚝业具有得天独厚的天然条件。沿海农渔民有养殖和加工蚝的传统技术，石门蚝久负盛名。20 世纪 90 年代养蚝业成为官渡镇的支柱产业。

## 八　日本的田野点

宫城县地处日本东北地区，东部面朝太平洋，西部连接奥羽山脉，农业以稻作农业为主，是日本著名的稻米产区，毗邻世界三大渔场之一的三陆冲渔场，县内有以气仙沼渔港、石卷渔港、盐釜渔港 3 个特定第三种渔港为主的 142 个渔港，渔业产量在日本名列前茅。一个县内有 3 个特定第三种渔港，这在日本是绝无仅有的。除鲣鱼、秋刀鱼、金枪鱼外，还盛产牡蛎、鱼翅、海鞘等水产品。石卷市是宫城县的第二大城市，辖区包括北上川下游的仙台平原和三陆海岸南端辽阔的海域。三陆冲渔场是有暖流和寒流交汇的世界三大渔场之一。毗邻三陆冲渔场的石卷市是日本为数不多的水产城市之一，石卷市万石浦开发的牡蛎养殖法传播到了全世界。渔业是石卷市第二大支柱产业，水产美食旅游也是当地一大特色。宫城县渔业协同组合本部在石卷市内。

### 牡鹿半岛

牡鹿半岛位于宫城县的东北部，面向太平洋，是一个东南凸起的半岛，半岛周边是岛屿群，位于三陆海的最南端，西面与石卷相拥，半岛最西端是万石浦，半岛的最前端是黑琦，全岛为山地，海岸是沉降式海岸，中心地区的最前端为石卷市鲇川地区，黑崎以东是著名的金华山，海岸的大部分地区为三陆复兴国立公园。如今半岛与2011年发生大地震前相比，向东南方向移动了5.3米、下沉1.2米。牡鹿半岛原为牡鹿郡，2005年合并到石卷市，现为牡鹿町，半岛中心村落为鲇川，有开往金华山的观光船。牡鹿半岛以渔业为主，以盛产牡蛎、扇贝、海鞘而闻名。明治维新以后，牡鹿半岛一直是日本的捕鲸基地。

笔者的田野调查点是牡鹿半岛的佐须浜和桃浦浜。"浜"在日语中就是海湾的意思。本地区的海湾风平浪静，依山抱水，很适合水产养殖。佐须浜是传统的渔村，村民都是以渔业为生的"纯渔民"。附近的海域是暖潮和寒潮交汇的地区，渔业资源丰富。过去渔民主要是出海打鱼，现在主要从事水产养殖，其中一个原因是现在的渔业资源开始减少，另一个原因是渔民认为出海打鱼风险太大。

# 第一章　中日两国的渔民社会

## 一　日本的渔民社会

### 1. 日本的渔民

日本出版的《世界大百科辞典》对渔民的定义是以渔业为生计的人。一种是以家庭为经营单位，另一种是受雇于渔业公司或渔船主。后者还可以分为按渔期受雇的季节工和常年受雇于同一家公司的远洋渔业工人两种情况。在大企业中，多数情况下，渔民是签订现代劳动合同的带薪工人，但有的企业在雇佣形式和劳动条件方面也保留了一些前现代的特征。

根据日本出版的 Weblio 辞典的解释，渔师英语为"Fisherman"，指以渔业为职业的人，职业渔师也称为渔夫。以捕捞河渔为生的渔师，称为河川渔师。渔师中有专门从事渔业的，也有在非渔期从事农业的。半农半渔的、不以渔业为生计，把打鱼作为爱好和娱乐的人称为"游渔者"，有别于职业渔师。历史上日本把依海为生的人叫"ama"，汉字写成"海人"，男的叫"海士"，女的叫"海女"。现在，很多地方还有"海女"。石川县轮岛"海女"传统的潜水捕捞技术 2013 年 6 月被认定为石川县非物质文化遗产。"渔师"是标准的日语，渔民自己也用"渔师"指称自己，但是在日本渔业法中没有"渔师"和"渔夫"这两个词。"渔师"是民间约定俗成的对"渔民"的称谓，在日本人的口里把"渔民"说成"渔师"，发音为"ryousi",很少说"渔民"。日本的渔业法把"渔业者或渔业从业者的个人"定义为"渔民"。关于"渔业者"或"渔业从业者",日本渔业法中把"经营渔业的人"定义为"渔业者",把"为渔业者,从事水产品采集和养殖的人"定义为"渔业从业者","渔业从业者"指受雇于渔业者的人。在沿岸渔业中经常可以看到的家族规模的渔业活动中,除了家长(船长)以外的人都是渔业从业者。根据日本农林水产省的统计,1953年日本国内渔业从业人数有80万人,达到最高峰,之后逐渐减少。2015年减少到16.7万人。其中65岁以上的高龄从业者为6万多人,占总就业人数的36%左右。

日本渔业法把渔业定义为"采集水产动植物和养殖业的事业",通俗讲,就是以营利为目的,捕获、养殖鱼贝类的事业。专门从事捕捞的人称为渔师。渔业和农业一样属于第一产业,但从事渔业不同于农业,要受到渔业权和渔业法的限制。海洋渔业按照渔场可以分为沿岸渔业、近海渔业、远洋渔业和养殖渔业。按照渔具和捕鱼的方法,渔业可以分为钓鱼渔业、捕捞渔业、养殖渔业、采集渔业等。

二战后,随着日本经济的高速发展,渔业产量不断增加。但是1973年的石油危机导致渔船的成本提高,影响了远洋渔业和近海渔业的发展。另外,20世纪70年代以后,沿海国家实行了200海里专属经济区制度,日本远洋渔业和近海渔业的产量减少。1985年广场协议签订以后,日元升值,日本水产品进口量增加。20世纪80年代后期,日本远洋渔业、近海渔业、沿岸渔业等渔业产量不断下滑。到2000年,日本水产品进口量超过了本国的产量。渔业的国际竞争日益激烈,日本的渔业也受到波及。2001年以后,日本的渔业开始从"捕鱼"转向"育鱼",采卵、人工孵化、放流的技术不断提高,栽培渔业和养殖渔业得到发展。

## 2. 日本的渔业

### (1) 沿岸渔业

沿岸渔业指的是在离本国陆地比较近、当天可以往返的沿岸地带进行的小规模的渔业。沿岸渔业也称沿海渔业,捕获的鱼类有鲅鱼、竹荚鱼、鳕鱼、鲷鱼等。在日本进行的统计调查的定义中,所谓的沿岸渔业包括三种情况:一是不用渔船进行的渔业;二是使用无动力渔船进行的渔业;三是使用载重不到 10 吨的动力渔船进行的定置网渔业和大围网渔业。沿岸渔业经营规模小，以家庭为单位经营的沿岸渔民（渔师）为主。1980 年以后，日本渔业整体陷入低谷，沿岸渔业也由于捕捞过度、海洋污染以及围海造地等，沿岸渔获量减少。在不发达社会，沿岸渔业是渔民的主要渔业方式。日本在江户时代对渔业捕捞有严格限制，不允许没有"渔业既得利权"的渔民下海打鱼。但是到了明治四年（1871 年）日本实行"废藩置县"，渔业管理开始松懈，大量新人加入渔民队伍，和传统渔民争抢渔场，渔业纠纷在各地时有发生。1875 年，明治政府发布了"太政官布告"，在宣布"海为国有"的同时，废除了渔业杂税，发布了"海面官有宣言"。但是，大藏省担心此公告会影响税收，又提出了"海为万民所有"的主张，于 1876 年撤回了原来的"海面官有宣言"。1890 年明治政府折中了内务省和大藏省的方案，制定"官有地使用措施"，出台海面使用的"许可制度"。1949 年日本政府颁布了现行的渔业法，规定了"渔业权"。目前日本渔业遵循的就是该渔业法。沿岸渔业是日本渔业的重要组成部分，沿岸渔民靠沿岸捕捞渔业和养殖渔业为生。据日本农林水产省的渔业养殖业统计，2014 年日本沿岸渔业的产量为 109.81 万吨。沿岸渔业产量总体比以往有所增长，渔民的收入也比以前略有提高。

（2）近海渔业

近海渔业指的是在近海进行的渔业，介于沿岸渔业和远洋渔业之间。渔业除了取决于鱼况和海况，还取决于作业方式。近海渔业是指驾驶载重 10 吨以上的大型渔船，在离岸 12 海里到 200 海里的海域内从事的海洋渔业。主要的渔业类型有海面底拖网渔业，大型卷网渔业，秋刀鱼木棒网渔业，鲑鱼、鳟鱼流网渔业，近海垂钓渔业，近海鲣鱼钓渔业，近海金枪鱼延绳钓渔业，拖网捕鱼渔业等。根据日本农林水产省的渔业养殖业统计，2014 年日本近海渔业的产量为 227.13 万吨。

（3）远洋渔业

远洋渔业，英文单词为"pelagic fisheries"。远洋渔业指的是在本国沿岸近海以外，距离本国渔业基地较远的海洋上经营的渔业。至于距离在多大范围以外才算远洋渔业，各国有不同的规定。笼统地说，有主张以 200 海里为界线的，在本国 200 海里以外的渔业是远洋渔业；也有主张在本国大陆架以外海洋上经营的渔业是远洋渔业。

日本四面环海，日本真正的远洋渔业始于明治维新以后。1891年和1893年日本分别与英国、美国、俄罗斯缔结了北太平洋海域的海獭、海狗捕获条约。日本政府在1895年颁布了海獭、海狗捕猎法，1897年3月颁布远洋渔业奖励法，由此日本的海兽捕猎业得到迅速发展。二战后日本远洋渔业受到限制，1952年日本远洋渔业再次得到发展。1973年石油危机发生，导致日本远洋渔业成本增加。1977年，国际上领海法修改，各国纷纷设置海洋专属经济区，日本远洋渔业受限，开始衰退。1978年爆发第二次石油危机，进一步冲击了日本远洋渔业。随着远洋渔业成本提高，效益下降，日本远洋渔业的船只逐渐减少。另外，日本的捕鲸业在国际环保组织的反对下，也不能再维系下去了，迫使日本人开始认识到日本的远洋渔业已经不单纯是日本的远洋渔业，而是"国际渔业"。

现在的日本远洋渔业为了降低成本，开始雇用外国船员。另外，日本也把有经验的船长和捕鱼长派到国外渔船上工作，人才培养也日趋国际化。根据日本农林水产省的渔业养殖业统计，2014年日本远洋渔业的产量为36.91万吨，明显少于沿岸渔业和近海渔业。

（4）养殖渔业

养殖渔业，英文单词为"aquaculture"，是水产业的一种。主要养殖鱼类、贝类和海藻等水栖生物。日本养殖渔业的份额约占世界的1%，主要养殖鳗鱼、鲷鱼、扇贝、牡蛎、海胆、裙带菜、紫菜、海带等。日本在江户时代就有养殖渔业的记载，但养殖渔业在日本真正兴起是在明治维新以后。以1877年东京水产传习所（今东京海洋大学）对虹鳟孵化、养殖成功为开端。1879年日本开始了鳗鱼的养殖。日本的海面养殖首先从贝类养殖开始，1893年英虞湾神明浦（今三重县志摩市阿儿町神明浦）养殖合浦珠母贝生产半圆形珍珠获得成功之后，1905年英虞湾多德岛真圆珍珠的生产也获得成功。1920年以后，贝类养殖成为主流。东京水产传习所对木筏下垂式养殖方法进行了研究，取得了良好效果。此技术之后又用于扇贝和牡蛎养殖上。对于海藻类的海带、裙带菜的养殖，1950年岩手县采用自然和人工相结合的养殖法获得了成功；1953年宫城县女川町又取得了采集和培育天然种苗的成功，从此裙带菜和海带的大规模养殖正式开始。1960年以后日本开始真鲷、竹荚鱼的养殖，1970年以后开始银鱼和比目鱼的商业养殖。2014年日本养殖渔业的产量为98.65万吨。

（5）栽培渔业

栽培渔业指的是，在人工的设备、环境下培育生物，之后放到自然环境中去饲养。这是促进渔业发展的系统工程，也被称为建造的渔业。另外，在栽培渔业中，培育幼鱼叫种苗培育，把培育的鱼苗放入大海叫种苗流放。栽培渔业与养殖渔业的区别是：在栽培渔业中，鱼、贝的幼苗要靠人工呵护、保护，避免受到外敌的伤害，之后把这些鱼、贝的幼苗放到适合它们生长的大海里，等它们长大以后再捕捞；而养殖渔业是把鱼、贝的幼苗放到水槽或鱼塘里饲养，从幼鱼、幼贝到成鱼、成贝全程由人工饲养。栽培渔业最终要把幼鱼放流到大海，放流的幼鱼在大海的自然环境中长大，而养殖渔业的鱼是在水槽或鱼塘中长大。日本的栽培渔业始于20世纪60年代的濑户内海。当时濑户内海海域内昂贵鱼的数量减少，廉价鱼的数量增多。为了打破这种局面，1962年香川县的屋岛和爱媛县的伯方岛，第一次开设了国家栽培渔业事业场。1963年成立了社团法人濑户内海栽培渔业协会，作为实施该事业的机构。在濑户内海栽培渔业成功的刺激下，1977年以后，日本在全国范围内设置国家栽培渔业中心分支机构。濑户内海栽培渔业协会从1979年更名为日本栽培渔业协会，成为全国性的组织。2003年在日本政府的干预下，日本栽培渔业协会解散，与具有独立行政法人资格的水产综合研究中心合并。之后，水产综合研究中心又改组为水产研究教育机构。日本国家栽培渔业中心下设16个分支机构，在日本的各都道府县内设立了64个栽培渔业中心。栽培渔业的发展体现了日本政府重视海洋渔业的保护，重视生态平衡。

## 二 日本渔民社会的特点

1. 渔业权

在渔民社会，渔民与国家的关系主要体现在渔业权上。渔业权就是行使渔业的权利，英语为"fishery rights, fishing rights"。每个国家的法律体系不同，因而渔业权的基础理论、法理特性也不同。美国法律规定，所有本国国民都拥有自由进行渔业的权利。沿岸土地所有者（riparian rights）

拥有邻接海域的渔业权，但其渔业权不归属"特定的个人"，是"附在特定土地上的权利"，如果土地所有权转移的话，渔业权也要同时转移。新西兰一直允许本国公民自由渔猎，但专门从事渔业的是水产公司。1986年新西兰实施了《渔业修正法》（Fisheries Amendment Act），规定渔业权不是捕捞鱼的权利，而是进行渔业产业的权利，从事渔业工作的人不是"渔民"，而是"水产公司员工"。该修正法损害了自由捕鱼者的权利，也损害了新西兰原住民毛利人的自由捕捞权利。

在日本，渔业权分定置渔业权、区划渔业权、共同渔业权3种类型（《渔业法》第6条第2项）。① 在定置渔业权和区划渔业权中，有执照的渔业者个人是权利的主体；在共同渔业权和特定区划渔业权中，有执照的渔业协同组合（渔协）或渔业合作社联合会（渔联）是权利的主体。定置渔业权指的是在一定期间内，一定的地方，放好定置网和其他的渔具，从事渔业的权利，执照期限5年。② 区划渔业权指的是在一定区域内经营水产动植物养殖业的权利，执照期限10年。③ 区划渔业有三种类型。第一种指的是在一定的水域内，铺设石头、竹子、树木等的养殖业，养殖品种有牡蛎、珍珠母贝、藻类等。第二种指的是在用石头、竹子、树木等围起来的一定水域内的养殖业，养殖的是鱼、虾类。第三种指的是第一种和第二种以外的养殖业，主要是贝类养殖。养殖藻类、贝类等为"特定区划渔业权"，特定区划渔业权的执照期限为5年。共同渔业权指的是在一定区域内，渔民共同利用一定的渔场，经营渔业的权利，执照期限10年。④ 共同渔业有五种类型。第一类是以藻类、贝类、龙虾、海胆、海参、章鱼等由农林水产省大臣指定的水产动植物为对象的渔业。第二类是指用固定网具捕捞浮鱼的渔业，包括小型定置网、固定式刺网、敷网、袋子网等，但不包括定置渔业。第三类指的是大围网、地拖网、船拖网、驯养渔、人工鱼礁渔业等渔业。第四类指的是乌鱼渔业、金枪鱼钓渔业等渔业。第五类指的是在河川、湖沼等水面上经营的渔业。日本渔业权有其独特的法律特性，在现代日本社会，一般人已经失去渔业权，只有特定的人（与渔业协

---

① 日本《渔业法》（1949年12月15日法律第267号）第6条第2项。
② 日本《渔业法》（1949年12月15日法律第267号）第6条第3项。
③ 日本《渔业法》（1949年12月15日法律第267号）第6条第4项。
④ 日本《渔业法》（1949年12月15日法律第267号）第6条第5项。

同组合有关的人）才能从都道府县知事那里得到渔业权执照，可以在一定范围内从事"排他性"的渔业活动，并享受其经营利益。日本话语中的"排他性"，指的是渔业活动中的排斥性，而不是指水面的排外性。另外，即使拥有渔业权，在具体的渔业活动中，也需要具体的渔业执照。日本的渔业权是公法上的权利。渔业权的申请、申报、批准、认可等都须依照渔业法的规定进行。另外，对于处分有异议时，可以依照《行政手续法》《行政不服审查法》《行政案件诉讼法》提出申诉。渔业权，只要不违反《渔业法》等的公法规定，就具有与行政机关相对的私法上的债权性质。日本《渔业法》第 23 条规定，渔业权被视为民法上的物权。但是，实际上除了特例，渔业权是不能转让的，[①] 但可用于贷款，[②] 同时对抵押权、使用方法等都有限制。所以，几乎没有人把渔业权视作民法上的物权。另外，海面上设定的渔业权不是"益物权"，即海面使用权不可转让。

## 2. 渔协

渔业协同组合是日本渔业者（渔民）组成的协同组织，简称渔协，也称 JFC（Japan Fisheries Cooperative）。它是符合《水产业协同组合法》规定，以促进渔民协同发展、提高渔民的经济社会地位、增强渔业生产能力为目的的合作组织。渔协的正式会员资格只限于渔业者，会员拥有一人一票的平等表决权。渔协的工作内容广泛，包括业务指导渔民的产品销售，还提供生产上所需的燃料和渔具，以及银行信贷业务、保险业务等服务。日本明治时期渔业被纳入国家管理，出现了"渔业组合"，但"渔业协同组合"的正式成立是 1948 年《水产业协同组合法》出台以后的事情。成立之初，渔协的数量达到 3507 个，但规模都比较小，渔协的力量并不强大。1960 年新的法规出台后，促进了渔协的合并。2012 年 3 月，日本渔协数量一共有 1000 个。一般认为，农协不是功能组织，而是区域组织。渔协与农协看似没有什么不同，其实不然。农协是以信用和互助事业为主，而渔协侧重于销售和采购，主要工作是渔场管理。渔场管理就是综合管理当地的渔业活动。渔协在渔场管理中发挥着主要作用。渔协管理渔业的体制

---

① 日本《渔业法》（1949 年 12 月 15 日法律第 267 号）第 6 条第 2 项、第 26 条第 1 项。
② 日本《渔业法》（1949 年 12 月 15 日法律第 267 号）第 30 条。

在日本渔民社会已经根深蒂固,这种管理模式使日本渔业社会的结构难以改变。

## 三 中国的海洋渔民

"我国法律上目前还没有渔民的正式概念,《渔业法》《海域使用管理法》都没有明确的渔民权益主体。在我国,渔民和农民的根本不同在于其从事生产活动时所利用的生产资料不同。农民种田,生产时所需要的生产资料是农具和集体经济所有制的土地;渔民捕鱼,生产时所需要的生产资料是渔具和国家有所有权或者管辖权的水面,包括海洋、湖泊、江河等。"[1] 中国对渔民的界定,有学者认为,"广义的渔民是指以捕鱼为生的人,因此,无论是在海上捕鱼的人,还是在河上捕鱼的人,都可以称为渔民。有的文献中把内陆从事池塘养殖的人也称为渔民。显然这是一种从职业角度出发的广义上的界定。狭义上的渔民是指居住在海岛渔区、以从事渔业生产为主要职业的劳动者"[2]。"从法律主体的形式而言,除了沿海与海岛以捕鱼或者养殖为业的自然人渔民,还包括了从事水产养殖海产品捕捞的法人、其他组织等。从渔业法律关系的客体来说,渔民作业的区域既可以是我国内水,也可以是我国有管辖权的海域,包括领海、专属经济区以及取得渔业行政主管部门批准的可以从事远洋渔业的他国管辖海域以及公海。从渔民从事的行业划分来看,包括养殖渔业,也包括捕捞渔业,还包括休闲渔业。"[3]

渔业人口并不等于渔民,渔业人口的范围大于渔民,但渔民是渔业人口的主要组成部分,因此渔民转产转业所导致的渔民数量变化对渔业人口的变化有很大影响。本章所说的渔业人口是指"依靠渔业生产和相关活动维持生活的全部人口,包括实际从事渔业生产和相关活动的人口及其赡

---

[1] 魏德才:《渔民与南海:我国南海渔民权益保护研究》,法律出版社,2013,第1页。
[2] 韩立民、任广艳:《"三渔"问题的基本内涵及其特殊性》,《农业经济问题》2007年第6期。
[3] 魏德才:《渔民与南海:我国南海渔民权益保护研究》,法律出版社,2013,第2页。

（抚）养的人口"。① 渔业从业人员（渔业劳动力）是指"全社会中 16 岁以上，有劳动力，从事一定渔业劳动并取得劳动报酬或经营收入的人员。包括渔业人员、渔业兼业人员和渔业临时人员"②。

## 四 广东省的传统渔民社会

### 1. 罟棚制度

新中国成立前，广东沿海地区的台山、阳江等地流行"罟棚"渔业。所谓"罟棚"渔业就是有组织的以小型渔船为单位的雇佣制渔业。"罟棚"是渔业制度，由船主和渔民组成。船主亦称罟主，罟主出钱、出船，渔民租用罟主的船只出海打鱼。一般每一罟棚由小船 40 只、大船 2 只组成。每条小船有 3 个渔民，每年 5~11 月捕鱼，11 月散棚。渔获的两成归罟主，八成归小船渔民。小船渔民 120 人，要平均分八成，而只有一两人的罟主却占有两成，旧时的罟棚渔业制度对渔民的剥削程度很高。

另外，在旧中国的广东沿海有众多的鱼行，当地人管它叫"鱼栏"。"鱼栏"分鲜鱼栏和晒家栏两种，"鱼栏"控制着整个海洋渔业产品的销售。当时的渔民极端贫困，生产资金和生活资金都要向鱼行借贷。借贷一般分现金和实物两种，现金的借贷月利息高达 20%~30%，属于高利贷。实物（渔具、粮食等）贷出比市场价格高，渔民用鱼货还债，价格又比市场低。渔民向哪个鱼行借款，渔获物就由哪个鱼行专卖，并从中收获 3%~5% 的佣金，再用瞒价压秤的办法得到更多的利益。渔民受到严重盘剥，生活艰苦。

"罟棚"渔业和鱼行（鱼栏）不同。罟棚据说最早出现在明代中叶，当时沿海因倭寇侵扰，政府实行罟棚制度，以八九艘或十余艘渔船为一罟，组织渔民下海捕鱼。之后罟棚转化成渔船的租赁制度，是无船的渔民向有船的船主租赁船只的制度。广东的鱼行，按照现在的说法就是收购渔业产品的老板。鱼行是有船的渔民销售渔业产品所依靠的对象。鱼行是商

---

① 农业部渔业局监制《中国渔业统计年鉴2010》，中国农业出版社，2010，第120页。
② 农业部渔业局监制《中国渔业统计年鉴2010》，中国农业出版社，2010，第120页。

品经济下"罟棚"制度演绎的结果,是商品交换的产物。旧时的鱼行都有自己比较固定的交货渔民。交货渔民与鱼行,即卖主和买主,同时也是"事业"的合作者。渔民生产。生活上缺钱,要向鱼行借贷,因此渔民要向固定的鱼行出售渔业产品。鱼行不仅仅是收购渔业产品,还要向渔民提供生产、生活的资金保证。但鱼行提供的资金不是无偿的,而是高于市场利率的高利贷。有的渔民不能及时还贷,抵押的船只被鱼行收购,最终沦为只能给别人打工的渔民。旧时广东沿海地区的渔民一直受制于人,而他们多半是疍家渔民。疍家渔民过去的生活很艰难,除了不能上岸之外,还要受到"罟棚"罟主和鱼行的盘剥。

## 2. 疍家渔民

关于疍家的起源,有很多种说法,至今莫衷一是。傅贵九在《明清疍民考》中写道:"疍民原本是陆居,移栖水上是五代以后的事,唐人著作中没有疍人浮生江海的记载。主要是由于历代封建压迫,疍民被迫水居,以船为家,至迟从宋代开始,水居已经成为疍民生活的特点。明代实行按类分户制度。疍民在明代户籍册(黄册)自成一类,列为疍户。明朝按职业区分户类,有民户、军户、匠户、灶户等,废除了元代依民族和身份分类的办法。疍民在户籍上被划分出来,单独成类,意味着疍民在身份、法律和经济的地位都与一般人不同,是一种特殊人口,这种状况延续到清代雍正初年削除贱籍才有改变。"[①] 关于把"疍民"称为"疍"的原因,一般认为,疍民或疍家、蜑民,系指中国南方沿江、沿海的水上居民。历史上疍民分布于闽江、珠江以及其支流沿岸和闽江口、珠江口等入海口,以及台湾、香港、澳门地区。沿江地区的疍民一般被称为"淡水疍",沿海地区的疍民一般被称为"咸水疍"。现在的疍民主要是闽疍和粤疍。闽疍指的是生活在福建沿海、沿江地区的水上居民;粤疍指的是生活在广东、海南、广西沿海、沿江地区的水上居民。两地的疍民生活形态和文化习俗类似,但至今学界也未说清疍民的真正起源问题。学者普遍认为珠江三角洲是粤疍起源地。粤疍出现以后,不断向周边的香港、澳门扩散,还沿着海岸线向粤东、粤西、海南、广西北海等地扩散。这些地区的疍民的共同

---

① 傅贵九:《明清疍民考》,《史学集刊》1990年第1期。

特点是都说"广州话",即"白话"。笔者从广州的番禺、南沙开始,沿着海岸线南下,对阳江,茂名电白、吴川,湛江霞山的硇洲岛,徐闻的外罗,雷州的乌石、企水,广西的北海,海南岛的陵水等地的疍家渔民,进行了长时间的田野调查,发现这些地方自称"疍家"的渔民,与陆地上的居民不同,都会说"白话",特别是硇洲岛、乌石的疍民在"雷话"方言区,陵水的疍民在海南岛方言区,也能坚持说"白话",可以说他们的"乡愁"是很重的。除此之外,这些地区的疍民老人很多会唱"咸水歌"。"白话""咸水歌"和渔民身份都是他们与陆上居民不同的标志。疍家是中国南方沿海地区历史悠久的传统渔民。新中国成立以后,政府禁止歧视疍家,在官方的话语中没有"疍家"的称谓,取而代之是"连家船"或"水上居民"。疍家纷纷上了岸,在岸上有了固定的居所,孩子开始受到和陆上居民孩子同等的教育。疍民被组织起来,成立了渔业大队。疍民从一个被边缘化的渔民群体,开始成为中国南方沿海地区的渔民社会的主体。疍家渔民获得了新生,得到了发展。但是,随着中国社会的转型和经济全球化的发展,代表中国传统渔民的疍民社会的发展受到了挑战。如何引导南海的渔民社会在转型期能沿着一条健康的道路发展,已成为一个要着重考虑的问题。

### 3. 沿海"渔民"成分的变迁

在传统观念中,以打鱼为生的人是纯渔民。"1957年国家开始搞人民公社化运动,把所有的私人的船收归国有,渔民在某种意义上成为国家捕鱼工人,捕到的鱼统一由国家来收购,国家为渔民发放渔民证。在这一时期,国家为了便于管理,还在户籍簿上明确区分了'农''渔'身份,渔民身份开始与农民相区别,并且规定只有渔民才有资格下海从事捕鱼生产,而农民则只能从事农业生产,与农民不同,国家供给渔民口粮。"[①] 有一段时期,中国"渔民"的概念在户籍上已经被固化,是不是纯渔民看户口就知道。在中国华南沿海,纯渔民多半是疍家。1957年,疍家渔民成立了渔业大队,多冠名为"红卫渔业大队"。湛江硇洲岛的红卫社区就是当

---

① 罗余方:《环境人类学视域下的海洋渔业生态环境问题研究——以粤西硇洲岛渔业生态环境变迁史为例》,《青海民族研究》2017年第7期。

年的"红卫渔业大队",至今汕尾市城区的新港街道红卫渔业村也保留了历史上的称谓。直到20世纪80年代初,沿海地区的渔民与农民还是泾渭分明的。

　　20世纪50年代的公社化运动,把松散的渔民群体纳入了体制化的道路。80年代中国社会进入转型期,渔民要转产转业,随之渔民社会成分多元化,渔村开始了所谓的"终结"。集体的渔船由个人承包,有的承包者日后无力经营,退出承包;有的一直坚持承包,最后买下了承包船,船成为其私有财产。有些渔民变卖了渔船,改做其他行当,从此不再是渔民。有些农民,甚至还有些城市居民,收购了渔民变卖的船只,成为"渔民"。从此渔民户籍上的"渔民身份"已经不再重要,重要的是是否拥有合法的渔船。根据国家规定,有船员证、渔船检验证书、渔船登记证书、渔业捕捞许可证者就是合法的渔民。改革开放40多年来,中国渔民社会的成分发生了巨大变化。"渔村出现了产业结构转型,渔业由单一捕捞渔业转向以养殖渔业为主,以海产品加工为代表的工业以及餐饮、休闲等服务业在渔村兴起;渔业的转型使传统渔民成为剩余劳动力,面临着转产转业,一部分渔民涌入城市,另一部分投入当地的第二、三产业中;由于传统渔业和渔民的变迁,传统渔村文化面临传承危机,一部分逐渐消失,另一部分逐步地商业化;随着渔村产业结构的转型,渔民的地位也发生了分化,本地渔民之间的人际关系变得功利,本地渔民和外来渔民之间矛盾凸显。"① 这种情况,在笔者调查的湛江沿海地区的硇洲岛、乌石、企水、外罗也很明显,渔业生产模式的转变、市场经济的冲击、渔民成分的模糊性、渔民社会人际关系的转变、渔民社会结构的改变、传统渔民文化弱化等,让我们看到的是传统渔民社会的"终结"。所谓"终结"意味着一种社会形态的结束和一种新的社会形态的诞生。考察湛江地区渔民社会的变迁,笔者认为,中国的渔民社会变迁,多半是政治因素和经济因素导致的,其结果是渔民社会"终结"的形式和内容带有浓重的西方社会"传统与现代"二元相斥的理论背景。它解构了传统的渔民社会模式,但新的社会模式并没有相应建立起来,传统渔民的生存空间受到挤压。因此,笔者认为,湛江沿

---

① 高超勇、王书明、王振海:《城市化背景下海洋渔村变迁——基于国内研究文献的思考》,《中国海洋社会学研究》2016年第4期。

海地区传统的渔民社会还不能用"终结"就此了断,它仍然有再生的可能。

美国人类学家科塔克的《远逝的天堂——一个巴西小社区的全球化》,向我们展示了巴西渔民社会变迁的完整过程。可以说,巴西渔民社会的变迁是在全球经济一体化、城市化背景下,西方社会学理论下的社会变迁模式。科塔克在书中写道:"我在离开八年,于1973年访问阿伦贝皮时,这些特征都还在变化中。到我1980年再度返回时,主要的根本转型已很明显……这些主要变迁,推动了阿伦贝皮社会分层发展。1980年左右,财富分化越来越明显。最穷的村民越来越穷,富裕者则巨富。最显著的变化莫过于捕鱼业。渔民一天劳动捕获的量不及1960年,而船主却获得了他们之前利润的十倍。"① 巴西渔民社会的变迁模式是西方社会学中"传统"与"现代"二元对立理论的折射,渔民社会的变迁是建立在对传统渔民社会彻底解构基础上的变迁,与日本渔民社会的变迁不同。日本渔民社会并没有简单地迎合所谓的"国际化"与"现代化",在社会变迁中保留了传统文化,传统嵌入"现代"中,不是"现代"简单地代替"传统",二者相互交融。许多研究都表明:"在一般现代化理论中,社会的现代化转型是与工业化、城市化过程相伴随、相统一的,也就是说,乡村社会的现代化转型的基本走向和结果也就是城市化,传统乡村将走向终结。然而,中国乡村社会发展与变迁经验则显现出不一样的现实,那就是乡村社会也在经历着快速的现代化转型,与此同时,乡土性的特征又以不同形式和形态维续着,由此构成具有中国特色的乡村社会变迁与发展经验。"② 中国社会不同于西方社会,在运用西方社会发展理论时,必须考虑到中国的国情。事实上,如上所述,在中国的社会发展实践中,已经出现了具有中国特色的发展模式和经验,即传统与现代交融的发展模式和经验。在乡村的发展中,注意对传统文化的保护已经成为多数人的共识。在中国,由于渔民概念模糊,"渔民社会"成员复杂,渔民社会的变迁比乡村社会更难把握。乡村变迁中不能忽略传统文化的作用,渔民社会变迁同样也不能忽视传统文化的作用。因此,在重构渔民社会时,作为社会整合的资源,有必要梳

---

① 〔美〕康拉德·科塔克:《远逝的天堂——一个巴西小社区的全球化》(第四版),张经纬、向瑛瑛、马丹丹译,北京大学出版社,2012,第246页。
② 陆益龙:《后乡土性:理解乡村社会变迁的一个理论框架》,《人文杂志》2016年第11期。

理出渔民社会中主体人群的文化传统。华南沿海地区的主体人群是疍家渔民，因此，梳理疍家渔民的文化传统很有必要，并使之成为渔民社会自我管理的重要文化资源。

# 第二章　日本渔民社会管理对中国渔民社会的启示

——基于中国湛江、日本石卷沿海渔民的人类学调查

社会管理的目的在于最大限度地使社会变得和谐、使人们幸福感不断提升。社会管理的终极目的是造福于社会成员。所以衡量一个社会的管理水平关键在于社会成员的评价。日本在古代一直受儒家文化的影响，社会管理模式主要学习中国，但日本到了江户时代以后，社会开始转型，日本人开始认真研究来自中国的学问，重建自己的"国学"，在西方列强日益逼近家门口的时候，又开始研究怎样"西学东渐"。江户时代是日本进一步消化吸收中国文化、建构本国文化、探索西方社会的时代，其结果是奠定了日本社会步入现代社会前的基本框架。之后的明治维新时期看似是学习西方文化的时期，其实是西方文化本土化的时期，在与西方文化对接的时候，那些不适合日本社会的东西并没有被真正引进来，相反那些已经在日本落地生根的文化，几经洗礼反倒越发显现出它的生命力。笔者曾经在《稻作传统与社会延续——日本宫城县仙台秋保町马场村的民族志》中探讨了在村落社会中稻作传统的作用问题。日本的稻作传统的真正建立始于江户时代，稻作传统的核心就是"共同体意识"，稻作农业培养了日本村民的"共同体意识"。尽管稻作农业受到了现代化的挑战，受到了国际经济一体化的挑战，在某些方面改变了传统的模式，但这只是形式上的变化，而稻作农业建立起的稻作文化深深地根植于日本农村社会甚至整个日本社会，包括渔民社会。所以，我们在讨论日本渔民社会的时候不能离开在日本稻作传统下建构的日本文化传统。历史上稻作离不开合作，稻作农

业需要人们有共同体的意识，同样渔民社会也需要渔民间的相互合作。过去有日本学者认为，在日本，稻作农业是主流，稻作农业培养了人们的共同体意识，与之相反，传统渔业是个体劳动，是以家庭为单位的劳动，渔场的发现是有排他性的。其实，早在江户时代，德川家康幕府和各藩国的大名按照农村的做法，给渔民划定了作业区，号召渔民成立了自治组织，规定渔民出海打鱼要有"渔业权"，搞养殖渔业也必须有"渔业权"，而且国家的"渔业权"不是直接给渔民而是给渔民的自治组织，由自治组织再分给每户渔民，这与村落的"村请制度"① 如出一辙，即渔民要对渔民的自治组织负责，渔民的自治组织要对大名负责，大名要对幕府负责的制度。幕府不直接管理渔民而是通过大名，大名再通过渔民的自治组织对渔民进行管理。

日本渔业管理的依据是两部重要的法规，一部是《渔业法》，另一部是《水产资源保护法》。日本的渔业制度是在历史沉积下形成的。要理解日本的现行渔业制度，有必要了解日本渔业制度的历史。

## 一　江户时代的渔业制度

日本江户时代渔业制度的特点是，海洋沿岸是属于领主的，在此基础上，形成了村落和渔民具有排他性的一村专用渔场和个别独占渔场，而近海是自由的"入会渔场"②。

1. 沿岸渔场

（1）一村专用渔场

一村专用渔场包括沿岸渔场和海上渔场，其中的沿岸渔场被视为领主的专属水域；对于领主来说，它是可以收租、纳税的水域；对于村落和渔民来说，它是被管理的海洋，是可以从事渔业的专用渔场。具有这种特性的一村专用渔场始于江户时代。其中也有几个村共用的专用渔场。一村专

---

① 村请制度，是起源于江户时代的，由村负责人负责，按村缴纳地租的管理农民的方法。
② 入会渔场，指一定区域内的居民可以共同使用的一定水域的渔场。

用渔场的范围是以村界为基点一直到延伸海面区域，有的地方立个桨，作为界牌，实际上在很多地方，渔场的范围并没有严格划定，大小不一。封建领主拥有土地的延伸海面，作为渔场，村落可以行使渔业权利，即"一村专用渔场制度"。渔场在当时和土地一样，作为土地的延伸部分，领主拥有所有权，并由其管辖。明治维新以后，延续了这一传统，明治时期的渔业法律确定了"土地延伸部分的水面渔业权"，虽然与近代法律制度下现行渔业法中的权利内涵不同，但是其以水产动植物为对象的内涵，作为"第一种共同渔业为对象的共同渔业权"延续至今。可以说，日本的渔业制度是在漫长的历史中积淀而成的，虽然时代变了，制度变了，但历史的沉淀还在延续。

（2）个别独占渔场

一村专用渔场中的绝大部分渔业是任何人都可以从事的海藻、贝类等的采集以及沿岸渔业这样的小型渔业，是村民作为家业世代相传的渔业。但是，随着渔业技术的发展，出现了各种定置网、拖网、拦网，以及紫菜、牡蛎的养殖业，需要放置网具和进行养殖的场所。另外，从事渔业要购买渔具、渔船，需要大量资金，渔业也就不是谁都可以从事了。这时领主只允许有经营能力的人，把沿岸渔场的一部分作为特定渔业的"个别独占渔场"来使用。这些渔业作为定置渔业权、特别渔业权、区划渔业权等被继承下来。日本现行渔业法中的定置渔业权、区划渔业权以及包括一部分第二种共同渔业、第三种共同渔业在内的共同渔业就是从明治维新时代继承下来的。

2. 近海渔场（内海渔场）

在沿岸渔场的近海有近海渔场。近海渔场在江户时代不是领主专属的领域，对于渔村和渔民来说也没有物权法中的财产权，所以该渔场是任何人都可以自由渔猎的渔场，它拥有"近海入会""渔猎入会场无国界之分"的特性。但是随着时代的进步、渔具和捕鱼方法的发展，以及捕鱼者的增加，渔业出现了竞争，这期间出现了区域性的渔业行业团体，开始限制渔民、船只、渔具的数量等，出现了各种利益相关者。但是他们在明治《渔业法》中，并没有成为渔业权渔业的对象，而是作为自由渔业、许可渔业的对象一直延续到了现在。

## 二 明治时代的渔业制度

日本最初的《渔业法》出台于明治三十四年（1901年），自1902年开始实施。但是由于其渔业权法律上的模糊性，传统渔业、传统渔场的处理方法在很多方面与实情相悖，于是很快便提出了修正案。明治四十三年（1910年），日本政府全面修改了原来的法律条款，正式出台了明治《渔业法》。该渔业法主要分为规制沿岸渔业秩序的渔业权制度、规制近海远洋渔业秩序的渔业许可制度、保护资源的渔业管理制度三部分。

明治《渔业法》下的渔业权分为专用渔业权、定置渔业权、区划渔业权、特别渔业权四种。这些渔业权沿袭了惯例，把江户幕府时代以来的事实上的渔场利用关系、入会渔场（一村专用渔场）关系编入专用渔业权内，个别独占渔场关系编入定置渔业权、区划渔业权、特别渔业权内，其目的是希望在渔场利用上延续历史传统。另外，在办新许可证时，先申请者先获批，即先申请者优先。一次获批的许可证有效期为20年，而且期满之后只要申请就会自动更新。这种自动更新制度使许可证的有效期达到了半永久化。渔业权的这种财产特性在长期的使用过程中被滥用，出现了严重的不使用因而"空权"的情况。这样，为了提高渔场的民主化和生产力而不可或缺的渔场高利用率，在明治《渔业法》制度下出现了停滞。

## 三 现行的渔业制度

二战后的日本，作为经济民主化的重要环节，在继续解放陆地农地的同时，进行了历史性的海洋渔业制度改革。虽然日本国会也有种种意见分歧，但最终还是在1969年12月15日颁布了新的《渔业法》。该《渔业法》全面整理了作为长期惯例的沿岸渔场，在两年内取缔了旧渔业权证书以及相关的权利关系，有计划地发放了新渔业权证书，为此在公布必要的渔业法实施条例的同时，对旧渔业权证书以及相关权利者以补偿金形式支付了高达178亿日元的渔业权证券。从此，由江户时代开始的延续已久的权利关系得到了补偿，制度方面开始重建。1972年7月20日，农林水产省颁发的宣传册子《渔业制度改革》做了如下说明：现在的利用方法是在传统的渔业制度以及现行的渔业制度下建立起来的，传统的渔业制度使生产力停滞不前，其中存在封建性，造成了现行制度的缺陷。因此，有必要制定新的渔业制度，让渔民用自己的手消灭所有旧的渔业权。现行的《渔业法》中的渔业权种类废除了明治《渔业法》中的特别渔业权和专用渔业权，把"浮鱼"①从渔业权中剥离了出去，把其他渔业权转移到了共同渔业权内。

关于获取经营许可证的方法，明治《渔业法》中的渔业权继承了传统的惯例，而在获取新的经营许可证时，奉行的是先申请者优先的原则，申请者随时都能获得经营许可证。但在现行法律中，这些要经过都道府县知事听取渔业调整委员会的意见，在考虑综合利用水面的基础上，并重新制订好渔场计划后，决定定置渔业权、区划渔业权每5年一个周期，共同渔业权和一部分区划渔业权每10年一个周期，并予以公布。受理申请者的申请后，在众多申请人中选出符合条件的人，按照先后顺序发放许可证，采用新的渔场计划制度。该渔业权被视为物权，私权的特性被明显地限制住了。在明治《渔业法》中，渔业权是可以租赁的，但现行《渔业法》禁止渔业权租赁，严格地限制了转让、担保权设定。渔业权的存续时间，明治《渔业法》规定是20年，而且可以申请更新，现行《渔业法》把期限缩短到5~10年，不允许再更新。

## （一）日本渔业分类制度

日本渔业从制度上可以分为以下三种。①自由渔业，包括小规模的垂钓渔业和延绳钓渔业等。②渔业权渔业，包括定置渔业、区划渔业（养殖渔业）、共同渔业。③许可渔业。包括大臣许可渔业（指定渔业）、知事许可渔业。在沿岸海域，从渔业制度上看，其核心就是渔业权制度。与明治《渔业法》相比，现行《渔业法》没有把"浮鱼"纳入渔业权内，渔业权的范围相当窄，物权的内容受到限制。另外，渔业权和渔业许可证的法律

---

① 浮鱼即表层鱼，栖于近海面水层，如沙丁鱼、鲣鱼等。

特性不同。渔业权分为定置渔业权、区划渔业权、共同渔业权三种。渔业权是政府行政部门设定的、在一定的水面内可以从事渔业的排他性的权利。《渔业法》（第 6 条第 2 项）中，规定了定置渔业权就是经营定置渔业的权利，区划渔业权就是经营区划渔业（养殖渔业）的权利，共同渔业权就是经营共同渔业的权利。

1. 定置渔业

定置渔业就是利用定置渔具进行的渔业，一般使用的是大型定置网（企业设置渔网的水深最深的地方会达到 27 米）。

2. 区划渔业

区划渔业就是把水面划区，进行渔业，一般特指养殖渔业。明治《渔业法》出台以后，区划渔业成了养殖渔业的别称。

（1）区划渔业的分类

区划渔业有多种分类方法。按照明治《渔业法》第 6 条第 4 项的规定，区划渔业的养殖方法可以分为以下三种。（a）在一定的区域内，铺设石头、稻草、竹子、木头等进行的养殖业，包括架竹竿养殖业、牡蛎养殖业（垂下式）、珍珠养殖业（垂下式）、珍珠母贝养殖业（垂下式）、藻类养殖业（浮流式）、小木块养殖业等。（b）在用泥土、石头、竹子、木头等围起来的区域内进行的养殖业，包括筑堤式养殖业、网隔式（木桩式）养殖业、池塘养殖业。（c）在一定区域内进行的养殖业。

（2）按照许可证分类

按照许可证分类，区划渔业权可以分为经营者许可渔业权和组合管理渔业权。（a）经营者许可渔业权是指特定区划渔业权以外的区划渔业权，包括珍珠养殖业、第二种区划养殖业、木桩式养殖业、池塘养殖业等。在有特定区划渔业权而没有申请组合管理渔业权的情况下，也可以给经营者发放许可证。（b）组合管理渔业权，包括架竹竿养殖业、藻类养殖业、垂下式养殖业、珍珠母贝养殖业、扇贝养殖业、小木块养殖业、地卷式贝类养殖业等。区划渔业（养殖渔业）和定置渔业一样，根据《渔业法》（第 9 条），没有渔业权不能从事，因此，没有经过行政部门的许可，擅自从事区划渔业者将受到处罚。

### 3. 共同渔业

共同渔业就是在一定的水域内，由渔业协同组合共同经营的小规模的渔业。共同渔业的本质是共同经营使用一个渔场，它是该渔场区域内渔民的入会渔场。渔业协同组合或渔业协同组合联合会拥有其渔业权，会员要按照组合制定的渔业权行使规则，在渔场从事渔业。共同渔业的渔场，一般在沿岸，会员都可以从事小规模的渔业。《渔业法》规定的共同渔业有以下几种。①藻类渔业、贝类渔业以及农林水产省大臣指定的水产动物渔业。②铺设不移动网具经营的渔业，包括小型定置网渔业、固定式流速网渔业、铺网渔业、袋网渔业等。③地拖网渔业、船拖网渔业、钓鱼渔业。④上述几种共同渔业的共同渔业权，由渔业协同组合管理，是典型的组合管理渔业。⑤水面渔业，即第一种共同渔业之外的渔业。

以共同渔业为内容的共同渔业权与定置渔业权、区划渔业权有本质的区别。共同渔业权是具有排他性的渔业权，而定置渔业权、区划渔业权不排除第三者的介入，不具有排他性。

## （二）渔业权的设定

渔业权要根据法律程序设定，有利益关系的人要在听证会上充分阐述自己的意见。日本现行《渔业法》废除了明治《渔业法》中渔业许可证先申请者优先的制度和更新制度，建立了新的渔业制度，即渔业权的设定不承认过去的个别申请，渔业权许可证的种类有5年和10年两类。渔业权的设定、取得根据《渔业法》规定的程序办理。

### 1. 渔场计划

发放渔业权许可证的时候，要尊重民意，制订渔场计划。渔场计划是从整个水面综合利用的角度，为维持和发展渔业生产力而制订的如何利用渔场的计划。渔场计划是渔业制度的基础，同时也是渔业的起点，制订渔场计划关乎沿岸渔民的生活。另外，渔场计划从广义上不能妨碍公众利益。因此，制订渔场计划必须充分考虑各种因素。

第一，制订渔场计划时，首先要考虑渔场的综合利用以及不能妨碍公众利益。

第二,所谓妨碍公众利益是指妨碍不特定、大多数人的利益(港湾和航道的建设)。

第三,关于其他产业和游鱼的关系调整,《渔业法》中虽然没有特别规定,但是渔场计划必须遵守公共水面的关系法(港湾法、河川法、填公共水面法等)。

第四,渔场计划决定的事项,除了许可证的内容外,还要决定发放许可证的大概日期、申请时期、所在区域。

2. 渔业权许可证

在申请者中选择具备条件的人,按照顺序审查,发放许可证。渔业权是政府设定的权利,渔业权的设定只能通过政府部门颁发许可证来实现。一般说来,许可证就是对特定人赋予权利的政府行为,必须由当事人申请。若当事人想获得渔业权,按照《渔业法》第10条的规定,向知事提出申请。向知事提交渔业权许可证的申请时,知事要首先听取海区渔业调整委员会的意见,再对申请者进行条件审核,如果符合条件的人很多,要按照审核的顺序发放渔业权许可证。申请渔业权许可证要满足一定的条件。对不满足条件者,都道府县知事不发放渔业权许可证。条件审核决定申请者是获得经营者许可渔业权还是组合管理渔业权。

经营者许可渔业权是对经营该渔业权的直接经营者发放的渔业权许可证。其对象为定置渔业权和区划渔业权(不包括组合管理的特定区划渔业权)。按照《渔业法》第14条第1项的规定,不符合条件者为:遵守渔业的相关法令意识淡薄者;遵守劳动法律意识淡薄者;被认为妨碍渔村民主化者;表面符合条件但实际上不符合条件者。

组合管理渔业权是渔业协同组合(或渔业协同组合联合会)获得的渔业权许可证。渔业协同组合在制定渔业权行使规则的基础上管理渔业权,由会员行使其渔业权,包括共同渔业权和特定区划渔业权。

(三) 许可渔业

所谓的"许可",在法律上被认为是一般情况下被禁止,但国家或者特定的公共团体在特定的情况下，可以根据法律解除禁令的行为。渔业的许可是政府部门经过审核，解除以保护水产资源、调整渔业为目的而禁止自由经营渔业的禁令的行为。许可渔业分为都道府县知事行使的知事许可渔业和农林水产省大臣行使的大臣许可渔业。

### 1. 知事许可渔业

知事许可渔业包括法定知事许可渔业和知事许可制渔业。

（1）法定知事许可渔业

法定知事许可渔业在法律上是全国统一规制的，是法律框架下的渔业。法定知事许可渔业包括：中型围网渔业，即总吨位在 5 吨以上 40 吨以下的船舶使用专用围网的渔业（指定渔业除外）；小型机船底拖网渔业，即总吨位 15 吨以下的动力船用底拖网作业的渔业；总吨位在 30 吨以下的动力船用流刺网作业，捕捞蛙鱼和马哈鱼的渔业。

（2）知事许可制渔业

日本《渔业法》第 65 条第 1 项以及《水产资源保护法》第 4 条第 1 项规定：以捕捞特定种类的水产动植物为目的的渔业和按照特定渔业的方法规则经营渔业（只限于水产动物的采集和捕捞），必须由都道府县知事批准。对违反者按照《渔业法》第 138 条第 6 项以及《水产资源保护法》第 36 条第 1 项予以处罚（3 年以下徒刑，罚款 200 万日元）。具体的知事许可制渔业种类，由都道府县渔业调整规则决定。另外，知事许可制渔业中受船舶吨位和马力影响捕获量的渔业，要将相关船舶认定为渔船，与法定知事许可渔业一样要对渔船进行审批，每次出海打鱼都要得到许可才行。

### 2. 大臣许可渔业

包括指定渔业、特定大臣许可渔业和呈报渔业。

（1）指定渔业

按照《渔业法》第 52 条第 1 项的规定，指定渔业是由政令指定的渔业。一是为了水产动植物的繁殖保护以及渔业调整，必须对渔业者和船舶采取限制措施的渔业。二是在政府间决策、渔场的位置，以及其他关系上需要采取统一措施的渔业。所谓"限制措施"是指限制船舶的总吨位和数量的措施。所谓"统一措施"是指为了避免在多重规制下出现混乱，由农林水产省大臣统一领导的措施。比如，操作区域跨两个以上都道府县的情况、操作区域为知事管辖以外的远洋渔船的情况、必须以政府间的协定为根据加以规制的情况等。指定渔业包括近海底拖网渔业、远海底拖网渔业、大中型围网渔业、大型捕鲸渔业、小型捕鲸渔业、母船式捕鲸渔业、远洋鲣鱼渔业、近海鲣鱼渔业、金枪鱼渔业、中型蛙鱼渔业、马哈鱼流刺网渔业、北太平洋秋刀鱼渔业、日本红石蟹渔业、乌贼垂钓渔业等。

（2）特定大臣许可渔业

特定大臣许可渔业是在法律的基础上由农林水产省大臣决定的渔业。特定大臣许可渔业包括5种情况：蟹笼渔业（总吨位10吨以上，除了近海底拖网渔业之外的渔业）；东中国海等环状地带的流刺渔业（总吨位10吨以上）；东中国海的延绳渔业（总吨位10吨以上）；西太平洋延绳渔业；太平洋地刺网渔业。特定大臣许可渔业是在指定海域进行的渔业，在指定的海域内从事渔业活动的话，必须要有农林水产省大臣的许可。

（3）呈报渔业

呈报渔业包括三种被指定的渔业：旗鱼等流网渔业（吨位在10吨以上）；沿岸金枪鱼延绳钓渔业（在日本的专属经济区、领海、内水的区域，总吨位在10吨以上20吨以下）；小型章鱼和乌贼垂钓渔业（在日韩渔业协定和日中渔业协定规定的水域）。呈报渔业是指在指定的海域里，在指定的时间内，经营者每次出海前一个月向农林水产省大臣呈报的渔业。

## （四）渔业调整委员会

与明治《渔业法》相比，日本现行渔业制度最大的特色是引入了渔业调整委员会制度。现行《渔业法》第1条规定了渔业者以及渔业从业者作为主体通过渔业调整机构的运作，综合利用水面，发展渔业生产力，并以实现民主化为目的。即日本现行渔业制度规定了渔业从业者的主体必须通过渔业调整机构即渔业调整委员会的运作来综合利用水面、发展渔业生产力。

1. 渔业调整委员会的法人特性

二战后初期日本在渔业中采用了行政委员会制度。渔业调整委员会是由国家或都道府县设置的行政委员会。行政委员会是内阁或都道府县知事下属的一般行政机关，具有一定的独立性，不仅拥有一定的行政权和制定规则的准立法职能，还拥有裁定权等准司法职能。行政委员会制度在英国和美国很完善，二战后日本不仅在渔业中引入行政委员会制度，在其他方面也引入了行政委员会制度。首先，在内阁有公正贸易委员会、国家公安委员会、中央劳动委员会；其次，在都道府县有教育委员会、人事委员会、海区渔业调整委员会、内水面渔场管理委员会，市、町、村也有教育委员会、选举管理委员会、农业委员会等。成立渔业调整委员会的原因有三个。第一，内阁是政党内阁，地方公共团体的首长是公选首长，对于渔业调整这样有中立性质的行为来说，不应该受党派政治的影响；第二，委员要有技术、专业知识以及经验；第三，渔业调整委员会的主要任务是调整各种不同的利益关系。

### 2. 渔业调整委员会的种类和组织

渔业调整委员会有海区渔业调整委员会、联合海区渔业调整委员会和广域渔业调整委员会三种。海区渔业调整委员会是各海区常设的渔业调整委员会。联合海区渔业调整委员会是根据实际需要，为了处理横跨两个以上海区问题而设立的渔业调整委员会。广域渔业调整委员会是为了处理广域问题而设立的渔业调整委员会，在全国分为三个联盟，即太平洋联盟、日本海九州西联盟和濑户内海联盟。

（1）海区渔业调整委员会的设置

日本全国共有 66 个海区设置了海区渔业调整委员会。海区的划分是基于《渔业法》第 84 条第 1 项的规定，由农林水产省大臣公布决定的。海区原则上是一个县一个海区，但是在特殊条件下，也可以指定特别海区。比如与离岛相关的海区（比如新潟县佐渡海区）、与指定湖泊沼泽相关的海区（比如茨城县霞浦海区）、与地理上同一县内的其他海区隔绝的海区（比如福冈县、佐贺县的有明）。日本有 66 个海区，其中北海道有 10 个海区，长崎县有 4 个海区，福冈县、鹿儿岛县各有 3 个海区，青森县、茨城县、东京都、新潟县、兵库县、岛根县、山口县、佐贺县、熊本县各有 2 个海区，其他府县均只有 1 个海区。

（2）海区渔业调整委员会的构成

海区渔业调整委员会一般由 15 名委员组成。特别海区渔业调整委员会由 10 名委员组成，所谓特别海区是由农林水产省大臣指定的海区。

## 四 田野中的中日渔民社会

### 1. 以硇洲岛的渔民为例

硇洲岛，古称碙，位于湛江市东南约 40 公里处。它北傍东海岛，西依雷州湾，东南面是南海，纵深是太平洋，总面积约 56 平方公里。硇洲岛是南海大陆架的一个肥沃渔场，盛产闻名世界的硇洲鲍鱼、龙虾等名贵水产。硇洲岛是国家级试点镇中唯一的海岛镇，海岸线长 43.98 公里，是一个大约 50 万年前由海底火山爆发而形成的海岛。硇洲岛是湛江市的岛外之岛，是湛江的海上门户。据《吴川县志》记载，早在清朝初期，硇洲岛已成为过往船只的补给地和中转点，素有"海上丝绸之路"上的小"商埠"之称。硇洲岛四面环海，海洋资源、地下热矿水资源非常丰富，气候条件、口岸条件优越，具有十分广阔的开发前景。居民主要是汉族人口。流行的方言有粤语方言（广州方言）、雷州方言。现在硇洲岛的沿海居民大多以打鱼为业，按照"打鱼的都可以称为'渔民'"的定义，硇洲岛的居民多数是"渔民"。

（1）硇洲镇红卫大队

硇洲镇红卫社区，改革开放之前称为红卫大队，位于硇洲镇西南部，总面积 0.6 平方公里，管辖 27 个居民小组，总人口 5035 人，户数 1517 户，东接翔龙小区，西邻硇洲渔港，南接下港村，北邻淡水社区。社区居委会办事处靠近镇区中心，交通四通八达，过去这里有一所小学——红卫小学。硇洲镇红卫社区拥有大中小马力渔船 115 艘。居民的经济来源主要是海洋渔业捕捞、机械维修和经营渔具。硇洲镇红卫社区以前是罟帆渔业生产大队，以深海捕捞渔业生产为主，过去拥有机械厂、船厂、后勤厂、学校、医疗站。罟帆渔业生产大队这个名字一直沿用到 1966 年 12 月。

1952 年 12 月，硇洲镇成立了雷东县第一个硇洲罟帆生产互助组；1954 年 4 月，成立了硇洲罟帆渔业生产合作社；1958 年 11 月，成立了湛江市郊区硇洲公社罟帆渔业生产大队。1983 年 9 月，为加强渔业生产管理，成立了湛江市硇洲区淡水镇红卫渔业公司；1987年5月，改为湛江市郊区硇洲镇红卫管区办事处；1991年1月，为发展远洋渔业生产，更名为硇洲镇红卫海洋渔业公司；1992年7月，改名湛江市东海岛试验区硇洲镇红卫管理区办事处；1998年12月，改名湛江市东海岛试验区硇洲镇红卫居民委员会；2005年2月，更名为湛江市经济开发区硇洲镇红卫社区居民委员会。

（2）农业局干部访谈录

进入硇洲岛以后，为了了解情况，笔者首先拜访了硇洲镇农业局干部梁×。梁×60岁左右，他向笔者介绍了本地渔民的一些情况。他说，硇洲岛是海岛，以渔业为主，硇洲港过去是国家一级渔港，现在正在按照国家级中心渔港建设，比原来升了一级。广东省政府对这里的渔港建设很重视，又拨了2亿元，计划把硇洲渔港建设成现代化的渔港。现在准备动工了，配套设施都要建。他还介绍，硇洲岛大小渔船一共有1600多艘，专业种类有笼捕作业、流速作业、底拖作业、钓技作业。笼捕作业主要是捕东风螺、螃蟹等。流速作业是把流速网放到海面上的一种捕鱼方式。底拖作业是用拖网捕鱼，一般都是大船，现在中船也可以用拖网捕鱼，但网具比大船小一点，大船用的是大拖网。钓技作业也是捕鱼的一种方式，大小鱼都能钓上。硇洲岛沿海地区都是渔民，渔民又分纯渔民和半渔农。硇洲岛中间地区都是农民，改革开放以后，农民也加入打鱼队伍，这些人被称为"半渔农"。纯渔民没有耕地，半渔农一边种地，一边打鱼。硇洲镇全年的生产总值中渔业产值占的比重很大。硇洲镇渔业包括捕捞和养殖，养殖包括养鱼、养虾、养螺，当地养的螺主要是东风螺。

原来在船上生活的渔民是红卫社区的渔民，他们是疍家。现在硇洲镇上有3个小区：红卫小区、翔龙小区、角场田小区。3个小区中70%的居民是渔民，渔民收入比较高，都搬到镇区居住。据镇农业局干部梁×介绍，硇洲镇总人口有49000多人，渔民占44%左右，不到20000人。硇洲岛渔民的小船多，现在的小船渔民过去大多是大船或中船的深海渔民，有很多渔民把大船改成了小船。小船一般是近海捕鱼，夫妻俩就可以出海捕鱼，不需要雇工，而大船是需要雇工的。大船、小船都享受国家燃油补贴。燃油补贴从2006年开始实施，在这之前没有油补，那时经营大船很困难，有些人经营不下去了，才把大船卖掉，买了小船。现在有的人为了发展，开始收购小船并改造大船，用几条小船的总马力造大船，因为国家现在严格控制渔船的总马力。在总马力不增加的情况下，可以用几条小船的总马力造一条相应马力的大船。有卖就有买，卖船的人就不能再捕鱼了，只能转产转业了。油补之前有转产转业的，油补之后也有转产转业的，有人把船卖了，开始从事养殖或其他工作。硇洲岛居民的转产转业都是自愿的，没有人后悔。但笔者了解的其他地区的情况并非如此，不少已经转产转业的渔民又重操旧业。没有船还想捕鱼，只能从别人那里买渔船，如果买不到船只能给别人打工了。现在硇洲岛上的渔民如果想要大船，只能买别人的船过户。20世纪90年代，新造了不少大船、中船，那时候捕鱼都到海南或者汕头那边去。当时的大船一部分是属于中国远洋渔业公司的，一部分是属于个人的。20世纪90年代，只要有钱就可以造船，造多大的船都可以，那个时候国家对船没有控制。2010年国家开始对渔船进行控制，2010年之前渔民造的船就是有"户口"的船。现在国家提倡造大船，拨了大船指标。大船是国家指定的大船，不是本地生产的，是外地大造船厂造的船。国家鼓励去远洋捕鱼，比如去西沙、南沙捕鱼。买这种船要一级一级申请，最后经农业部批准，这种船的造价比较高，通常要上千万元，最少也要700多万元，船的质量不错。国家鼓励渔民去深海捕鱼，规定这种船不能回近海捕鱼。但也有不少大船违反国家规定在近海海域用拖网捕鱼，特别是有不少中船在近海用拖网捕鱼，破坏了其他船的流速网，破坏了渔业资源。还有一些大船，不去远洋捕鱼，只到近海捕些小鱼回来，应付检查，套取国家的油补。这种情况，笔者在湛江霞山渔港看到过，有些大船打回来的鱼是近海的小鱼。据了解，这些大船打鱼地点是近海。不少用流速网捕鱼的渔民向笔者反映，很多大船不去深海捕鱼，而是在近海与用流速网捕鱼的渔民争渔场。流速网渔船和底拖网渔船经常发生纠纷。拖网不仅对流速网有破坏，对笼网也有破坏。有的渔民说，笼网渔船捕螃蟹时，要在笼子里放鱼饵，引诱螃蟹进笼，当把笼网放到海里之后，除了吸引大量的螃蟹过来，还会吸引大量的鱼过来。拖网渔船就跟在笼网后面捕鱼，经常把笼网拖走，为此引起的冲突也不少。有些渔民认为执法部门对用拖网在近海捕鱼的违法行为打击力度不够，对此很不满。据了解，造成这种情况出现的原因是多方面的，而渔业执法部门执法力度不够也确实是原因之一。梁×还介绍说，红卫社区居民基本是纯渔民，祖祖辈辈靠捕鱼生活。过去除了红卫大队，还有一个红星大队，红星大队在北港，在硇洲岛的最北边，红星大队的人以前是农民，后来成了渔民，不是疍民。以前红星和红卫是同一个大队，一个在南边，一个在北边，管理起来不方便，后来就分开了。现在岛上纯渔业村就这两个村，过去的红卫大队现在叫红卫社区；红星大队合并到北港村委会里。硇洲岛有五个村委会、三个社区居委会，原来的红卫大队渔民现在成了居民。北港原来是个乡，有一个纯渔业大队、一个纯农业大队、两个半渔农大队，后合并成北港村，现在叫北港村委会。梁×还说，他就是原来红星大队的，现在镇政府的工作人员中也有几个是红卫社区居委会的人。红卫社区居委会每年的统计资料都上交到湛江市渔业局。

从梁×那里，笔者了解到很多硇洲岛渔民的情况。为了深入了解硇洲岛的情况，笔者又对硇洲岛的渔民进行了深入的访谈。最先接触的是硇洲岛红卫社区居委会的吴师傅。

（3）吴师傅访谈录

**笔者与吴师傅**

资料来源：本书中的图片除了标明出处外，都是由笔者提供的。

吴师傅以前是渔民，现在是专修船马达的修船师傅，当地渔民都和他打交道，他对渔民社会的情况很了解。笔者了解硇洲岛渔民社会就是从他开始的，后来他成了笔者的报告人之一。他告诉笔者，他是疍家，祖籍福建，祖先来硇洲岛，到他这辈已经是第五代了。新中国成立前家人一直住在船上，新中国成立后才上岸。现在不少疍家夫妻仍然生活在船上，但岸上都有房子，住在船上是为了看船，也是为了出海方便。吴师傅说，新中国成立前，疍家渔民经常遭到岸上农民的欺负，农民也打鱼，但农民打鱼不讲规矩，很霸道，疍民出海打鱼，撒了网，那些农民就把渔网撒到疍民渔网的前面，搞得疍民没有办法打鱼，疍民敢怒而不敢言。疍民的男人每天出海打鱼，家里都是老人、妇女和孩子，岸上的农民一般都在家里，惹了农民，他们会报复疍民的家人，所以惹不起农民，都避免与农民发生冲突。农民占了疍民的好渔场，疍民只好再另找渔场，没有办法与农民抗衡。1960年以后疍民的处境开始好转，政府给疍民在岸上批了地，很多疍民在岸上盖了房子，不过当时疍民的房子都是低矮的小房子，不如农民的房子。20世纪70年代，疍民组织起来，有了自己的村子，村子起名"红卫村"，大家集资买了大船，办起了修船厂，还有饲料厂，还办了小学。硇洲岛只有红卫村有小学。当时，疍民的红卫村最有经济实力，农民都很羡慕他们。他讲的情况基本属实，但是据笔者了解，成立"红卫渔业大队"主要是国家的需要，当时把个体的渔民组成集体的渔业大队是普遍的做法。为此在全国的沿海地区出现了很多"红卫渔业大队"。资料显示，福建莆田、广东茂名都出现了"红卫渔业大队"，这是历史的产物。吴师傅1967年出生，只上了小学五年级，就跟着父亲打鱼了。他有一个弟弟和一个妹妹，都在硇洲岛。疍民祖祖辈辈都是以打鱼为生，所以他很小就学习了打鱼的技术。20世纪90年代，国家对渔民有燃油补贴，岸上的农民一看有利可图，也纷纷开始买渔船、办渔船证，开始享受政府的燃油补贴。吴师傅认为这很不公平。他说，农民岸上有土地，不是地道的渔民，不应该享受这个待遇。他还说，他的父亲以前也在镇政府当过勤杂工，也没有享受什么特殊待遇，而农民买了渔船就成了渔民，这很不公平。燃油补贴是根据船的马力而定的，大渔船不管打鱼不打鱼，政府每年都要给船主40多万元的燃油补贴，所以大渔船的船主很有钱。

据笔者了解，国家对渔船油补的管理还是比较严格的，但也确实有些船只钻了政策的空子，不按照国家油补的规定履行自己的义务，而是敷衍国家，套取油补，这在渔民社会中人所共知，以至于一些愤怒的渔民在表述这一事实的时候有情绪化的倾向，但无论如何，这种情况造成了负面影响。

（4）北港渔民访谈录

首先接受笔者访谈的是原红星大队主任。据他讲，1975年以前红星大队归红卫村管，当时红卫村叫红卫渔业公司，红星是渔业大队。红星村的渔民不是疍民，不信妈祖，祭祖的地方是大皇宫庙，村民以前不是打鱼的，而是岛上中部地区的农民。老一辈村民和红卫大队渔民一起出海打

**笔者与北港渔民**

鱼，之后分开了。分开之前，他们都是深海渔民，打鱼要到汕尾、海南、北部湾靠近越南的地方，用的是大船。后来他们都成了普通渔民，开始把大船换成小船，现在国家又鼓励渔民把小船换成大船，买不起小船的渔民只能给别人打工。当初这里和红卫大队一样有鱼粉厂，也有渔船修理厂。这里和湛江其他地区的沿海渔民的情况类似，公社化时代，船是生产队的，船都比较大。改革开放以后，农村实行了包产到户制，渔业大队把大船承包给了个人，之后有人把大船买下，有人买了小船。在有油补之前，有的渔民不堪重负，变卖了小船。有油补以后，想买船也买不到了，这样就出现了许多"黑船"。还有一部分没有渔船的渔民迫于生计，不得已为他人打工。也有的买了别人的小船，再后来把小船改造为大船。渔民社会中阶层分化，有的成了大船老板，有的仍然靠小船维持生计，有的则为别人打工。有人把没有渔船的渔民介绍到茂名、阳江、汕尾打工，甚至有渔民到福建打工。有人说，政府早已把北港村定位为渔村，所以村民都是渔民，没有地，吃的是国家的供应粮。还有人说，想贷款造大船，但因为房子没有产权，不能抵押贷款，所以造不了大船。笔者在乌石调研时，发现当地不少年轻人不愿意再出海打鱼，有的甚至变卖了大船，但硇洲岛的渔

民则不然，不少人愿意造大船，出海打鱼。究其原因，村民解释说，硇洲岛四面环海，外出不便，只能靠海。这种说法笔者已多次听到，可见这里的渔民对海的眷恋。北港管区目前有大小渔船300~400艘，管区有十几个自然村，每个自然村都有40~50艘渔船，硇洲岛1/4的渔船在这里。据笔者了解，这里有100多艘船是"三无船"。有些"三无船"为了逃避打击，去外港停泊。一位渔民说，渔政抓船不分有证没证，有证的抓得更厉害，因为有证的渔船有油补，罚你多少你就得交多少；而没有证的船，没有油补，被抓到后可以和他们讨价还价。他希望政府管管这些无证渔船，给他们一条生路。在这位渔民的意识中，地方政府应该保护当地老百姓。渔民和渔政发生冲突时，往往寄希望于当地政府帮助协调解决问题，这种意识在渔民中普遍存在。2016年4月，湛江渔政和硇洲渔政在硇洲岛联合执法的时候，扣了几艘有问题的渔船，船主就希望当地政府出面帮助协调解决。由此看来，当地政府夹在渔业管理部门与民众之间，既要维护国家的利益，也不能不顾当地民众的利益，实属不易。"三无船"的渔民希望政府给他们的渔船一定的合法性。这位渔民说，给他办个渔业证，这样政府也好管理，他们也愿意花钱让政府管理。据了解，国家还在继续推行转产转业计划，给新造的船发证几乎是不可能的事情，如何应对众多的"三无船"，将是国家长期需要面对的问题。

（5）有证渔民访谈录

对国家的渔业政策，有证的渔民和无证的渔民回答得不完全一样。一位渔船证件齐全的船老板说，有证件的渔船，大问题没有，小问题难免，他把流速网船改成了拖网渔船，也怕被渔政抓。拖网比流速网效益好，最好是笼网，但笼网成本高，一条船一般得请八九个船工，他的船请三四个人就够了。当初买这条船花了几十万元，现在买就贵了，这里的行情是7000元1马力，他的船200马力，值140万元。出海打鱼一般在40~50海里的范围内，哪里有鱼就去哪里捕，这种船就是小船渔民所说的那种本应去深海打鱼，却偏偏在近海拖鱼，和流速网渔民抢资源的渔船。确实，证件齐全的渔船，也不是都没有问题，有些渔船不到指定的深海作业区打鱼，而是擅自改变船只的作业方式，把流速网改成拖网，在流速网的作业区拖鱼，损害流速网作业的小船利益。笔者还遇到一位从海南买了一艘笼网船之后改装成拖网渔船的船主，当地渔政要求他恢复原来的笼网渔船，他没有照办。擅自改变打鱼方式的情况在渔民中比较普遍，国家对渔船的作业方式一经确定不能擅自改变，但仍有渔民不以为然。一位老渔民讲，最理想的渔船是一艘船既可以使用笼网、拖网还可以使用流速网。现在国家规定一条渔船只能固定一种方式打鱼，渔民打鱼不可能用单一的方式打鱼，一年四季海里的鱼类是有变化的，季节不同，出现的鱼的品种也不同，不可能用单一的方式打鱼。渔民对把渔船的打鱼固定为一种方式很有意见。一位渔民说，渔民靠海吃饭，用流速网打鱼打不到鱼，才用拖网的，不让他们用拖网，挣不到钱，渔民吃什么？渔民出海打鱼很辛苦，夜间 1 点就得出海，还要支付船工的工钱，一个人一个月得四五千元，用流速网打不到鱼，没有办法只能用拖网。在渔船作业方式上，渔民和政府规定有冲突，渔民从经济效益方面考虑，认为一艘船不应固定一种作业方式；政府从管理和可持续发展方面考虑，规定一艘船一种作业方式也是有道理的，双方互不认同，造成了管理方面的困难。

（6）红卫大队老船长访谈录

陈×是红卫大队时代深海渔船的船长，也当过红卫大队造船厂的厂长，73 岁，是疍家。他说，他 15 岁的时候就开始出海打鱼，1951 年红卫大队成立，当初叫罟帆大队，1966 年"文化大革命"开始以后，更名为红卫大队。1951 年前红卫大队的渔民一部分住在北港，一部分住在现在的海边附近，疍家没有房子，就住在海边的小木棚（疍家寮）和船上。当时在现在的红卫管区下面有一条老街，老街的道路很窄，有一些当铺，法国人占领时期，现在的硇洲岛中心小学附近是法租界，修建了炮楼，法国军人在那里站岗，日本人来了以后，开始盘踞在那里。水仙宫在法国人进驻硇洲岛之前就有了。1951 年到 1958 年，红卫大队渔民住在本港和南港附近的木棚和小船上。1958 年人民公社化以后合并成立了"罟帆大队"，渔民开始上岸。硇洲岛上的疍民都是从海上漂来的，多是从广东的潮州、福建那边来的，船都是"罟帆"船，他们被当地人称为"罟仔"，疍民说的是"白话"。后来一些吴川、梅录人来到这里，开始盖房，做生意。红卫大队在"文化大革命"期间合并了红星大队，成立了深海渔业大队。红星大队是北港附近的梁村，属于半渔半农，不是疍家。改革开放以后，红卫大队与红星大队又分开了。在 1952 年海南成立渔业公司的时候，从红卫大队招去了一些渔民，后来他们就留在了海南。陈×出生在岸上，没住过船，当时家里租了岸上农民的房子住，租房的渔民都不富裕，十几户租一套房子，共用一个厨房，满屋子都是烟，有点钱的渔民在海边盖个木棚住，比租房好一点。住在海边的木棚里，海水涨潮，木棚的一半会在海水里，人很容易生病，生了病就请神医，或拜神求医。过去出海都是小船，什么时候会来台风谁也不知道。渔民出海前，一定要拜神，祈求平安。据老人讲，20 世纪 40 年代，一次大台风，把停靠在避风塘的 100 多艘小船打翻，死了不少人。当时渔民的船是罟帆船，罟帆船是带船舱的小帆船，因为船要住人，所以船都有一个小棚子，又有帆，所以人们把这种船叫罟帆船。红卫大队有吴姓、梁姓、周姓几个大姓，当时的情况是，一个家庭就有一艘船，同姓家族的几艘船，结成帮，一起出海打鱼。疍民也有贫富之分，有的人家有船，有的人家没有船，没船的人家为有船的人家打工。陈×的祖辈没有船，给有船人家打工。过去出海打鱼不是单独出海，而是集体出海，那时候的集体是家族，出海打鱼的时候家族成员几条船结伴一起出海。人民公社化以后，打破了家族界限。陈×说，现在的渔民没用了，意思是现在的渔民没有田地，有的也没有船，既不是农民，也不是渔民了。按照现在对渔民的定义，所谓的渔民，就是有合法船只，出海打鱼的人。没有渔船，实际上也就不是渔民了。农民有田地，身份会变。陈×说，渔民没有渔船，就什么都不是了，因为海又不是渔民的。农民有田地，可以种香蕉赚钱，也可以靠出租土地赚钱，有钱了，可以买船出海打鱼，有了船就成了渔民。所以传统渔民很惨，现在硇洲岛的农民很有钱，他们靠土地种香蕉，还出海打鱼，最苦的就是传统渔民。传统渔民是一步一步走到这种地步的，当初国家让他们转产转业，承诺给他们资金资助，但是根本没有到位，钱不知道去哪里了。现在的渔民已经不是传统概念中的渔民了，现在谁有船谁就是渔民，没有船就不是渔民。现在很多疍家已经没有了渔船，已经不是真正意义上的渔民了。相反有些农民因为有钱，买下疍家渔民的渔船，成了渔民，这种现象在这里很普遍。陈×道出了很多传统渔民的苦衷。他原来有两艘船，都是拖网渔船，效益一直不好，到了报废期，就报废了，报废以后，又没有钱买新船，现在没有船，也没有船证，孩子只能给人打工。陈×说，报废船的时候，国家承诺给他们补助用于转产转业，最后只给了几万元钱，那点钱还不够还账。陈×的船是 2006 年报废的，2007 年就有了国家的油补政策，他的运气实在太糟，不然他也会成为有钱的渔船老板,像他这样的情况,在这里很普遍。陈×说,他们这些过去的渔民很惨,没有社保,60 岁以上的老人每月只有 110 元的生活补贴,不得已,很多老渔民还在找机会给船主打工。渔业大队的时候,红卫大队的情况在硇洲岛是最好的,有大渔船,有渔船修理厂,有自己的子弟小学,年轻人娶媳妇都容易,他们一年能挣 200~300 元钱,而农民一分钱都没有。大队解散以后,就衰退了,现在什么都不行了。陈×的一席话,描绘出了"红卫大队"的兴衰史。他认为,他们在公社化的时代,打鱼为国家,给国家做出了贡献,老了应该受到国家的照顾。像陈×这样的老渔民,笔者在湛江沿海地区遇到不少,很多人有他这样的想法,认为公社化以后,他们就成了渔业工人,一直为国家做贡献,后来很多人转产转业都没有成功,等于失业了,国家不应该不管他们。

(7) 淡水码头冰场老板访谈录

笔者还接触了淡水码头附近的冰厂女老板的姐姐的丈夫。他在硇洲镇供电所工作。他告诉笔者,他是红卫大队的人,姓王,下个月就退休了。

**笔者与红卫大队老渔民**

红卫大队的渔民都是外来的,有从茂名闸坡来的,也有从吴川来的。他家来自吴川黄坡,世代靠打鱼为生。红卫大队成立的时候招工,他爷爷就来到了硇洲岛。当时他家不住在淡水码头,而住在北港那边的黄屋村。红卫大队成立以后,他家就进了红卫大队,祖辈不是疍家。老王说他小的时候,家里没有房子,住在海边用木板搭建的小棚子里,门口外面就是大海。疍家船就绑在自家住的木棚上。他们家在农村,有房子,和疍家不一样。红卫大队的成立是国家行为，国家为了发展集体渔业，成立了红卫大队。根据笔者的调查，同期在中国的沿海地区成立了很多以"红卫"命名的渔业大队，国家给红卫大队投了不少钱，购置了渔船和渔具，成立专业的渔业大队（类似现在的渔业公司），除了原来红卫大队的渔民外，又招了不少渔民，红星大队就是那时编入红卫大队的，除此之外，还招募了一些外地渔民。这种情况和徐闻的外罗相似。老王家就是这时加入红卫大队的。红卫大队成立之前，这里已有罟帆大队，罟帆大队的渔民都是世代依海为生的疍家。红卫大队的成立是公社化的结果。红卫大队成立以后，红卫大队的渔民得到了扩充，有些非传统渔民也加入渔民的队伍中。国家投资造了大船，成立了深海渔业大队，办了造船厂、修理厂、小学，修了渔民居住的一条街。红卫大队的渔民和供销社、粮食局的职工一样都是挣工分，吃国家供应粮，家家户户都搞得很兴旺。老王说他父亲那时到了红卫大队。他爷爷参加过解放海南岛的战斗，之后国家照顾他，安排他到航运局工作。工作地点在霞山，当时从这里到霞山要用两三天，现在从这里到霞山几个小时就到了。他父亲是独生子，奶奶带孩子很不容易，就把爷爷叫回来了。那时红卫大队已成立，他爷爷回来以后就被安排到了红卫大队。当时能被安排到红卫大队工作算是幸运的，大家都是农民，只有红卫大队的渔民吃供应粮。老王当了五六年兵，1981年退伍，来到红卫大队，当时是红卫大队最好的时期。他们的工资都很高，没想到两年以后红卫大队就解散了，政府对他们这些退伍军人很照顾，给他们另外找了单位，老王就到供电所了。这个冰厂是老王妻子姐妹俩办起来的，他没事就来帮帮忙。他们这个冰厂，很受渔民的欢迎。老王小时候经常在疍家住的棚子前玩。成立红卫渔业大队以后，渔民们在岸上都有了房子。20世纪60年代，红卫大队成立了工程队，自己盖房子，靠国家补助和自己出资，没有房子的人家很快都盖起了房子。那时候盖的房子之后都翻新了。以前建的房子水泥用得多，但钢筋少，不坚固。这几年翻新的房子建筑质量都很好。

之后，我们讨论起了转产转业问题。老王说，为什么渔船越来越多呢？很多船主不是真正的渔民，而是农民。他们有土地，现在成了渔船主，很多过去的渔民为他们打工。红卫管区过去打鱼的很多渔民在转产转业的时候把渔船卖了。现在"黑船"除了农民的船之外，也有不少是传统渔民的，红卫大队就有 70 多艘无证渔船，他们没办法生活，只能这样。现在国家不再给船办证，有证的船可以得到国家的油补。有油补的船有的不出海，把船停靠在港口，而出海的很多船是无证渔船。笔者在外罗，从渔政工作人员那里听说，拿油补的船也经常出海打鱼，很少有只拿油补不出海的渔船。而老王告诉笔者，这里确实有一部分船享受国家的油补，却很少出海。一般渔船出海，都要在他们这里加冰。有些船一直停靠在港口，从不加冰。老王家是卖冰的，对这种事情最清楚。听老王这么一说，笔者想起在湛江霞山港，确实有些渔船停泊在港口，很久不见出海。现在出海的渔民很有钱，但他们不都是传统渔民，很多是半渔民。老王说大家都有探鱼器，如果你的船马力不大，你也捕不到鱼，你发现的鱼群，别人也发现了，鱼都被先到的大马力渔船捕去了，渔船的速度不快也不行。现在，硇洲岛靠近海边的人基本上打鱼，硇洲岛最富有的村就是存亮村，那里有一家"渔家乐"餐厅，很有名。村民家家户户有存款，盖的房子都很漂亮。现在红卫村最穷，红卫村的年青一代，继续打鱼的不多，很多外出打工了，把渔船都卖了，没人接班。老王说，他小的时候，硇洲岛的经济比较繁荣，渔民的收入比农民的高，生活水平比农民好，那时候油也便宜，现在一吨油 4000～5000 元。国家给渔民燃油补贴是应该的，我们国家的油料价格比较贵，国家在油品上是赚钱的，赚一般的民用油的钱是正常的，可以理解，但是赚渔民出海打鱼使用的渔船和农民使用农机具的油钱是不合理的。关于这个问题，笔者了解到，日本对农民使用的油，除了价格上有补贴外，对他们使用的农用车不收养路费，对靠燃油维持生计的人们有优惠。对中国渔民实行燃油补贴的初衷是好的，现在的问题是，燃油补贴没有发放到真正出海打鱼的渔民手里，而是发放到了渔船主手里。现在的渔民不是都有船，没有船的人也不少，这些人的利益没有得到保障，为此，渔民对油补有意见是可以理解的。老王认为，应该卖给渔民便宜油，也就是把卖给渔民的油价降下来才对。笔者认为，现在的渔船有的有证，有的没有证，国家不发证就是为了限制渔船数量，没有渔船证的船是非法渔船，应该被取缔。但是在现实执法中很难根除这些"黑船"，原因是这些"黑船"会找出很多理由说明他们的合法性，让执法者难以执法，如果通过降低油价让渔民受益的话，这些"黑船"也会成为受益者，渔业秩序将更难维护。但老王坚持认为，还是把油价降下来好，这样不出海的渔船就不能享受油补，出海的渔船享受油补。现在的油补很不合理，有的渔船不怎么出海，每年也能得到几十万元甚至上百万元的油补，像老王家的冰厂，一年拼死拼活也挣不到几十万元。但有的人不出海打鱼，不用渔船也能得到油补，这个政策很不周到。

我们又谈到了渔民的生存状况。老王说，现在岛上真正家庭困难的人可以享受低保了，过去低保都是送人情的，有关系的人就能得到低保，没有关系的人就是家庭困难也得不到低保，这种情况从去年开始好转。老王还说农村医保是好的，但是现在去医院看病，一个小病也要花几百元钱，医保到头来，把钱又搞到医院，所以很多人不敢去医院看病。这和油补有些相似，油补搞来搞去，只是肥了一些人。现在的医保也只能报销60%，40%还要自己负担。老王还说现在渔业没有渔业协会，有了问题，只能个人声张，没有力量。应该有自己的协会，有证的、合法的冰厂应该联合起来成立协会，通过协会向政府反映问题，保护自身的利益。

笔者认为现在中国渔民社会就像一盘散沙，有证渔民的利益得不到保护，无证渔民泛滥，还没有建立起一个有效的管理机制。渔民各顾各，渔民社会没有一个健全的社会组织来约束和管理渔民，传统的渔民文化遭到破坏，渔业生态遭到严重威胁，这些与日本的渔民社会形成鲜明对照。

## 2. 以日本石卷的沿海渔民为例

日本渔民与中国渔民最大的区别是，日本渔民有自己的渔协，渔民在生产方面有什么问题可以通过渔协解决，渔民之间有什么纠纷也可以通过渔协解决，渔协可以帮助渔民维权，可以说，渔协是日本渔民的"娘家"。所以来到石卷地区的渔村，笔者首先访问了当地的渔协。笔者的田野点是宫城县石卷市渡波字①佐须浜②，这是一个纯渔村，宫城县渔业协同组合石卷综合支所就在该村，笔者访谈的对象是小野支所长和职员三浦××。他们告诉笔者，支所管辖石卷牡鹿半岛的几个渔村，现在临海渔村的渔民多数从事海产品养殖业，但也有不少人出海打鱼。养殖户忙完了养殖的工作以后，会出海打鱼。但是打鱼不同于养殖，是不稳定的工作。人们还是把

---

① 字在日语中相当于我国的行政村。
② 浜在日语中指海边，这里是指渔村。

主要精力放在养殖上，这里的渔民主要养殖牡蛎。盛夏的时候，养殖户开始清闲，这时候他们会出海打鱼和抓蟹。鲇川附近有世界著名的渔场，一年四季都可以打鱼。夏天和冬天有不同种类的鱼。但是附近的海湾就不同了，没有那么多渔业资源。这里渔民的船太小，不适合去远海。笔者观察了几天，确实没有见到太大的船，问他们为什么渔民不用大船，难道是因为买不起吗？他们解释说，一个原因是大船造价高；另一个原因是大船不能随便买卖，要经过政府的许可才行。也就是说，要买大船不仅是价格问题，还有政府是否允许的问题。笔者问，这里海域宽广，附近又有著名的渔场，出海打鱼不是更能赚钱吗？他们回答说，这里的渔民并不这样想。确实也有人出海打鱼，甚至到福岛的海域打鱼，但大多数渔民还是以养殖为主，闲暇的时候才出去打鱼。这里的传统是不经常出海打鱼的，买了大船也是浪费。笔者说，个人买大船确实有很多不利的因素，如果村民合资买大船出海打鱼，估计会比较合算。三浦××回答说，这里的渔民都是以家庭为单位，没有一起集资的习惯。岩手县有的地方有大家出资买大船集体经营的习惯，有自己的渔民组织。宫城县这里历来是以养殖为主，靠的是沿岸的渔协，没有渔民一起出海打鱼的习惯，如果谁家需要帮手，可以临时雇用。笔者在石卷渔港和盐釜港做过调查，发现那里有不少做进口鱼生意的企业。进口鱼有时比出海打鱼还赚钱，所以日本进口鱼的数量不断增加。在日本，渔协对于渔民来说很重要。笔者说，在中国还没有日本这样的渔协，渔民管理靠政府。三浦觉得很奇怪，反问笔者，在中国任何人都可以从事渔业生产吗？笔者说，不是，也需要审批，政府许可才行。在他的意识中，渔民管理应该是渔协的事情，政府是制定政策的，不应该直接参与管理。三浦告诉笔者，日本的渔民都是专业的，没有兼职的。渔民一般都是渔协会员，会员有正式会员与准会员之分，准会员就是还没达到正式会员标准的会员。在日本，成为渔协会员是有条件的，没有满足条件的但又愿意加入渔协的只能是准会员。三浦说，渔协是渔民的组织，不是政府的组织。他们这些人是帮助渔协做事。渔民离不开渔协，渔民之间因海域发生纠纷的时候需要他们协调。渔协既不是政府的组织，也不是企业，渔协是政府和民众之间的组织。渔协也常常遭到人们的诟病。现在日本农协正遭到重组的危机，渔协也难免。渔民对渔协有不满的时候，渔协也有不少问题。日本农协是全国性的组织，很强势，渔协不同于农协，没有那么强势。宫城县渔协比较正规，作用不小。三浦本人不是渔民，也不是渔民的后代，是应聘来渔协工作的，为渔民办事，因而能客观地评价渔协。在他的眼中，日本渔协不是十全十美的，还有问题存在。在笔者看来，日本的渔协已经做得很好了，它们实实在在地为渔民服务，为渔民排忧解难。笔者接触过当地不少渔民，他们告诉笔者，养殖牡蛎的种苗、成年牡蛎的销售、养殖期间牡蛎的防病治病都靠渔协，渔协是渔民的后勤，渔民只管生产，没有其他担忧的地方。养牡蛎最好在海湾，海湾微生物多，牡蛎可以吸收到足够的营养，太清的海水不适合养牡蛎。石卷牡鹿半岛海湾多，岛上的植被丰富，适合牡蛎养殖。

  佐须浜海湾风平浪静，依山傍水，很适合水产养殖。本地的居民主要是渔民，现在主要搞水产养殖，以前也捕鱼。这一地区是"黑潮"（暖流）和"亲潮"（寒流）交汇的地区，渔业资源丰富。但是现在渔业资源开始减少，出海捕鱼的渔民越来越少，多数从事水产养殖。这里的水产养殖主要是牡蛎和紫菜。渔民一般都到佐须浜的牡蛎共同处理场剥牡蛎壳。牡蛎共同处理场是靠政府投资和个人集资兴建的公共处理场，渔民都是牡蛎处理场组合员。处理场里两侧的窗前是两排长长的剥牡蛎壳的台子，每位组合员都有其专属剥牡蛎的空间。牡蛎处理场就像牡蛎加工车间，大家身穿统一的工作服，剥牡蛎壳的手法一致，没有交谈声，只有剥壳的声音。佐须浜牡蛎处理场的组合员不只是本村人，也有附近渡波港在此地租赁海面搞养殖的人。一位老渔民讲，他祖上是青森的，来到这里到他这辈已经是第十六代了，今年86岁，家里有族谱。他家不只搞养殖，还出海捕捞，打鱼的地方就在附近，但没有大鱼，都是小鱼。他儿子继承了他的事业。日本"3·11"大地震引发的海啸，把这里沿岸的基础设施都破坏了，政府答应投资兴建新海岸护堤。笔者去调查的时候，护堤已经修了一半。一位80多岁的老人向笔者表达了对日本政府的灾区政策的不满。他说，当初政府承诺，修建护堤的费用都由政府负担，但是现在又改为当地的受益者也要负担一部分，这使他很失望。据他讲，现在的年轻人没有人愿意当渔民了，当渔民辛苦，又不挣钱。过去这里的海湾也能捕到鱼，现在捕不到鱼了，所以人们都搞养殖，养殖比捕鱼稳定，只要付出都会有回报，出海打鱼的风险大。鲇川浜过去是日本捕鲸的重要基地，有远洋捕鲸公司，本地渔民多在该公司当远洋渔工，后来日本捕鲸遭到世界环保组织的抗议，远洋捕鲸公司不得不改行。现在这里盛产银鱼。一位正在修渔船的渔民说，现在沿海地区所到之处都在施工，进度不快与人手不够有关，他对政府的援助很感激，认为现在兴建的设施质量不错。这里的渔民主要养殖的是牡蛎（生蚝）、紫菜，还有银鱼，也有一部分人从事捕捞。

佐须浜其实是个村落，2011年和2013年笔者就来过。村里有两个人还给笔者留下了联系电话，一位是原来的区长雁部弘，他家本来在这里，"3·11"大地震的时候，这里是海啸的重灾区，他家的房屋被冲倒了，现在住在渡波小学附近的简易房里。另一位是武田×。这个村一共有42户人家，其中有6户从事养殖，8户以捕鱼为生。"3·11"大地震时，有6户人家的房屋被海啸冲垮，家里人都搬到简易房去住了。这个村过去是传统的渔村，村民大多以渔业为生，70岁以上的人都当过渔民，这些人退休以后，有的人就不再干了，靠年金①生活。

后来笔者在村里认识一位姓须田的老人。须田一家4口人，夫妻俩都靠年金生活，有两个孩子，大的在东京，小的和他们住在一起，因为身体不好，没有固定工作。他们讲，现在的年轻人很少愿意再当渔民，村里第一线的渔民多是老人。这个村过去一直很重视传统文化的继承，每年都要举行传统的祭祀活动，届时村里的男人们穿上特殊的服装抬着神舆入海，举行拜神活动。"3·11"大地震以后，神社遭到不同程度地损坏，加上村里的年轻人越来越少，抬着神舆入海的拜神活动基本终止了。这个村的氏神供奉在离这里不远的尾崎浜，神社叫尾崎神社，供奉的神主是魔间山神社的神主。过去举办的祭祀活动都由渔业组合组织，现在年轻人少，组织不起来。这个村有6户人家的房屋被海啸冲毁，但没有死伤，被冲毁房屋的人家，有的住在政府搭建的简易房里，有的则重新翻盖房屋，须田一家的房屋就是重新翻盖的。地震之前这个村一半人从事渔业，有的养殖牡蛎，有的出海打鱼，有的当船员。现在只有几家人还在从事着渔业，占村里人口的1/5。他们讲，渔业是不稳定的职业，现在的年轻人都不愿意干，很多家庭没有了继承人。渔民不像农民，海是国家的，不属于渔民自己，

---

① 日本年金制度是日本长期发展并在第二次世界大战之后逐渐确立起来的养老制度。日本年金制度分为"公的年金"（即"公共年金"）和"私的年金"两种。日本的"公共年金"制度是包括自营业者和无工作者在内的所有国民都加入的国民年金制度。"公共年金"包括国民年金、厚生年金和共济年金。

渔民没有什么财产可以继承，老人留给下一代的财产最多是房屋，所以村里的年轻人一旦离开这里，就很少再回来了。有办法的人离开了村子，没有办法的人留下继续从事渔业。佐须浜不少渔民的房屋在"3·11"大地震时被海啸冲毁，灾民居住在临时搭建的简易房里。笔者从一户住在简易房的人家了解到，日本政府除了向这些无家可归的灾民提供免费简易房外，还在为他们兴建永久性的公共住宅，相当于中国的廉租房。当地很多人从简易房搬到了公共住宅，很少听到灾民有什么抱怨。笔者去灾区的时候，看到到处都是施工工地，海岸正在修护堤，进度虽然不快，但质量很好。日本政府很重视灾区的重建，还专门设立复兴大臣一职。日本民众，特别是灾民对政府的做法还是满意的。

渡波港的大森地区，这里的居民原本也是渔民，但现在没有渔民了，基本都外出工作。高桥夫人领笔者看了附近的神社，据说这个神社很灵，由于它的存在，海啸才没有波及这里，所以有人称其为海啸之神。渡波港停泊了8艘中型渔船，其中7艘隶属于一个组合。一位正在检修船只的年轻人告诉笔者，这些船都是地震以后，政府资助购买的，政府为他们专门成立了捕鱼组合。过去渔民都是单独行动，现在要一起行动，一起出海，一起回来，为公平起见，规定了统一的出海时间和出海的作业地点，在海上滞留的时间也是统一的，每艘船捕捞鱼的数量基本相同。每年的7月和8月是禁渔期，这期间不能出海打鱼，其他时间都可以出海打鱼。渔民在传统的节日不出海打鱼，周五、周六也不出海打鱼，原因是这两天上市的话，鱼的价格比较便宜。渔民打鱼的地点是固定的，一般在行程半小时的地方，早上6点出海，下午1点返回，打的鱼要到石卷渔港出售。

笔者接触当地渔民的时间不长，但总的印象是日本渔民社会是一个成熟的社会，平时的渔业生产和灾后重建都秩序良好，其中渔业组织发挥了积极的作用。这是日本社会的经验。日本政府深谙其道，灾后为了帮助渔民恢复捕捞渔业生产，政府除了给渔民以经济上的援助之外，还帮助渔民建立了独立的捕捞渔业组织。该组织没有辜负政府的期望，遵循组员平等的原则，统一了捕鱼的作业时间，基本实现了渔民的利益均等，维护了渔业的正常生产，保护了渔民个体的利益。日本政府扶持民间社会团体建立起民间社会成员互相监督、互相帮助的社会监督救助体制，减轻了政府管理社会的负担，减少了社会管理的成本，提高了社会管理的效率。

人类学是研究"他者"的学问，研究"他者"的目的不仅在于深入认识"他者"，更在于通过对"他者"的深入认识来进一步认识自己、提高自己。人类学的方法除了田野调查、人物访谈之外，就是它的比较研究视角。中国社会正处在社会转型期，传统文化、社会形态都面临挑战，渔民社会也不例外。为了全面了解中国南海区域渔民社会在转型期出现的问题以及探索解决的路径，笔者从2015年开始对日本宫城县石卷沿海地区的渔民和中国湛江地区的沿海渔民进行了长期的田野调查，对中国渔民的调查遍布湛江沿海的主要地区，其中硇洲岛、企水、乌石、外罗的渔民是笔者关注的主要对象。为了突出重点，本章只涉及了硇洲岛特别是红卫大队的渔民。红卫大队渔民是传统的渔民，他们的变迁历史可以说是湛江地区渔民社会变迁的一个缩影，也可以说是中国渔民社会变迁的一个缩影。石卷沿海地区邻近世界著名的渔场，是宫城县的重要渔业生产基地之一，也是日本知名的渔业生产地区，还是日本"3·11"大地震引发的海啸的重灾区，可以说，石卷地区的渔民社会也处在社会转型期。笔者把两地作为比较研究的对象，是想通过比较研究，从社会事实中总结和提炼出帮助政府管理渔民社会、渔民社会自我反思、促进中国渔民社会发展的具有普适性的经验来。中国和日本不仅社会制度不同，渔业发展的历史进程也不同，文化传统也不同，是否有可比性往往令人产生疑问。但是，当笔者走进田野中的日本和中国的渔民社会以后，发现这种疑虑大可不必。日本现代渔业制度的建立虽然受益于西方文化，但根植于日本传统社会中的文化制度也是现代渔业制度得以建立的重要基础。比如，日本渔协管理渔民社会的模式就是江户时代"村请制"在现代渔民社会中的延续。所谓"村请制"就是村落集体对国家负责的制度，村长是村民的代表，村长代表村民对国家负责，类似于现代社会的法人制度。在江户时代，渔民村落照搬农业村落的做法也实行"村请制"，这种制度随着社会的发展逐步演变成渔协管理渔民社会的模式，这种模式可以说是一个有效的模式。社会进步离不开知识的传播，人类社会发展的历史已经证明了不同的文化传统、社会制度不是知识传播的障碍。从这个意义上讲，中日两国渔民社会的比较研究是可行的，也是有意义的。

　　走进中日渔民社会的田野，就会发现中日两国的渔民社会有诸多不同。渔民分广义上的渔民和狭义上的渔民，广义上的渔民泛指以捕鱼为生的人，包括在江河湖海上捕鱼的人，而"狭义上的'渔民'是指居住在海岛渔区，以从事渔业生产为主要职业的劳动者"①，崔风等认为渔民应有特殊的生活习性、独特的文化艺术、特殊的民俗文化等。② 如果按照上述定义和标准去对应硇洲岛的渔民，恐怕只有过去的红卫大队（包括红星大队）的深海渔民和津前村的渔民才称得上真正意义上的渔民。而硇洲岛现实中的渔民，还必须包括半渔农，或者叫半农渔民，因为这些人也基本上成了以捕鱼为生的人了，他们虽然有地，但主业已不再是种地，而是打鱼。这种情况不仅硇洲岛存在，在湛江其他沿海地区也存在。传统渔民认为，是这些人在和自己争海，他们应该受到国家的限制，而自己应该受到国家的保护。但是，按照中国现行政策和对渔民的定义，如果他们用合法船只出海捕鱼，就是合法的渔民，而且现在中国已经取消了渔民户口，过去的渔民户口已改成了居民户口，渔民已不再是身份的标签，而是职业的象征。在这种背景下，要求国家对传统渔民实施保护，限制非传统渔民，是很难的一件事。随着新渔民的进入，传统渔民的生存空间受到了挤压，也使本来就非常脆弱的传统渔民文化受到冲击。传统渔民除了受到外部的冲击，内部也发生了巨大变化，"20 世纪 90 年代中后期，渔村开始生产资料私有化改革，这才真正触及渔民的身份体制，改变了渔民的社会地位。随之，渔业股份制改革逐渐推广，渔民大部分由集体渔民变成了自由渔民，他们有的成为船主，有的成为渔船股东，还有的成为渔工。"③ "在各种因素的作用下，形成了渔民群体的分化。这样，渔民群体就变成了'有船的'和'无船的'两种类型。'有船的'成了股东；'无船的'则成了渔工，在股东的船上打工。船主人数占总数的30％。而雇工的人数约占70％。从'有船的渔民'变成'无船的渔民'，这是职业层级的降低，他们由自主经营的'老板'变成了没有资产的'打工苦力'。这些渔工中，有经验和技术的会成为船上的技术工人，更好一点的会成为船长，而没有任何技术的人则从事体力劳动。有些年龄偏大的传统渔民连成为渔工的机

---

① 韩立民、任广艳、秦宏：《"三渔"问题的基本内涵及其特殊性》，《农业经济问题》2007年第6期。
② 崔风、宋宁而、陈涛、唐国建：《海洋社会学的建构》，社会科学文献出版社，2014，第94页。
③ 同春芬等：《海洋渔业转型与渔民转型》，社会科学文献出版社，2013，第167页。

会也没有，只能转做其他的行业，但是受其自身素质和技能的限制，只有很少一部分人能成功转产，如果转产失败，则会沦为失业者、无业者。"[①] 大部分传统渔民在内外的挤压下，无心顾及其他，像丛林法则下生活的小鸟，为自己未来的生活而惶惶不安。所以，在和他们交谈的时候，笔者听到不少抱怨。与之相反，在接触日本渔民的时候，笔者很少听到他们的抱怨。也许有人说，听不到，是因为他们不会把心中的苦衷告诉外国人。也许有这个因素，但笔者除了询问，更多的是观察。根据笔者的观察，日本渔民社会也不是没有问题，只是问题基本能够得到及时解决，渔民很少产生积怨。渔民社会产生的问题，不论在什么国家，不外乎渔场问题、渔业权问题、渔民社会管理问题、渔民生活问题等。在日本渔民社会，这些问题基本能得到比较妥善的处理，渔民与渔民之间、渔民与政府之间的矛盾基本能及时化解。日本渔民社会能做到这些，笔者认为与以下几个方面的原因有关。

第一，日本对渔民有比较明晰的界定。不存在传统渔民与新渔民争夺渔场的问题。

第二，日本对渔场有明确的划分，并规定了渔场管理者——渔协的权限。渔民都是渔协的会员，渔民的权利通过渔协基本能得到保障。渔民不是没有归属感的自由渔民，在渔民社会内部，每位组员的行为要受到渔协章程的约束，受到会员的相互监督。会员不履行自己的义务，将受到惩罚。日本的法律保护渔民的合法行为，同时也处罚违法行为，执法严格。

第三，日本渔民被法律赋予了充分的权利，同时也要承担相应的义务。

与之相反，中国的渔民社会在上述几方面都有缺失，这就造成了中国渔民社会失范严重、政府执法难度大、渔民维权困难多的情况，同时造成渔民对政府过度依赖、政府压力过大的恶性循环。因此，笔者认为，在坚持走中国特色社会主义道路的同时，认真总结经验，吸收一切有利于中国社会发展的成功经验是有必要的。

---

① 同春芬等：《海洋渔业转型与渔民转型》，社会科学文献出版社，2013，第169页。

# 第三章 基于宫城县石卷和湛江地区牡蛎养殖业的田野调查

牡蛎养殖渔民研究是笔者的中日渔民社会研究的一部分。为了完成本研究，笔者把日本宫城县石卷沿海地区的渔民社会和中国湛江沿海地区的渔民社会作为研究对象，把石卷沿海的几个渔村和湛江沿海的几个渔民聚集区作为田野点，进行了长时间的田野调查。

## 一 日本的牡蛎养殖业

### 1. 日本养殖渔业的开端

养殖渔业，英文单词为 aquaculture，是水产业的一种。养殖渔业主要指的是养殖鱼贝类和海藻等水栖生物的渔业。日本的养殖渔业约占世界的1%，主要养殖鳗鱼、鲷鱼、扇贝、牡蛎、海胆、裙带菜、紫菜、海带等。日本江户时代就有养殖渔业的记载，但是日本的养殖渔业真正兴起是在明治维新以后。1877年，东京水产传习所（今东京海洋大学）成功地孵化、养殖虹鳟，标志着日本养殖渔业的开始。1879年，东京水产传习所又开始了鳗鱼养殖实验，并获得了成功。但是这些成功还仅停留在实验室阶段，真正的海面养殖并不是从鱼类开始的，而是从贝类养殖开始的。1893年，在英虞湾神明浦（今三重县志摩市阿儿町神明浦），取得了养殖合浦珠母贝生产半圆形珍珠的成功。1905年又在此地获得了真圆珍珠生产的成功。

1920年以后，东京水产传习所开发了木筏下垂式养殖的方法。之后，这项技术用在扇贝和牡蛎养殖上。1950年，岩手县采用自然和人工相结合的养殖方法，取得了海藻类海带、裙带菜的养殖成功。1953年，又在宫城县女川町取得了采集和培育海带、裙带菜天然种苗的成功，从此，裙带菜和海带的大规模养殖正式开始。1960年以后，日本又开始了真鲷、竹荚鱼的养殖。1970年以后，日本开始了银鱼、比目鱼的商业养殖。日本养殖渔业的全面发展是从20世纪80年代以后开始的。

## 2. 宫城县石卷地区的养殖渔业

根据日本宫城县水产技术综合中心1994年编写的《宫城县的传统的渔具渔法Ⅷ——养殖篇（牡蛎）》一书的记载："宫城县的牡蛎养殖可以追溯到280年前，据说当时有位叫内海庄左卫门的人，他在松岛湾的荒岛周围发现了大量的活牡蛎，不久他移居到同岛的'长者屋敷'，开始捕捞牡蛎。"[①] 另据宫城县水产试验场发行的《鱼贝26号》中的记载，宫城县养殖牡蛎大约始于1600年，当时内海庄左卫门在荒岛采伐树木的时候，发现树枝落到海里，过了几年，树枝上长满了牡蛎。这以后，每年的阴历三月十五日左右，他就把树枝插在海水里，让牡蛎的种苗附着树枝上，第二年再把附着幼贝的树枝移到合适的地方，使其生长。在没有牡蛎的海面上，划出40~80米宽的海面区域，撒下1米厚的牡蛎壳，把幼贝放在上面，等3~4年，就可以收获了。一直到明治时期之前，日本用这种办法基本保持了牡蛎采收和繁殖的平衡。明治维新以后，传统被打破，牡蛎的产量减少。1885年12月日本成立了渔业组合，组合的规约加大了对牡蛎繁殖的保护力度，生产逐渐恢复。在渔业组合成立之初，宫城郡长十文新介从广岛县聘请老师，开设养殖示范场，指导宫城县各个组合的养殖渔民。之后，牡蛎的产量虽有所提高，但效果并不明显。这除了松岛湾的地形、底质、潮流、淡水的流入等与广岛不同之外，还有一个原因就是买的种苗竹上附着的牡蛎种苗少，导致了收支的不平衡。渔民们对养殖方法非常重视，他们综合了广岛和本地的养殖方法，年年繁殖，终于提高了产量。1899年在盐釜建成了宫城县水产试验场，在本地和广岛养殖方法的基础上开发出养殖

---

① http://www.maruara.jp/oyster/history/index.html，最后访问日期：2017年9月10日。

牡蛎的"立棒刺棚"法，松岛湾的牡蛎养殖业有了发展，效益也有了提高。在采集种苗的时候，使用了松岛湾比较容易找到的竹枝、松杉枝、柳树枝、竹片、其他贝类壳、石棉板、石块、小石头、缸管、绳子等材料。从1903年到1913年，在松岛湾的养殖试验中，改进了竹竿养殖和移植培育的方法。1900年美国华盛顿州水产局史密斯博士考察了日本各地的水产业，对养殖渔业特别关注。回美国以后，他向东京帝国大学的箕作教授询问能否把北海道后岸湾产的真牡蛎引进美国。1903年，北海道后岸湾产的真牡蛎引进美国，但结果不得而知。之后，从1908年到1909年，农务省水产讲习所把广岛产的牡蛎送给华盛顿州，在运输途中，船舱里的牡蛎都憋死了，但是放在甲板上的牡蛎一点事也没有，这件事使他们明白了只要运输方法得当，就会降低牡蛎的死亡率。1911年，经营皇家水产公司的宫城新昌、月本二朗在加拿大温哥华的萨米西湾开办了牡蛎养殖场。1914年，宫城新昌从美国回到日本，办起了皇家养蛎商社。他考察了日本各地的牡蛎养殖场，认为宫城县产的牡蛎质量最好。1915年，宫城新昌在宫城县石卷的万石浦开办了牡蛎养殖场，这期间他得到了宫城县水产试验场的指导和县内同行的帮助，之后他把宫城县的牡蛎出口到美国。宫城新昌先把在万石浦收集到的牡蛎运送到神奈川县金泽湾的种贝采种场，通过整形、育肥等过程，使其达到出口要求，之后再送到萨米西湾养殖场放养。宫城新昌出口的牡蛎，有立刻就可以食用的大型牡蛎，也有不能吃的小牡蛎。然而宫城新昌在美国开拓的真牡蛎养殖场，被美国1922年制定的《禁止外国人土地所有法》所限制，他也因此失去了养殖场的所有权。宫城新昌把渔船转让给了美国的牡蛎养殖者，回国办起了日美养蛎商会，成了给美国出口种牡蛎的出口商。1919年，为了向美国出口牡蛎，宫城新昌在万石浦进行了试验研究。他从出口的牡蛎贝壳上的幼贝没有憋死的事情上受到启发，和石卷渡波浜的阿部善治一起进行了采苗试验。1923年，妹尾和堀在神奈川开发了牡蛎的垂吊养殖法，标志着日本养殖渔业有了飞速的发展。与篊养殖（竹竿养殖）、地撒式养殖相比，垂吊养殖在渔场利用和经济效益方面均佳。在宫城县，1927年松岛村渔业组合联合会利用15万日元的国库补助金，引进了简易垂吊养殖方法，使松岛湾和万石浦的传统养殖牡蛎技术大升级。

1930年，小野清在宫城县水产试验场首次在深水处使用了筏架式养殖技术，不久该技术和设备被引进到气仙沼湾，之后推广到志津川、雄胜湾、长面湾、大原湾、荻浜湾。在这之前一般都是用铁丝和竹管来养殖牡蛎，宫城新昌设计出了使用煤焦油煮染稻草绳养殖法，并在 1932 年申请了专利，该方法不仅在宫城县，还在三陆沿岸各地得到迅速普及。1942年，宫城县水产试验场气仙沼分场开发了延绳式垂吊养殖法。1945 年以后，该方法也普及到了岩手县沿岸的各地，不久延绳式垂吊养殖法又用在了裙带菜、海胆、扇贝等的养殖上，该方法的发明为养殖业的发展做出了巨大贡献。第二次世界大战结束以后，日本生产的牡蛎大量向美国出口，极大地促进了宫城县牡蛎养殖业的发展。除了牡蛎出口以外，宫城县还向日本的其他地方提供牡蛎苗。1962 年还在五个地方建造了内海养殖安全设施，提高了牡蛎养殖的防灾能力。除此之外，还引进了奥林匹亚牡蛎、法国牡蛎等高档品种，之后还把成功引进的种苗返销到法国等欧洲国家。1971 年以后，日本对美国的牡蛎出口也有了大幅度提高。1968 年日本人发明了养殖种牡蛎的"移动采苗法"，促进日本牡蛎种苗的出口。

由于使用了延绳式垂吊法，建造了内海养殖安全设施，提高了养殖材料耐久性，日本牡蛎养殖渔场从海湾扩大到了海面上。石卷地区的牡蛎生产基地也从万石浦、松岛湾扩大到牡鹿半岛、女川町的周边地带。另外，通过沿岸渔业改造工程，牡蛎集体处理场得到完善，劳动环境和卫生条件都有了改善。在宫城县，牡蛎养殖虽然是养殖渔业中比较稳定的业种，但也面临着国内竞争和世界经济一体化的压力，降低生产成本、开发新技术、提高产品质量是渔协要面对的问题。1986 年在宫城渔协协助下宫城渔民成功地改进了牡蛎的延绳式垂吊法，该方法避免了养殖牡蛎的脱落现象，健全了海面牡蛎养殖设施。为此，1990 年，该技术改进获得了日本农林水产省大臣奖。1993 年，石卷市桃浦地区的渔业协同组合青年研究会进一步改进了养殖设施，获得了农林水产省长官奖。

为了发展本地区的渔业水产，宫城县政府和民间都在不断努力。20 世纪 90 年代，日本政府在宫城县石卷市的牡鹿半岛上，投资兴建了一个现代化的水产研究开发中心。该中心是专门为宫城县沿海渔民服务的科研机构，机构包括总务组、规划普及指导组、环境资源组、养殖生产组、水产加工开发组等，还有专门的渔业调查船、气仙沼水产试验场、内水面水产试验场。笔者先后几次去该中心参观访问，每次去都为该中心精良的设

第三章　基于宫城县石卷和湛江地区牡蛎养殖业的田野调查

备、研究人员的工作态度和科研精神所触动。工作人员不但给笔者讲他们的工作内容和服务对象，还带笔者参观了他们的试验室、海产品标本室。访问结束时，还把所里相关资料送给笔者。不仅是宫城县，笔者去过的广岛县的沿海地区，也有类似的专门服务于渔民的水产研究开发中心。为了保证养殖牡蛎食用的安全性，牡蛎上市前，必须把样本送到该中心检验，达标了才能上市。不仅如此，中心的工作人员还要定期去海产品养殖现场对海水以及养殖的海产品进行检测。该中心不仅是科研机构，也是政府管理渔民的机构之一。只有健全的服务和管理，才能保障水产品的质量，这一点日本做得很好。相比而言，中国在这方面的工作需要加强。

## 二　湛江的牡蛎养殖业

湛江市地处雷州半岛，三面临海，海洋资源丰富。海域总面积2万多平方公里，10米等深线以内浅海滩涂面积48.92万公顷，港湾101处，海岸线长达1243.7公里，占广东省海岸线的30.2%，海岸线长居广东省各市首位，占全国的7%，位列全国地级市第一。湛江市沿海大小岛屿134个，岛岸线长约779.9公里，排广东省第三位，其中有居民岛屿12个，无居民海岛122个。湛江海岸线漫长，海湾众多，滩涂辽阔。沿海礁岩遍布，浮游生物聚生，有机物质丰盛，是蚝（牡蛎）①生长和繁殖的良好场所。湛江蚝以广阔的产区而闻名远近。湛江产蚝历史悠久，相传西汉元鼎五年（公元前112年）汉武帝派伏波将军马援率兵征讨南越，扎营在武乐水（今太平库竹渡）北岸。北人到南方，水土不服，头晕呕吐，难于应战。士兵采摘岸边附在礁石上的蚝煮吃后，便开始适应环境，不再晕浪，一举平定南疆。以此计算，湛江采蚝已有2000多年的历史。过去，蚝的生产靠天然采集。每年的春末夏初，是蚝的生产旺季，海水退潮，妇孺村姑，三五成群，手拿榔头、铁棍，到海中翻石打壳取蚝，俗称"打蚝"；对深水的蚝，则是水性好的壮男驾着竹筏，腰扎网袋，潜到海底礁岩深处采捕，俗称"潜蚝"。随着社会的发展，天然蚝远远不能满足市场需求，蚝养殖

---

① 牡蛎，广东称蚝，本书在叙述时，蚝和牡蛎混用。

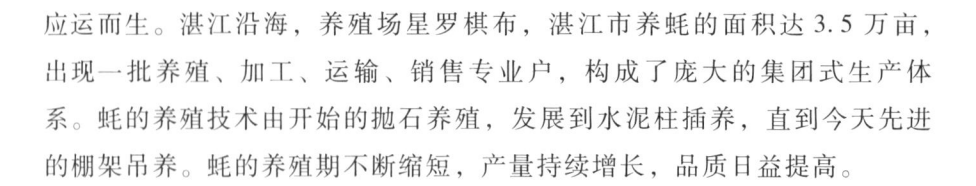

应运而生。湛江沿海，养殖场星罗棋布，湛江市养蚝的面积达3.5万亩，出现一批养殖、加工、运输、销售专业户，构成了庞大的集团式生产体系。蚝的养殖技术由开始的抛石养殖，发展到水泥柱插养，直到今天先进的棚架吊养。蚝的养殖期不断缩短，产量持续增长，品质日益提高。

1. 官渡镇的石门蚝

官渡镇由湛江市坡头区管辖。官渡镇位于湛江市坡头区西北部，面积72平方公里，人口4.5万，广湛公路复线过境，有官渡港口。辖山咀、高山、高岭、黄垌、碑头、三角、东岸、新村、岭尾、大垌、大龙、麻俸、官唐、官渡等村（居）委会。官渡镇境内的石门海湾是咸淡水汇合处，成为天然的蚝养殖场，盛产"石门蚝"。万亩蚝田就分布在这一带的沿海地区，每年12月至来年3月、4月是收蚝旺季。石门地区养蚝的历史悠久。这里除了个人养殖之外，过去还有石门蚝场养殖生蚝，但现在已经无人经营。石门蚝，素以个体肥大、肉嫩色白、味道鲜美而饮誉广东省以及港澳地区。

官渡牡蛎养殖场基地

2. 遂溪北潭蚝

北潭港位于雷州半岛西海岸北部，距离遂溪市区40公里，距离湛江市区60公里，过去是广东省对越南贸易口岸，地理位置得天独厚。过去北潭港分为渔港和货港，面向大海左侧为渔港，右侧为商业码头，集渔业货运于一体，水陆交通四通八达。北潭镇下辖21个村（居）委会、187个自然村，面积116.5平方公里，人口7.8万人，现有渔码头、货运码头各1个，200吨泊位42个，护岸码头3800米，堆场面积34000多平方米。北潭港供给养等后勤设施配套齐全，可泊600吨以内的各类船只。渔业是北潭港的重要经济支柱，现有大小渔船280艘，其中大功率渔船140艘。2010年，北潭镇引进资金成立"遂溪县创豪水产养殖有限公司"，开发北潭万亩蚝田，第一期计划开发3000亩，投资1500万元，已投入资金800多万元，投放蚝苗900多亩。该镇素有"牡蛎之乡"的美誉，这里的牡蛎优质鲜美，远销湛江及珠三角地区，占珠三角地区牡蛎市场的三成份额。

## 三 田野中的中日牡蛎养殖

### 1. 官渡镇新村

官渡镇现有14个村委会，1个居委会。官渡新村村委会管辖5个自然村，分别是新村、山坡村、龙眼山村、旧车村、新车村，总计人口460户，2533人，其中新村218户，1380人；山坡村85户，430人；龙眼山村64户，263人；旧车村40户，200人；新车村53户，260人。新村村委会是官渡镇唯一的渔业村，下辖的各个自然村都是沿海渔村。村民过去主要靠打鱼为生，现在大多数村民搞牡蛎养殖为生，特别是新村的村民几乎都在养殖牡蛎，还有一些村民既养牡蛎，也打鱼，但这部分村民不多。养牡蛎需要劳动力，要想养好牡蛎，就不可能有精力打鱼，现在打鱼不如养牡蛎经济效益好。村委会干部窦×帝告诉笔者现在新村有船证的船80多艘，一般都是小马力，4~12匹的，这些船有不少停泊在其他渔港，渔船牌为粤湛江坡头。1996年以前，这里有不少大船，当时靠大船打鱼，经济效益还不错，之后遭受台风，损失惨重。现在全村人几乎家家户户养蚝，有的除了养蚝还种地，搞渔船维修，养蚝的经济效益不错，全村人盖上了漂亮的房子。现在村里人多海面少，有不少村民到太平镇和广西的钦州去养蚝，有的是和当地人合股养蚝。新村自然村的村民都姓窦，据说祖上是从茂名过来的，每年村民都要去那里祭祖，这里没有窦氏祖庙，祖庙在茂名，这里没有特别的祭祀活动，只是到了过年的时候，搞一些活动。过去渔民出海打鱼，要搞一些驱鬼的仪式，现在不搞了，现在渔民出海安全了，有现代的通信工具，有准确的天气预报，天气不好就不出海。养蚝是以家庭为单位进行的，村委会不管养蚝的事情，渔政管的是捕鱼，对养蚝也不管，管养蚝的是自然村，所以自然村很有钱。笔者问有钱为什么不修路呢？新村码头附近几百米的路很烂，一下雨就泥泞不堪，进出都不方便，应该修条好路。窦×帝说自然村内部不团结，意见不统一，不缺钱，就是修不了路，所以那条路还是那么烂。笔者感觉，这里的养蚝不像日本，不是有组织地进行，而是各干各的。据渔政部门讲，搞养殖也不是随便什么人都能搞的，也需要办证。但据笔者了解，这个村养蚝的人都没有证。听湛江市渔业局的人讲，对养蚝的人没有办法统计，准确数字他们也不知道。这说明政府对牡蛎养殖业的情况并不十分了解。这个和日本明显不同，日本是渔协管理渔民，渔协很清楚本地渔民的情况。笔者希望从官渡新村村委会那里得到养蚝户的准确数字，但没有得到。官渡养蚝的历史并不长，也就30多年，没有形成一套完整的文化体系，村民养蚝的目的很明确，就是为了经济利益，很难挖掘出它的文化内涵。除了接触了窦×帝之外，笔者在新村码头还遇到了在那里给蚝穿绳子的一位本村的大学生，她也姓窦，爷爷以前靠打鱼为生，到了父辈就不怎么打鱼，偶尔在石门湾打鱼，打的鱼自家吃，不卖钱，家里主要靠养蚝为生。现在她做的事情是把自家养的中蚝①穿上线，做成一串一串的，卖给其他地区的养蚝专业户。她告诉笔者，小的时候爷爷告诉她，她们家祖先在茂名的塘尾，据说当时兄弟三人一起离开塘尾，一个到了官渡，一个到了硇洲岛，另一个不知道去哪里了。小的时候，她和硇洲岛的窦姓人家一起去塘尾祭过祖。这个村的历史不是很长，所以没有什么族谱之类的东西留下，村民过去都是一边种地，一边打鱼，很少养蚝，养蚝是近几十年才开始的。她告诉笔者，他们村读大学的人不多。现在，在海边做工的人都是本村人，有的人家里不养蚝，就帮别人养蚝。

---

① 蚝分蚝苗、蚝仔、中蚝、成蚝，成蚝即可以上市的蚝。

## 2. 湛江牡蛎养殖

### (1) 官渡新村的牡蛎养殖

广东省湛江市坡头区官渡镇新村的牡蛎在湛江很有名。很多卖牡蛎的商贩说，在湛江，坡头官渡的牡蛎质量最好，销路最好。官渡新村有得天独厚的牡蛎养殖条件，海湾中有各种适合牡蛎生长的微生物。石门大桥下是村民的牡蛎养殖场，从大桥上经过，就能看到一望无际的蚝排插在海水里。笔者来到现场，在一个大的养殖场前看到不少妇女正忙着卸从广西拉来的牡蛎。据说这些牡蛎在广西已经养殖了两年，来到这里是为了育肥。在这里再养殖3个月，春节前就可以上市了。卸货的妇女都是新村人，老板也是新村人。新村附近过去有氟镁石、钙长石、高岭石采石场，现在新村没人再采石了，基本养牡蛎。这家牡蛎养殖场的位置，过去就是采石场，现在养的牡蛎品种有好几种。在新村，牡蛎的生长期一般为3年，比笔者在日本宫城县牡鹿半岛看到的牡蛎生长周期稍长。

笔者在官渡渡口遇到了姓窦的一家三口人，他们在海边挑选牡蛎，孩子从技校毕业后，回来和父亲一起养牡蛎。他告诉笔者，这次台风"彩虹"给他们家带来的经济损失很大，蚝排都被台风打烂了，蚝都落到了海水里，好在这里的海水不深，可以打捞，但打捞上来的牡蛎，由于被海底的泥水浸泡的时间过长，有不少缺氧死亡。他们现在的工作就是减少损失，把还活着的牡蛎挑出来，重新穿上绳子，再放到蚝排上，让它继续生长，如果不再出意外，预计春节前可以上市。另外，由于要把牡蛎从海水中打捞出来，挑选活的牡蛎，穿上绳子，再重新放回海里，比原来多了一道程序，所以成本又提高了不少。窦姓一家为了尽快恢复生产，降低经济损失，雇了几个帮手，帮手都是本村人。

这个村以前主要靠种稻和开采石料维持生计，养殖牡蛎的历史并不长，养殖牡蛎的都是本地的农民。笔者问过湛江市政府的有关部门，如何管理这样的牡蛎养殖者。政府部门回答说对这部分养殖户没有严格意义上的管理。这个村子的牡蛎养殖者与日本养殖渔民完全不同，没有很长的历史传承。笔者问上述窦家的男孩子，养殖牡蛎最担心什么。他说养牡蛎最怕的是刮台风。保险公司都不愿意为鱼类养殖担保，所以他们抵御灾害的能力有限，一旦发生灾情，主要靠自救。养殖户之间没组织，每家每户都是单打独斗，没有日本那样的渔协。据说，这里的村民都信奉海边的大王庙。

2015年11月22日，笔者再次来到官渡新村，看到本村最有实力的养殖牡蛎和金燕鱼的鱼塘，有几位年轻人在给鱼撒鱼饵。这口鱼塘不是一般的鱼塘，以前是采石场，停止采石之后，成了鱼塘，据说水深100米，鱼塘面积有一个足球场那么大，鱼塘老板是窦村很有实力的人。笔者还遇到一位姓窦的养殖户。他说，新村90%的人家养生蚝，他家也养了不少，2015年台风使他家损失了十几万元，正在想办法恢复生产。之后，笔者又去了另外一家，这家人老少几代人住在一起，除了养生蚝，还养鸡和猪，还养过虾。男主人讲，以前这里还有不少人养虾，现在不能养虾了，原因是当地有些企业偷偷往养殖区的海域排放工业废水，海水被污染，所以不能养虾了，养蚝也受影响。对比这里的养殖条件，不论是海水，还是工作环境，与日本石卷沿海地区相差很远。石卷沿海地区海水干净，工作环境好，海岸都由水泥砌成，牡蛎有专门的加工场所。海水和岸上的环境好坏都与管理有关。日本对养殖渔业管理严格。日本的管理模式是国家制定管理条例，渔协负责实施。据了解，中国现在对养殖渔业没有严格的管理措施，对牡蛎养殖缺乏管理，养殖者各顾各的，没有公共意识，对在养殖牡蛎过程中产生的垃圾不做及时处理，处理牡蛎的地方垃圾成堆。可能由于国家对养殖渔业基础设施建设方面也不够重视，通往牡蛎装卸作业区的道路还是土路，一遇下雨，道路便泥泞不堪。总体来看，湛江地区牡蛎养殖的现代化程度低，这不符合国家的发展方向。

（2）官渡新村窦×超访谈录

窦×超70多岁，曾是新村村委会干部，目前和儿子一起在官渡的海面上养蚝。能遇到他纯属偶然，他告诉笔者，该村过去一部分人是农民，另一部分人是渔民，渔民吃国家的返销粮。现在村民都是农民身份。该村共有479.70亩（水田、旱田），[①] 按人口来看，每户村民的农田面积很少，所以大多数村民靠养蚝为生。窦×超告诉笔者，他家是渔民，以前靠打鱼为生。他记事的时候，该村已经没有人打鱼了，主要是抓野生的蚝。养蚝是从20世纪70年代开始的，当时村子附近成立了一家养蚝场，就是官渡

---

① 资料来源：官渡新村村委会官方公布的基本农田保护区，2011年5月15日。

养蚝场，是湛江市渔业局下属企业，村民向他们学习养蚝技术。那时还是人民公社时代，村里也建立了养蚝场，集体养蚝。现在是用竹排和打桩的方式养蚝，打桩比竹排结实，可以抗台风。桩是木桩，具体的做法是，在海里打两个桩，在桩上拉一条绳子，把蚝吊在绳子上养。从20世纪70年代初他就在当地养蚝公司工作，后来自己养蚝。据窦×超的儿子窦×敏讲，他父亲以前也是村干部，最早的时候是带领几户渔民开始养蚝，后来带动了全村。现在窦×敏也养了很多蚝。新村养蚝的人都是各家养各家的，彼此没有什么联系，养蚝的人没有合作社。如果实在忙不过来，就请工人。工人都是本村的妇女，这些妇女平时没有什么事干，谁家有事就请她们。养的蚝运上岸，请这些妇女剥蚝壳。蚝上市的时候，有人专门来收购。新村这里从蚝苗到蚝仔都是自己培育的，这里养的蚝不是外来品种，是本地品种，形状是圆的。广西东兴的蚝是长的，这里的蚝是圆的，很好吃。窦×敏说矿坑养蚝那家，蚝养得很好，很肥，他们的供货时间长，别人把蚝都卖完了，他家还有蚝可以卖。

（3）北潭牡蛎

2015年10月4日，台风"彩虹"过后，笔者再次来到北潭港的牡蛎养殖基地，这个基地是遂溪县引进资金兴建的一个大型牡蛎养殖基地，当时计划从业人员800人。一进入北潭港，就能看到"广东省人大一乡一品项目，遂溪县北潭镇牡蛎产业化开发基地"的招牌。不远处，是由牡蛎壳和养殖牡蛎用的水泥柱子堆积起来的"小山"，海边也堆满了同样的东西。十几位妇女顶着烈日，在海边把从海上运来的附着满满牡蛎的水泥柱子从船上卸下来，再把牡蛎从水泥柱子上剥下来。用水泥柱子养殖牡蛎也是一种养殖方法，过去日本也使用过，现在已经停止使用了。笔者和日本的渔民谈到这种养殖方法时，他们都显得很吃惊，不相信还有这种养殖方法，可见这种方法对他们来说很陌生。但北潭的牡蛎养殖主要用的是这种方法。相比之下，该方法比蚝排抗台风，所以台风给北潭带来的损失不如官渡地区严重。在这里做工的都是本地人。

（4）卢×访谈录

卢×是北潭镇原副镇长，现在退休在家。卢×介绍说，由他牵头，北潭从20世纪80年代就开始养牡蛎。为了养牡蛎，组织当地人去广西钦州和台山学习养牡蛎的技术，并从那里买来牡蛎苗，做实验。先在北潭圩和红树林那里做了实验，实验很成功，效益很好。广东省政府开始拨款，扶持养殖牡蛎。养殖牡蛎一直是私人养殖，政府只是引导。后来深圳市政府在这里搞扶贫，来了很多人，整个牡蛎的生产过程都由他们管，但那些人坐办公室，不懂技术，因此没有做好。当时80%的牡蛎苗是钦州的，也有一部分牡蛎苗是台山的，广西钦州的牡蛎是马蹄形，适合烧制，口感比台山的好，也用过官渡的牡蛎苗，后来就不用了。现在主要用广西钦州的牡蛎苗，广西的牡蛎吃起来有点甜味。现在广州和珠海养的牡蛎都是北潭的牡蛎，运到那里经过一段时间育肥就上市。先把牡蛎运到安铺，经过物流运到广州、珠海，每袋100斤。现在每天都有上市的牡蛎，过去多的时候每天有十几车牡蛎运出去。这里养牡蛎的都是北潭本地人，外地人没有单独养的，一般都是和本地人合资。本地人主要是用水泥柱子养牡蛎，少部分人和外地人合伙用吊养的方式养牡蛎。卢×说，在遂溪他是第一个搞吊养的，吊养比用水泥柱养成本高，过去用的是船木吊养，因为没有采取防虫措施，很快被海虫吃坏了。现在用绳子吊养，在绳子外面包一层胶布，绳子没有了空隙，就不用担心虫蛀了，牡蛎苗可以平安无事地附着在绳子上。用水泥柱子养牡蛎，水泥柱子是有标准的，一般水泥柱子的高度为50~80厘米，广西钦州普遍用这种方法。有的养殖户也用水泥柱子做吊养绳子的柱子，养牡蛎用过的水泥柱子一般不能再用，但可以用作铺路。钦州地区也用水泥柱子养殖牡蛎，一般一根柱子应该有20个牡蛎苗，少于这个数字不行。现在牡蛎是按等级论价的。这里从1984年开始实验养牡蛎，从1985~1986年开始大面积养牡蛎，开始的时候养牡蛎效益很好，但是后来由于雨水太少，死了不少牡蛎。入海口上游有个糖厂，对海水也有污染，现在海水没问题了。那时候养牡蛎的人太多，受灾的时候损失都很严重。

（5）东海岛大桥下的养蚝

湛江养蚝历史悠久，官渡镇，太平镇，东海岛的东岭、西岭等地都盛行养蚝。笔者一直对养蚝海面分配不解，带着这个问题，又去东海岛的东岭村做了实地考察。笔者先遇到的是一位在东海岛大桥下办牡蛎养殖场的太平镇人。他说，如果是当地人在这里养牡蛎，海面不收费，但他是外地人，要向当地原来在这里养牡蛎的人缴纳租金，才能养牡蛎。他说，海面与政府无关，与当地人有关，最早养牡蛎的人就是海面的主人，海面被先养牡蛎的人占用，后来的人就不能随便再进入此地养牡蛎了。据渔政工作人员讲，按照规定，渔民出海打鱼要有捕捞证，渔民搞养殖渔业，要有养殖渔业证，但实际上出海打鱼的渔民中有很多是"三无"人员。养殖渔业无证的情况更加严重，笔者调查的牡蛎养殖户根本没有养殖渔业证，很明显政府在渔业养殖方面管理是缺失的。东岭村和官渡一样，是用蚝排吊养牡蛎。这位受访者说，养牡蛎的多少不是以海面来论，而是看有多少蚝排，这里与北潭不同，北潭是用水泥柱子养牡蛎。牡蛎的出栏时间与买的牡蛎苗的大小有关，牡蛎苗越小，在这里养育的时间就越长，小苗一般在这里养育一年以上，大苗最短时间是半年。他们养的牡蛎苗有官渡的，也有广西的，官渡的牡蛎是圆形的，个体比较小；广西的牡蛎是长形的，个体比较大。笔者之后又去隔壁的另一家养蚝场，遇到了一位老渔工，他是东岭村人，养蚝场老板也是本村村民。这位老渔工告诉笔者，这里养蚝的老板多是附近的村民，渔工也多是附近的村民，但是也有不少外村人和外地人。养牡蛎虽然不用食饵，靠大自然的恩赐，但买牡蛎苗也需要资金。养牡蛎虽然怕台风，但最怕的是海水的变化，海水盐度过高，会导致牡蛎大量死亡。也就是说，海水的质量决定养牡蛎的成败。保证海水的质量，不是个人力所能及的，必须要靠国家的综合治理才行。如今工业发展是国家倡导的方向，工业发展很难保证不影响周边的生态环境。

### 3. 日本牡鹿半岛养殖渔业

2015年10月6日，笔者来到宫城县石卷地区渡波港的SunFun Village。安排好住处后，笔者驱车来到了"3·11"大地震、海啸的重灾区女川町。女川町的灾后重建，比笔者想象的进度慢很多，但新车站已经建成。之后笔者来到了位于牡鹿半岛的桃浦村，看到了激动人心的场面，目睹了桃浦村牡蛎生产者合同会社加工牡蛎的整个过程。该会社的股东是本村人，公司职员也是本村人，据说村里80户人家中有一半是牡蛎养殖公司职员。据说一个熟练工一天能剥20公斤的牡蛎壳，但工资不是按照熟练程度定，而是按照时间定，每小时700日元。一般工人工作7小时，也就是一天能挣4900日元。女工剥壳速度比男工快，男工剥壳速度虽然不如女工，但男工什么活都干。牡蛎加工的过程如下。早上7点所有男工一起出海，把在海里养殖的牡蛎打捞上船，运到加工场，先放到水槽里冲洗保存。之后把洗净的牡蛎运到剥壳车间，男工、女工分成两组一起剥壳。剥好的牡蛎经过冲洗之后装到塑料袋里，再放到有冰块的泡沫箱里。每箱12公斤。之后再放到封箱车间，封箱之前要进行无菌处理。最后发送到商户那里。整个加工过程没有任何污染源。商户都是到现场验货后，再订货。桃浦村是个海湾村，两面是山，远离城镇，没有任何工业和生活污染，山上随着雨水流到海里的各种微生物，为生产高品质的牡蛎创造了条件。打捞上来的牡蛎也要放到净水槽里，进行杀菌处理，最后运到剥壳车间的生牡蛎十分干净，可以生吃。渔民请笔者试吃了新鲜的牡蛎，口感很好，有点甜咸的味道。这里养殖牡蛎的环境好，生产程序严格，让人可以放心食用。牡蛎在海水里生长两年，壳上附满了天然贝，没有其他附着物，与笔者在湛江看到的完全不一样。湛江生产的牡蛎都附着在水泥柱上，到了上市的时候，把附着在水泥柱子上的牡蛎连柱子一起从海水拔出，运到岸边，进行剥壳处理，剥下来的壳和水泥柱子就堆在现场，越堆越多，可以用堆积如山来形容。湛江生产牡蛎的整个过程比较原始，与日本的生产方式相差甚远。

日本宫城县牡鹿半岛的牡蛎养殖基地

10月7日，笔者来到渡波大桥附近的牡蛎加工场，遇到了一位60岁左右的妇女，她正在穿扇贝壳。日本养殖牡蛎离不开扇贝壳，扇贝壳是牡蛎育种的载体，要把扇贝壳穿在绳子上，挂在海水里，让牡蛎的卵附在其上生长发育，长到一定程度就可以作为种苗出售，卖给牡蛎养殖户。养殖牡蛎有不少环节，穿扇贝壳是最初的环节。还有专门处理牡蛎壳的环节。据说牡蛎壳可以用作鸡的饲料。另外，在养殖牡蛎的过程中使用的材料，如绳子、扇贝壳都可以循环使用，直到不能再用为止。在这里，养殖牡蛎是一个重要的产业。产业链的每个环节在渔协的协调下有序进行。在整个生产过程中，渔协发挥了巨大作用。

2015年10月8日，据说要来台风，附近的渔民都休息了，没有出海的。但笔者感觉风不太大，决定去鲇川浜，如果真是来了台风就地避难。决心下定后，笔者便坐上了石卷到鲇川的公交车。鲇川在日本以捕鲸、养殖银鱼而闻名，是牡鹿半岛最靠近太平洋的地方，那里也是地震和海啸的重灾区，到处是灾后重建的工地。

10月9日，笔者又来到佐须浜。佐须浜这个村落，笔者早在2011年、2013年来过两次。当时村里有两个人给我留下了联系电话。一位是雁部弘，他原来是区长，家本来在这里，"3·11"大地震时，这里是海啸的重灾区，他家的房子被冲倒了，现在住在渡波小学附近的简易房里。另一位是武田×，这次在渡波浜牡蛎处理场遇到了他，当时他正和妻子剥牡蛎壳。这个村一共有42户人家，其中有6户从事养殖，8户以捕鱼为生。过去有13户人家住在山沟里，现在只有7户人家了，另外6户人家的房子被海啸冲垮，家里人都搬到简易房去住了。该地区现在隶属牡鹿町。该村过去是传统的渔村，村民大多以渔业为生，70岁以上的人大多过去当过渔民，这些老人现在不能再出海了，靠年金生活。

后来，笔者在这里看到了宫城县渔业协同组合石卷地区支所的牌子。笔者敲开大门，走了进去。面对笔者这个不速之客，开门的工作人员（即三浦××）有些惊愕。但当笔者亮明身份，说明来意后，三浦将笔者请了进去。我们交换了名片，三浦详细回答了笔者的问题。该支所管辖范围很广，管辖牡鹿半岛包括泽泽田地区的10个浜（佐须浜、折浜、小竹浜、蛤浜、桃浦浜、月浦浜、侍浜、萩浜、小积浜等）。原来这些地方有单独的渔协，俗称"单协"，但现在都合并到一起了，并更名为石卷地区支所。但鲇川浜不属于石卷地区支所的管辖范围。鲇川浜渔业资源丰富，自古以来，当地居民靠渔业为生，有独特的文化

**宫城县渔协石卷地区支所**

传统，早在明治维新以后就有捕鲸公司进入此地，当地可以靠自己的力量维持发展，不需要依赖外界，所以没有加入石卷地区支所，而是成立了自己的渔协——牡鹿半岛渔协。鲇川过去是日本捕鲸的重要基地，后来日本捕鲸遭到世界环保组织的抗议，迫于压力，日本政府禁止了出海捕鲸。过去的捕鲸船被改造成大型游艇，计划近期投入使用。三浦告诉笔者，石卷地区支所在"3·11"大地震之前就有，最近重新加固了。渔协既不是纯粹的经济实体，也不能等同于日本政府的办事机构，它是介于两者之间的组织，承担着公共事业的责任，但也常常遭到人们的批判。渔协也有不少问题，但是目前还不可能被取代，渔民从事渔业离不开渔协。渔协负责组织渔民生产、帮助渔民解决各种渔业纠纷，为渔民提供各种服务。日本准备加入TPP以后，开始考虑改革农协组织，渔协迟早也会面临这个问题。农协是日本社会最大的"公司"，与农协相比，渔协要小得多。加入渔协是有条件的，不是谁都可以加入，根据渔业产量，可以分为正式会员和准会员。宫城县的渔业较之其他县比较发达，因此宫城县的渔协规模大、实力强。三浦告诉笔者，在宫城县的渔业中，养殖渔业比较发达，牡蛎养殖规模仅次于广岛，名列日本第二。

在结束了渔协的访谈之后，笔者在村里遇到了一位准备回家的渔民。据他讲，养殖牡蛎分为育苗阶段、培育阶段、生长阶段三个阶段，牡蛎养殖一般两年为一个周期。这里养殖条件好，附近有河流的入海口，河流带来丰富的微生物，有利于牡蛎的生长。这里牡蛎的生长周期只有一年。他说，没有河流入海口的地方不适合养殖牡蛎，海水太清的地方也不适合养牡蛎，因为海水太清就会缺少牡蛎喜欢的微生物。牡蛎上市一般为每年10月到第二年2月，有的地方可以延长到第二年4月。这和湛江的情况基本一致。养殖牡蛎一年都闲不着，每年10月到第二年2月牡蛎上市，要忙着剥牡蛎壳，2月开始育苗，之后是培育，培育要把附着牡蛎苗的扇贝壳运到松岛去，在那里养3个月之后再运回来，放到自己的养殖水域养殖半年，之后上市。上市之前要通过渔协严格的质量检查，牡蛎上的细菌不能超标，超标的牡蛎不可生食，只能熟食，严重的就不能上市了。什么时候出海打捞牡蛎、什么时候剥壳都由渔协统一安排，买家也由渔协帮助寻找，养殖牡蛎离不开渔协的指导。养殖牡蛎的渔民，闲暇的时候也会出海捕鱼。在日本，养殖牡蛎要有政府颁发的许可证，捕鱼也要有政府颁发的许可证，有的养殖户既有养殖许可证，也有捕鱼的许可证，一般的渔民只有一种许可证。渔民没有兼职的，也不可能兼职。养殖牡蛎可以家庭为单位，也可以采用股份形式制。

在日本，养殖渔业的从业者被清晰地定义为渔民；在中国，养殖渔业的从业者未必是传统的渔民。中国的渔民概念与日本的渔民概念所指并不完全相同，渔民概念的不同导致了中日两国渔民社会成分的不同和文化传统的不同。中国和日本都是养殖渔业历史悠久的国家，有各自的养殖传统。但在现代养殖渔业的发展方面日本早于中国，日本在渔业生产和渔业管理方面积累了很多经验。通过比较，笔者发现，中国养殖渔业和日本养殖渔业的最大不同在渔业管理方面。日本养殖渔业总体上分为两种，第一种是渔业企业，渔业企业本身拥有政府发放的渔业执照，这类渔业企业直接由政府相关部门管理。第二种是以渔民家庭为单位的养殖渔业，养殖户必须是渔协会员，渔协替政府管理养殖渔民，养殖许可证由渔协发放到养殖渔民手里。每个地区的渔民以渔村为单位，建立了自己的合作组织，兴建了大家共用的牡蛎加工场。牡蛎上市的时候，养殖户统一在牡蛎加工场处理牡蛎。日本牡蛎生产者不是单打独斗的个体，而是在渔协管理的集体模式下的个体养殖。在日本，政府与牡蛎养殖者之间的法律关系是养殖渔业执照的发放者和接受者的关系，而渔协是政府间接管理渔业者的组织，它既要对渔业者负责，也要向政府负责，它的存在既减轻了渔民的负担，也减轻了政府管理社会的负担和成本。渔民因为有了渔协，省去了与政府打交道的时间和精力。渔协成了渔民管家，渔民可以专心致志地做自己的工作。从日本养殖渔业中的牡蛎养殖可以看出，日本的牡蛎养殖无论是个体还是集体都离不开渔协，离不开国家的指导和约束。所以说，日本的养殖渔业是集体模式下的养殖，离不开与社会、国家的互动。反观中国的牡蛎养殖无论是个体养殖还是集体养殖，都缺乏与社会、国家的互动，因此它在抗风险方面远不如日本做得周全。

笔者认为，一个社会之所以称为社会必须具有它的基本结构，即支撑它的社会组织以及文化传承。社会组织是否健全、文化底蕴是否深厚决定了社会的成熟度和可持续发展的维度。中国湛江地区的牡蛎养殖成员复杂，没有一个统一的文化传统，政府管理松懈，没有一个可以帮助政府的民间组织，使牡蛎养殖业处在一个低级的发展阶段。在中国，20 世纪 20 ~

30 年代，梁漱溟和晏阳初相继提出农村社会改造论，他们认为农村改造是中国社会改造一个最重要的部分。"在'现代性'文化转型的背景下，乡村建设如何保住社会和文化的传统，特别是基于全球化背景下的乡村建设之视角，探讨乡村地区的不同要素之间流动与融合，探讨基于社会转型视角下的不同乡村'类型－特征－模式－人地系统协调'的研究，如何建立传统村落历史文化价值评估体系，厘清社会转型与城乡融合发展的内在关系，将乡村文化建设视为中国传统文化复兴的重要组成部分，并以乡村文化的保护与发展为研究核心，探究全球化背景下如何实践文化多样性保护，如何为农业文明'回归'储藏种子、保育土壤，如何重新评估农业文明的价值，对于乡村建设而言任重道远。其核心还是中国社会与文化之建设。"[①] 如今中国社会已经从传统的农业社会逐渐步入现代工业社会，一切不适合社会发展和进步的社会惯性都要得到矫正，中国社会需要建立起一个个人与国家互动的机制，在其机制中必须加大民间自我管理、自我约束能力的培养力度，让国家和个人成为真正意义上的命运共同体。

---

① 麻国庆：《乡村建设，实非建设乡村》，《旅游学刊》2019 年第 6 期。

# 第四章　日本渔民社会中的社会组织
## ——基于日本石卷地区渔协的田野调查

日本的政府加民间的社会管理模式，一直为世界所瞩目，其中协同组合的社会实践经验更是学者关注的对象。中国实行改革开放以后，便有学者研究日本的协同组合。日本的协同组合包括农业协同组合、渔业协同组合、生活协同组合等。笔者前几年也对日本的农协做过系统的研究，发表过《政府荫庇下的日本农协——仙台秋保町的人类学调查》一文，如今笔者把研究的触角深入日本渔协。

## 一　文本中的日本渔协

协同组合最早出现于西方社会，之后被日本接受。2012年为世界协同组合年，之后，协同组合越来越引起人们的关注。协同组合是在"'一个人为了一万个人，一万个人为一个人'理念的基础上出现的旨在实现相互辅助社会，进行的社会实践'运动体'。其运动从产业革命开始，在英国、德国、法国等欧洲国家率先垂范，然后波及世界，今天有不少国家的宪法对此都给予充分的保障"①。

日本的渔业协同组合，简称渔协。渔协具有一般协同组合的特点和性质，被认为是为了大家共同的目的，个人或者中小企业组织起来的共同经

---

① 浜田武士：『漁業と震災』，东京：みすず書房，2013，第171页。

营、民主管理，具有非营利性的互助性组织。协同组合不是按照资本运作法则运作的，渔协的资本不是资本主义的剩余价值资本。协同组合的资本是从业者勤俭节约积累起来的资本，是为了扩大再生产、自主管理的企业资本。在日本，协同组合被界定为是通过共同拥有的、民主管理的事业体（企业），满足共同的经济的、社会文化的需要和愿望，自发地结成的自治组织。协同组合的价值观是自助、自负其责、民主、平等、公正，协同组合员要正直、公正、有社会责任感、为他人着想。协同组合具有七个特点。第一，协同组合是自发的组织，协同组合不论性别、人种、政治、宗教的差异。第二，协同组合依靠组合员的民主管理。组合员要积极参加政策制定和决策，组合员有一人一票的平等表决权。第三，组合员公平合理地为所属协同组合出资（缴纳会费），并参与管理。会费成为协同组合的共同财产。在分红的时候，组合员可以按照平时制定的比例领取。积累的资金中一部分留下用于协同组合的发展。第四，协同组合是由组合员管理的自治性质的自助组织。协同组合要执行包括政府在内的组织决定，在吸收外部资金时，要保证组合员的民主管理，保证协同组合的自主性。第五，协同组合为了更好地让被选出来的代表、经纪人、职员为协同组合做贡献，要对他们进行培训。第六，协同组合间的合作。协同组合要通过和当地、国家、国际的组织合作，为组合员提供最好的服务。第七，关注社区的发展。协同组合通过已制定的政策维持社区的可持续发展。

现在日本正在推进农协改革，想把农协打造成能给投资者带来红利的农协。这种做法遭到学者的普遍反对，认为该做法脱离了协同组合的宗旨。渔民（渔协组合员）和职员（渔协工作人员）担心农协改革会殃及渔业。渔协是非营利组织，如果放弃了这一宗旨，渔民社会将会出现混乱。在日本有很多协同组合，例如：生活协同组合，俗称生协，其组合员是消费者；农协的组合员是拥有土地的农户；森林协同组合的组合员是山林的所有者。每个协同组合有不同的组合员，但共同点是组合员都是经济上的弱者，只有组织起来才能完成其各自的事业。假如没有渔协组织的话，住在偏僻渔村的渔民要自己去街区办理银行业务，购买渔具、燃油等生产资料，打的鱼也要自己销售，销售之后，如果马上能拿到现金的话，那还算不错，但一般是买主到月底才把货款转到渔民的账户上。渔民卖完鱼，马上又要出海打鱼，如果没有足够的资金，就要靠借款购买燃油、渔具等生产资料。对大的渔业公司来说，这些都不是问题。但是，日本的沿岸渔业是以家庭为单位进行的，如果没有渔业以外的收入，资金对他们来说也是大问题。所以几户渔民联合起来，让金融机构入户，集中购买燃油、渔具等生产资料，统一销售鱼产品，就可以减轻每个家庭的渔业生产成本，节省时间。正是基于这种需要，渔民们联合起来，雇用有专业知识的职员，为他们做打鱼之外的工作，这样他们就可以专心致志地做自己的本行，这就是渔协能够产生和发展的原因。政府加渔协的渔民社会管理模式已经成为日本社会治理的传统。日本官方也宣称："我国在复杂的渔业现实中，根据各种渔业管理特性，实行的是靠法令等制度化的'公的'资源管理和通过渔业者之间的对话，自主管理资源的模式。"[①]

事实上，现在日本渔民社会真正的管理者是渔协，渔协在日本渔民社会中发挥了不可替代的作用。渔协是渔民出资雇用专业人士为其服务的组织，属于非营利组织，其经费来源于组合员的会费等。渔协所得不是以分红利为目的，而是以维持组织运作为目的。日本人称渔协是经济上的弱者的组织。在市场经济条件下，经济实力决定企业的发展，渔民属于经济上的弱者，容易受制于人，但是如果弱者联合起来集资，成立支持自己发展的组织的话，就可以不受制于人，这是日本要成立协同组合的原因之一。日本人认为渔协不仅为渔民提供金融、购买渔业生产资料、销售鱼产品等方面的服务，渔协还是保护渔民不受高利贷、恶商骚扰的防卫组织。可以说日本的农协和渔协是世界上绝无仅有的，它是集销售、购买、金融、互助等业务于一身的实体。渔协与农协的不同之处在于信贷和互助是农协的主要业务。农协的信贷和互助除了农户之外，一般居民也是其照顾的对象，业务扩大到整个社区，所以即使农业不景气，农协的业务也能维持。渔协则不同，渔协的业务对象就是渔业，渔业不景气，渔协的经营就受到影响。渔协的销售业务一般是渔协把从渔民那里收购的鱼再销售出去，但更多的情况是渔协充当组合员（渔民）与购买方的中间人，替渔民销售鱼产品。在销售时，渔协要找那些现金支付能力强的购买者，之后把从渔民那里拿到的鱼产品交给购买者，这样做的好处是能保证价格合理，能够及

---

[①] 根据日本农林水产省水产厅在官方网站上发表的『我が国の漁業管理の特徴』，http://www.jfa.maff.go.jp/j/kikaku/wpaper，最后访问日期：2018年8月1日。

时收回货款，可以避免购买者拖欠款，规避了渔民直接销售时的风险，降低了渔民的经营成本。作为回报，渔民（组合员）按一定比例，把销售额的一部分分给渔协。鱼产品如果能卖出好价格，不但对组合员有利，对渔协也有利。正是这个机制推动了渔协的发展，稳定了渔协队伍。这种销售方式被称为"共同销售"。在这种模式下，参与共同销售的组合员（渔民）要把自己的鱼产品全部交给渔协，由渔协代为销售，这种关系的确立成为渔协和"共同销售"另一方——买方签订协议的基础。在这种框架下，渔协根据买卖双方的意愿，对产品进行竞买。"共同销售"要使买卖双方都满意才行，要做到这一点，渔协的公正性是关键。

在日本，每个沿海地区都有渔协，它是管理渔业权的组织。渔协管理的渔业权是"组合管理渔业权"，包括共同渔业权和特定区划渔业权。其权利的特点是，它不是个人的权利，而是集体的权利。在日本，每个沿海地区都设立了组合管理渔业权的渔场，就是说，每个沿海地区都有划定的渔场。历史上，生活在该地区的渔民通过入会的方式使用该渔场。渔民以共同入会的方式组成了"入会集团"，组合管理渔业权就是被这个"入会集团"承认的权利，入会集团在法律上被定义为"渔协"。为什么由入会集团管理组合管理渔业权？这与日本的历史有关。在日本历史上，在渔业村落（渔村）生活的渔民，自古以来就利用村前的海湾。在漫长的发展过程中，他们解决了对立冲突、资源枯竭等一系列问题，最终建立起人与自然和谐的社会秩序。这个秩序的建立蕴含了渔民的和谐共生的生存智慧。经营渔业的权利不归渔民个人，而是归组合管理渔业权的入会集团，由入会集团制定出使用的规则，决定如何使用渔场。历史上的这一做法一直延续至今。在传统的协同组织的基础上，渔民出资成立既有传统性又有现代性的渔协。日本政府给予渔协大力的支持，可以说渔协的问世与政府的支持是分不开的。渔协在发展过程中，也遭到了各种质疑。有人认为现行的渔业权不利于企业进入渔业，就在于渔协对渔业权的独占。

1982 年联合国第三次海洋法会议通过的《海洋法公约》，规定 200 海里专属经济区属于国家管辖范围，这标志着世界进入了 200 海里体制的时代。从此维持和保护日本周边海域的水产资源也被纳入了渔协的工作范围。渔协除了负责维持、发展渔业和保护水产资源外，还要承担海岸清扫、保护渔场的工作。如今日本渔协也面临不少问题，2007 年，宫城县包括宫城县渔业协同组合联合会和宫城县信用项目联合会在内的渔协系统组织，在全县范围内进行了 31 个渔协的合并，诞生了宫城县渔协。这次合并是为了避免金融资产的暴跌、不良债权的增多造成的经济危机，只有牡鹿渔协、盐釜市渔协、气仙沼市渔协、石卷市渔协等 4 个渔协没有参加合并。2011 年 3 月 11 日，日本东北地区发生了有史以来最大的地震，引发了前所未有的海啸，沿海地区成了重灾区，这是考验渔协的时候。三陆地区的渔协在地震发生 1～2 周以后就开始运作了，牡鹿半岛的宫城县各渔协支所在高地上搭起了临时办公地点。在渔协业务中，首先恢复的是"渔协共济""渔业灾害补偿（渔业共济）""渔船保险兑付""海上银行"等金融窗口。海啸发生后不久，渔协就组织人力对渔港和海岸垃圾进行了清扫。村民清扫垃圾一开始是无偿的，之后国家提供了专款，受灾渔民负责清扫，领取一定的报酬。此举为当时没有经济来源的渔民们提供了挣钱的机会。清理工作除了打扫渔港、海滩的垃圾外，还包括清理海底的沉积物。海啸造成了巨大的渔船损失，日本全国受损渔船一共 2800 多艘，其中宫城县的损失最严重，能用的渔船不到 10%。为了尽快帮助渔民恢复生产，渔协积极调查渔民的渔船受损情况，帮助渔民兑付渔船保险，寻找被冲走的渔船，帮助渔民修复渔船，去外地帮助渔民买二手渔船。在宫城县渔协的支持下，沿岸地区的渔民相继成立了新的"渔业生产组合"。所谓"渔业生产组合"就是由几户渔民集体出资成立的"协同组合"，成员主要是经营定置网渔业的渔民，形式是法人形式。成立它的目的是对接日本政府的灾后补贴政策。按照日本政府的规定，"渔业生产组合"成为震灾后的补贴预算的实施主体，可以接受共同利用设施和共同使用渔船的补助。以前宫城县的渔业生产组合是由大型渔船渔民建立的。地震发生以后，到 2012 年 11 月为止，宫城县渔协管辖的沿岸渔民已经建立了 13 个渔业生产组合，其中有 2 个渔业生产组合申请到了 10 艘以上的"共同使用渔船"补助金。2011 年 2 月 27 日智利发生的海啸波及太平洋东北岸，日本三陆地区的养殖设施有不少被冲走了，这次灾害还没抚平，又发生"3·11"大地震，三陆地区的渔业设施几乎全部被损坏，几乎所有的养殖船都被冲走，牡蛎剥壳处理场、裙带菜加工场等陆上作业的设施几乎都被破坏。为了早日恢复养殖业，各渔协做的主要工作是落实"特定区划渔业权"，为渔民办理申请政府给"共同使用渔船"和养殖设施的补助费的手续。地震发生以后，宫城县渔协对各支所管理的渔业权采取了具体措施，对渔场管理、渔业权管理以旧渔协为单位进行了调查。日本政府在灾害发生以后，前后三次拨款支持灾区复兴，特别是第三次的财政补贴使灾区的渔业逐渐恢复。各个渔协为了支持渔民尽快恢复生产、生活，充分利用政府对灾区的援助项目，修复了管区的冷藏库、渔具仓库、剥壳场等共同利用设施，落实"共同使用渔船"项目。虽然渔协支撑了渔民社会，但是也有不少渔民对渔协不满，有人说渔协不做事，只收钱。这种不满源于渔民没有决定鱼产品价格的权利，在低价销售的这种不满更为严重。其实，在共同销售业务中，渔协替渔民销售鱼产品，渔协让渔民无条件地接受了销售委托，尽可能让代销产品都销售出去，为渔民承担了货款回收的风险，承担了销售方的信贷管理。这样渔民就可以在短时间内确保收到销售资金，即共同销售业务中渔协不仅为渔民销售产品，还起到了安全网的作用。渔协在渔民提供鱼产品前，就向渔民支付了购买渔具和各种生产资料的费用。渔民提供产品后，渔协经"共同销售"赚到钱再扣除预付款。渔协代销防止了渔民资金周转出现恶化，为渔民的渔业发展做出了贡献。渔协还收集渔村的生产信息，提供给指定的买方，把各个渔村的海产品集中到固定场所进行投标。渔协每天要了解行情，收集信息、分析行情，宣传本地区的产品。在宫城县渔协的销售业务中，指定的买方要把销售额的 1.5% 支付给渔协。这样，渔协既是生产者组织，也是渔民与买方的中间人，调整了海产品的交易，在"共同销售"业务中保证了交易秩序的正常化，为建设健全的区域经济发挥了作用。但是，对于享受渔协服务的渔民来说，这些好像是理所应当的事情，并不知道渔协为他们承担着销售风险。渔民只知道渔协收取一定比例的"手续费"，所以他们认为，"共同销售"系统就是渔协收取"手续费"的系统，这些想法显然是不正确的。曾几何时也有人质疑渔协是否有存在的必要。地震发生以后，渔协在没有完全调整好的情况下，就开始成为政府援助渔业项目的接受单位，帮助渔民落实援助项目。在政府决定出台支援项目之前，渔协就已成了渔民复兴的核心力量。事实证明，渔民离不开渔协，渔协在渔民社会中发挥着不可替代的作用。

日本学者浜田武士是研究渔业协同组合的专家，他认为："渔业协同组合（渔协）是指渔民出资建立的协同组合，是在《水产业协同组合法》的基础上进行协同活动的团体，具有渔场管理团体和经济事业团体这两个特性。而且，具有连接渔业者和政府的作用，以及行政代理的作用。因为渔协具有这些功能，对于容易成为经济上的弱者的渔民来说，是不可或缺的存在。"[1] 渔协是由具有利害关系的组合员来运营的协同组合，是日本最尊重个人意愿和彻底贯彻经济民主的组织。所谓的经济民主，它与完全按照市场经济原理的自由资本主义经济不同，是通过协商来满足各方经济利益的经济模式，像渔协这样的协同组合在世界上绝无仅有。渔协这一特点形成于渔业者（渔民）使用渔场的过程中。在"一个村一个专用渔场"的制度框架中蕴含了日本江户时代以来的经验，如今这一制度在日本《渔业法》和《水产业协同组合法》的框架内实践。日本的渔协从政府那里得到共同渔业权和特定区划渔业权这样的组合管理渔业权的执行权，让会员行使组合管理渔业权。与此同时，渔协要履行制定使用规则、解决渔民在使用渔场时发生的各种矛盾和纠纷的职责。

## 二　田野中的日本渔协

### 须田先生访谈录

须田58岁，渔民，一直靠打鱼为生，他说他今年（2015年）可以退休了。笔者从来没有听说过渔民还有退休一说，他所说的退休实际上是可以领取养老保险（年金）的年龄。在日本无论何种养老保险，一般都是从65岁开始领取，唯有渔民可以从58岁开始领取，这一点很特殊。为什么渔民可以早早地领取养老保险？可能与职业有关。在中国，渔民被视为从事重体力劳动的人员，在公社化时代，渔民也吃供应粮，但给他们的配额要比一般居民多很多。日本渔民领取年金的年龄早可能与他们从事重体力劳动有关。笔者把自己的理解告诉须田。他说，是这样的，他是从58岁开始领取，以后渔民领取年金的年龄逐年提高，再过几年恐怕就要和日本全国的年金制度统一，都是从65岁开始领取了。他所说的退休还有一层意思，就是他的渔业权已经转给了他的孩子。也就是说，从他领取年金之日

---

[1] 浜田武士：『漁業と震災』，东京：みすず書房，2013，第170页。

起，他就不再出海打鱼，而是由他的孩子出海打鱼，孩子继承父业。在日本农村的农民，继承家业就是继承土地的所有权和祖屋，渔民则是继承渔业权。农民的土地所有权不能随便转让给他人，渔业权也不能随便转让给他人。农民过去的传统是长子继承祖业，即一户人家的祖业只能由长子继承。但是现在没有那么严格了，家里的其他成员也可以继承。如果有的家庭没有孩子，也就是没有继承人，还可以让兄弟姐妹的孩子继承。不过渔民还是恪守传统，由长子继承渔业权。据了解，这个制度是江户时代确立的，一直沿用至今，可见日本传统力量之大。须田把渔业权转给了孩子，就意味着他不能再打鱼了，虽然他现在不出海打鱼，但他给养殖渔民打工。须田告诉笔者，日本的渔业管理很严，有渔业权证的人才能被称为渔民，一家一户只有一个人拥有渔业权，也就是说，一家一户只有一个人是合法的渔民，其他参与者只能算是打工者，或者是渔民家庭的成员。一家有一人有渔业权，由这个人组成的家庭就是渔民家庭，如果放弃渔业权，就等于放弃了渔民家庭的身份。2011年"3·11"大地震引发的海啸给石卷地区带来了巨大的灾难，有些地方至今还没有恢复元气。牡鹿半岛不少渔村的渔民不想再打鱼。桃浦浜（渔村）的不少渔民不想再在那里搞养殖了，于是日本政府引导他们养殖牡蛎，集体合股，引进外资成立了桃浦牡蛎养殖公司。那些有渔业权的渔民合股成立养殖公司以后，就意味着他们放弃了渔业权，不再是独立的渔民，而只是渔民公司的渔业工人了，也意味着这些人不再是渔民了。政府本来是想给处于困境的渔民找条出路，希望桃浦养殖渔业成为样板，然后推广。但是牡鹿半岛其他地方的渔民并不响应，他们不想放弃渔业权。须田说，渡波浜（渔村）交通方便，离石卷市近，那里的渔民没有放弃渔业权。他邻居家也是渔民，现在长子继承了渔业权，除了出海打鱼之外，还养殖紫菜，次子虽然也和他们住在一起，但不出海打鱼。须田讲，渔民买什么船国家没有限制，但是国家会根据其购买的船的吨位大小，来确定其在日本领海内的作业范围。内海被划定了几个圈，小船在最内圈，越大的船越在外圈，小船不能在大船打鱼的海域打鱼，大船也不能在小船的海域中打鱼。如有违规，被日本海上保安厅的海警船抓到将处以重罚。海警经常在海域内巡逻，渔民们也互相监督，一旦发现违法者及时报警，海警会立刻赶来将其抓获。另外，日本政府对不同吨位的船应该用什么网、在什么海域内捕鱼都有规定，违者被视为犯罪。这与中国明显不同，中国是行政执法，约束力不强；日本是海警执法，可以立刻执法，对违法乱纪者的约束力很强，没有人敢随便违法。日本靠严格的法律和互相监督的制度来维护海洋秩序。海警执法是西方法治社会的产物，互相监督是日本传统社会的产物，两者的结合造就了日本良好的社会秩序。

渔民比农民辛苦，一旦出海就失去了自由，不能随意返航，要经受风吹日晒的考验。须田告诉笔者，现在石卷附近的鱼也不如以前多了，一个原因是渔业资源随着气候变暖，减少了不少，另一个原因是过度捕捞。日本渔船质量好，适合各种海域捕鱼，鱼越捕越少，这与笔者以前想象的不同。现在日本也在严格限制渔船的数量，对渔民的渔船有严格的要求，只有满足了国家对渔船的要求，才能造船。要满足国家的要求，必须花很多钱，所以有不少渔民放弃了出海打鱼。日本的渔船质量好，有些渔船经常偷偷跑到公海去打鱼，使渔业资源遭到破坏。为此日本受到国际社会的批评。为了避免和外界发生冲突，日本也实行了禁渔期（休渔期），石卷每年的7月、8月是禁渔期。日本是渔业权渔业，一家只有一人有渔业权，其他人没有渔业权，可以参与渔业活动，也就是有渔业权的人是老板，其他人是打工的。渔业权的继承一般为家庭中的长子，这符合日本的传统习惯，江户时代建立起来的"家制度"① 在渔民社会中仍然在延续，家庭中由谁来继承渔业，首先由家庭内部确定，一般为长子继承，之后报渔协，由渔协审批，一般能收到批复。这里有不少渔民家庭无人继续打鱼，按照日本的说法就是"废业"，这时候渔协就会收回"渔业权"，日本的渔业权不是个人享有的，而是政府委托渔协管理的，各地区的渔协有权分配渔业权。渔协分给渔民的渔业权并不是渔业执照，而是渔业许可证，当渔民不再从事渔业活动，渔协就收回许可证，许可证是有期限的，到期如果还想继续从事渔业，则需要继续申请，如果不继续从事渔业，则渔协收回许可证。渔协可以根据本地区的渔民情况，给外地想从事渔业的人发放许可证。这种情况，笔者听说过，有宫城县的养殖渔民去广岛从事养殖渔业的例子。这种情况就是该渔民本身就是养殖渔民，在当地有渔业许可证，他

---

① 家制度，1898年日本明治政府制定的民法中规定的日本家族制度。户主代表家族，户主在家族中具有统领一切的权利，户主由男性长子继承。该制度是在日本江户时期的武士阶级的家父长制式的家族制度的基础上制定的。

来到广岛，广岛接纳了他。也就是外地人愿意从事渔业，本地渔协也同意的话，就可以得到渔业许可证，在本地从事渔业。在日本有当地渔协颁发的渔业许可证就是渔民了，也可以从事养殖渔业。渔业许可证有两种，一种是捕捞许可证，另一种是养殖许可证。在日本，是不是渔民主要看其是否加入了渔协，是否有渔协下发的渔业许可证，有了渔业许可证，再有船的话就可以出海打鱼，至于渔民用多大的船由渔民自己决定，渔船的吨位大小决定了出海打鱼的远近，渔协的管辖范围只限于沿岸渔业（日本领海内的渔业），进入公海打鱼，要获得政府许可证才行。日本各种渔船进入的海域，在发放许可证时已经明确规定好，大船在大船的海域打鱼，小船在小船的海域打鱼，大船不能随便闯入小船作业的海域，如有违犯者将被逮捕，所以一般人不敢随便闯入不属于自己的船的海域作业，日本渔船都标明了捕鱼的方式，标明了该船可以去的海域，海上保安厅的巡逻船据此判断该船是否违法。不仅海上保安厅的巡逻船在监视出海的渔船，出海的渔船也互相监督，如有违法者，将被告知于保安厅的巡逻船。这一招很厉害，有点像日本村落中的邻里组一样互相监督、互相制约。说到现在桃浦浜的渔业和其他公司合作办起了桃浦牡蛎养殖公司的事，须田说，那样没有什么意思，渔民像工人一样工作，没有什么乐趣，与其那样不如自己成立一个有限公司，让儿孙们世世代代地经营下去。桃浦之所以那样做也是没有办法，因为那里的年轻人不愿意再搞养殖，进而离开了牡鹿半岛。

### 再访三浦先生

2017年8月28日，笔者带着几个问题找到了石卷地区支所的工作人员三浦先生。2015年我们就认识了，见面后寒暄几句就进入了主题。笔者要核实的几个问题是有关渔业权、渔船出海打鱼、渔民是否愿意社会资本进入渔民社会等，三浦都一一做了解答。三浦说，在日本，要想打鱼，首先必须加入当地的渔业协会。渔业协会负责管理政府赋予渔民的渔业权。在日本渔业权就是从事渔船渔业（捕捞渔业）和养殖渔业的权利。渔业权是属于国家的，不是个人的。渔业权是使用海域的权利，渔协是替国家管理使用海域的民间组织。日本的渔业权不是分配给个人，而是分配当地的渔协。渔协根据渔民的申请进行审核，对符合条件的人，渔协会发放许可证。许可证不是渔业权证，渔业权证是政府发给渔协的集体证件。渔民获得渔协的许可证就可以从事渔业了，但不是获得一张许可证就能从事所有渔业。从事捕捞要有捕捞的许可证，从事养殖要有养殖的许可证，有了渔业许可证就相当于有了渔业权，就可以从事捕捞渔业或养殖渔业。除此之外，还有政府直接发放的渔业权证。政府直接发放的渔业权证属于大船渔业，大船渔业主要指远洋渔业，地方渔协无权插手。在日本，渔民必须是渔协会员。渔协管理水面，管理渔民。渔协管理渔民属于行政管理，对一般的违规者只能给予行政警告和罚款。真正的渔业管理者是日本海上保安厅。日本政府把渔业权下放给了渔协，由渔协组织渔民从事渔业生产，同时日本政府制定了严格的渔业条例，按照船的吨位确定了该船的作业区和捕鱼方式。一般渔民使用的渔船只能在日本海域即沿岸打鱼，不能随便进入公海打鱼。进入公海打鱼的渔船，由政府直接发放许可证，直接管理。渔协管理的主要是沿岸渔业，即日本领海内的渔业。日本领海内的渔业，根据渔船吨位的大小，有的在近一点的海域打鱼，有的在远一点的海域打鱼。每种渔船有指定的作业区和规定的捕捞方式，不能违规作业。日本海上保安厅负责查处违规作业的渔船，如有发现就会绳之以法，所以日本渔民很惧怕海上保安厅的巡逻船。三浦讲，休渔期主要是禁止用底拖渔网打鱼，在日本，对不同的鱼类采用不同的捕鱼方式，日本实行休渔制度的历史并不长。

### 牡鹿半岛渔民随机访谈

在去牡鹿半岛新酒井饭店的途中，笔者随机访谈了一位正在收拾鱼的渔民。他的船是灯光捕鱼船，船上有"宫光"字样，船的吨位是9.7吨。该船吨位不到10吨，属于沿岸渔业的船只。他的船主要用于养殖牡蛎，在养殖牡蛎的淡季出海打鱼。他有渔业权，渔协允许他在搞养殖的同时，也可以从事捕捞，养殖是主业，捕捞是副业。他说在日本搞养殖，首先要是当地人，最起码要住在当地，加入渔协，成为渔协会员，从渔协那里获得许可，方可从事养殖渔业。过去渔业竞争激烈，加入渔协不容易，现在渔业不景气，不少渔村的渔民家庭放弃了打鱼，改做其他行业。这样就为外村人进入渔业行业提供了条件，这些人向当地渔协申请，获批后，就可以在当地从事渔业生产活动了。

鲇川文丸水产访谈录

文丸水产是鲇川浜一家比较大的家庭渔业公司，老板是斋藤先生，家里祖辈都是渔民。公司有员工 40 多人，其中有马来西亚的实习生 15 人。该公司除了养殖银鱼之外还进行定置网捕鱼，有 10 多艘渔船。笔者去的时候斋藤不在家，老板娘热情地接待了笔者，回答了笔者感兴趣的问题。她的回答证实了不少问题。关于渔业权的问题，她讲的与笔者理解的完全一致。在日本无论是从事养殖渔业，还是出海打鱼都必须加入该地区的渔协，从渔协那里获得渔业权，有了渔业权可以从事养殖渔业，也可以出海打鱼。渔协对渔民的管理很严格，用拖网打鱼的渔民不能用定置网捕鱼。对于用拖网捕鱼，渔协根据渔船的吨位划定了捕鱼的海域，不能违章捕鱼，否则一旦被海警抓到，就被视为犯罪，所以日本渔民都比较遵纪守法。对于用定置网捕鱼，渔协给每位渔民划定了放定置网的位置，一经划定不能随便改变位置。但同一块海域，有的地方鱼群多，有的地方鱼群少，多的地方鱼打不完，少的地方没有鱼打，这就造成有的渔民打到的鱼多，有的渔民打到的鱼少。公平起见，渔协每隔几年就用投标的方式，给渔民提供更换渔场的机会，有钱的渔民就可以获得好的渔场。在划定渔场的时候，渔协要介入，对每个渔场的位置划得都很仔细，一个渔场和另一个渔场有时只相隔几米。渔民之间如果发生渔业纠纷，由渔协协调解决。一般的问题都能在渔协内部解决，很少有通过法律手段来解决的。日本政府对渔民捕鱼的数量有限制，鱼再多，也不能无限量地捕捞。另外，捕到 30 公斤以下的金枪鱼要放生。鲇川附近有著名的金华山渔场，一年四季有不同的鱼群聚集在附近，此地没有禁渔期，全年都可以打鱼。老板娘告诉笔者，银鱼都是养殖的，他们养殖的银鱼销往日本全国各地，20 年前银鱼能卖很高的价，一公斤能卖 1500 日元，之后价格暴跌，主要原因是日本加大了进口量，最便宜的时候一条鱼仅卖 200 多日元。为此有 2/3 的渔民放弃了银鱼养殖，改行做了其他的工作，1/3 的人坚持了下来。但是又遇到海啸，损失惨重。海啸把她家的房屋也给冲毁了，现在她家是在重新购置的土地上新建的房子。现在日本不允许在海边盖房，房子都盖在高坡上。老板娘说她丈夫是渔民，以前一直是出海打鱼（渔船渔业），但仅靠出海打鱼难以维持生计，于是又开始从事养殖渔业。养殖渔业比捕捞渔业稳定一些，但无论哪种渔业都是以自然为对象，其稳定性也是相对的。

### 牡鹿半岛渔协共济科科长新昭修访谈录

笔者就两个问题访谈了牡鹿半岛渔协共济科科长新昭修。牡鹿半岛渔协是独立渔协，不受石卷地区支所的领导，直接接受宫城县渔协的领导。笔者想问新昭修两个问题。第一个是关于捕鱼限制的问题。根据日本和周边国家关于金枪鱼捕获的协议，日本每年只能捕获4007吨金枪鱼，但2017年的捕获量已经达到了4340.5吨，超过了定额。日本无论是海面渔业还是沿岸渔业都已经超过了定额，对金枪鱼捕获量的限制是从2015年国际协议签订之后开始的。协议还规定不到30公斤的金枪鱼不能捕获。第二个是关于渔民保险的问题。在日本，无论是渔民还是渔船都可以上保险。在日本有渔船保险组合，该组合是2017年4月创立的。渔民保险可以向渔协申请，加入渔协的各种针对渔民的保险。日本的渔协是为渔民服务的组织，本身就有保险业务。笔者对新昭修说，笔者觉得日本渔协是替国家管理渔业的组织，他说这样理解是对的。国家赋予渔协管理渔民的权利，渔协既要服务于渔民，又要对国家负责，具有双重责任。

### 成田潜水渔业访谈录

潜水渔业也是一种渔业，也要加入渔协，从渔协那里获得渔业权才行。鲇川浜的成田公司是由当地渔民成立的一家有限公司。公司在鲇川渔协注册，是专门从事潜水捕捞的公司，公司职员大多不是本地人，大部分是石卷市人，也有附近渔村的渔民。据在这里做零工的本村一位妇女讲，该公司在"3·11"大地震之前就已经有了，地震后的海啸把公司的房子冲垮了，现在的房子是灾后重建的。

### 爱宕庄老板访谈录

爱宕庄老板姓小池，他用拖网渔船打鱼。现在是拖网渔船的休渔期，休渔期是7月初到8月底，9月1日就可以捕鱼了。他现在开始做出海捕鱼的准备，修补渔网。小池很健谈，他告诉笔者，江户时代他家就在这里打鱼。他年轻的时候考了船员证，在远洋渔船上当过船员。之后和父亲出海打鱼，没有搞过养殖，30多年前开始经营民宿。现在民宿由他妻子负责管理，他只管出海打鱼。他的船吨位有15吨多，属于中型船。出海打鱼时，除了他和儿子之外，还雇了4名船员。他有3个孩子，其中2个女儿、1个儿子。2个女儿中大的40多岁了，小的也30多岁了，都已经结婚。大女儿在外地，小女儿和他们住在一起。儿子已经30岁了，还没有结婚。用底拖网打鱼，属于乘船渔业，与流速网渔船、定置网渔船的作业区域不同。必须去深海作业，不能进流速网和定置网的海域。定置网和流速网属于沿岸渔业，作业范围在近海沿岸。定置网和流速网也不能进入底拖网渔船的海域内。底拖网渔船的打鱼范围在宫城县的海域。如果进入邻近县的海域打鱼，必须向邻近县的渔业主管部门申请方可进入该县的海域打鱼。岩手县对拖网渔船有严格限制，不符合该县要求的船不能进入该县海域打鱼。福岛县的规定和宫城县的规定基本相同。日本根据渔船的大小和种类对每条船都划定作业区。指定为沿岸作业的渔船，不能进入拖网渔船作业区，但是远洋渔业的渔船除了到公海捕鱼外，也可以进入拖网渔船的作业区。小池每次出海都得两三天，渔船平时停靠在石卷渔港，出海打鱼的时候，从家里开车到石卷渔港，从那里出海打鱼，打到鱼，再开船回到石卷渔港销售。本地的表浜渔协，不指定销售方式，但要收取渔民的管理费。表浜是著名的渔场，各种鱼都有，鱼比较好打，现在渔船性能质量都很好，鱼的产量不断提高，但是经济效益并不好，原因是现在鱼的价格比较低，而打鱼的成本却不断提高。"3·11"大地震引发的海啸给渔民带来巨大损失。表浜这里因海啸死了20多人，渔民的渔船遭到了破坏。灾后日本政府为了让灾区早日恢复生产，给渔民发放了渔船破损补助金，标准是每一条渔船按购买新船费用的3/4进行补助，所以现在在灾区看到的都是最新式渔船。另外，渔民兼营其他行业的话，比如民宿、渔业加工公司，都要按照财产的70%的比例提供补助金。小池家原来就经营民宿，地震前的民宿建筑很破旧，灾后日本政府给他家补助了7000万日元，现在他家的民宿焕然一新，比城市的普通旅馆都好。他说这话的时候显得很得意。后来笔者从其他渔民那里得知，灾后日本政府对渔船和渔民用于营业的财产进行了大幅度的补助，对被海啸冲垮的房子最多补助800万日元，但是要靠渔民自己修复和重建。日本政府把国有土地卖给渔民用于盖房，现在还有不少灾民住在政府提供的临时简易房里。有的人在盖房，但没有竣工，只好住在那里。有的人是在等政府建的公营住宅，建好后租住。租住公营住宅的多是老人，因为公营住宅的房租与租住者的收入有关，收入越高，房租越贵。老年人靠年金生活，一般一个月也就 10 万日元，有的老人还不到 10 万日元，但是公营住宅交的房租有的才几千日元。一位渔民告诉笔者，灾后日本渔民社会发生了巨大变化，一部分地震前有财产的人得到了国家的巨额补助，没有财产的不但得不到补助，而且盖房要自己花钱，贫富差距越来越大。有些在灾后受益的渔民不愿意参加村里的集体活动，怕遭到一些人的嫉妒。现在那些没有得到巨额补助的人虽然已经接受了这个现实，但很多人内心还是不平静的。

小渊浜渔业码头访谈录

小渊浜有两个码头，一个是乘船渔业码头，另一个是养殖渔业码头。笔者先去的是乘船渔业码头，这一天天气不好，码头上人不多，只有几个修船工在忙碌，再在这里待下去没有意义。于是笔者决定去大原浜看看，据说那里前些天刚刚举行了神木祭。笔者到大原浜一看，那里住户很少，给人的印象不像渔村。正在犹豫是否继续走下去的时候，一辆小卡车驶了过来，笔者挥手示意，车停了下来。车主是一位 60 多岁的男人（后来知道他姓小野），问笔者有什么事情。于是笔者向他询问神木祭和该村的情况，他说，这个村没有几户渔民，多数人从事林业工作，他本人就在一家林业公司工作。笔者说，还想去十八成浜，据说那里有裸体祭（其实当地不叫裸体祭，叫神舆祭。因为裸体的青壮年男子用肩扛着神舆，进海洗浴，所以称为裸体祭）。小野说现在这个祭祀还在举办，只是人手不够，有一些志愿者来帮忙。小野带着笔者来到十八成浜，但没有看到神舆祭，只看到了渔业组合的组合员驾驶着小船在海湾内巡逻。据说巡逻监视的对象主要是节假日来此地的游客，游客可以钓鱼，但不能下海抓鱼。笔者来到这里以后，切身感受到日本严格的渔业管理。之后小野送笔者回旅店。

回到民宿以后，笔者向民宿老板借了一辆自行车，来到养殖渔业码头，一位中年人正在自家的船前干活。笔者和他攀谈起来，话题从青年渔民的婚姻谈起。他姓佐正，已 43 岁了，还没有结婚；弟弟 41 岁，4 年前结了婚，但没有孩子。佐正说现在渔村的男性找对象比较难，城里的女人不愿意嫁到这里，本村的女人都离开了，所以找对象不容易。他现在和父亲一起出海打鱼。弟弟另立门户，也在打鱼，弟媳是鲇川浜的。他说，"3·11" 大地震前他家刚盖了新房，被海啸给冲走了，他一家人现在住在政府提供的临时简易房里。他家没有重新盖房的计划，准备住到政府盖的公营住宅里。他说，他的身体四级残疾，父母靠年金生活，所以他们住到公营住宅，也不用交多少房租。他说，现在渔民的船都是新购置的10吨以下的性能好的渔船，要1300万日元，船越大，马力越大，也就越贵。一艘20吨左右的、好点的渔船要3000万日元。按照日本的救灾政策，渔民购置一艘船，国家补助船价的3/4。一艘3000万日元的船，个人也要承担700多万日元的费用，这对渔民来说也是不小的数字。他说，现在渔业生产量在减少，原因在于日本缺少劳动力。

**广岛安浦渔民访谈录**

安浦是广岛养殖牡蛎的重要基地之一，这里的养殖户以前是纯渔民，二战后开始从事紫菜养殖，现在大多数人从事牡蛎养殖。在那里笔者遇到了西冲女士。她47岁，大阪人，丈夫比她大13岁，现在有两个孩子，一儿一女，儿子已经大学毕业，女儿还在读大学，儿子还没有继承父业的想法。她丈夫和她结婚不久就回到了原籍安浦，继承父业从事牡蛎养殖，到目前为止已经快30年了。她家养殖的牡蛎有两种，一年四季都能上市。一种是天然的牡蛎，也叫二倍体牡蛎，属于真牡蛎；另一种是人工培育的品种，叫三倍体牡蛎，这种牡蛎明显比二倍体牡蛎大。三倍体牡蛎是由广岛水产试验场培育出来的，培育的成功率为60%。目前广岛只有1%的养殖户在用三倍体牡蛎种苗，99%的养殖户用的是二倍体牡蛎种苗。西冲女士说，她家一年四季没有休息日，一年四季都有客户等着她家生产的牡蛎，一年有干不完的事。她丈夫讲，牡蛎养殖很辛苦，而且现在挣的钱越来越少，原因是生产成本在不断提高，但牡蛎的市场价格没有提高。西冲女士家的牡蛎是直接卖给客户的，不经过中间商，如果经过中间商，利润更少。他们虽然也是本地渔协的成员，但生产和销售都靠自己，不靠渔协，这与石卷地区的养殖户明显不同。她家的渔船买了保险，据说这是政府要求的，其他设备没有买保险。她家生产的牡蛎每个月都要交给广岛的水产卫生管理部门进行检验。在日本，政府对牡蛎生产的管理还是很严格的。

日本民间社会的建构时时处处能体现国家的存在。早期的西方社会学家在分析西方社会时，总爱用"大传统"和"小传统"的概念，总是把民间与社会、城市与乡村对立起来。笔者的田野经验证明，日本进入现代社会以后，即明治维新以后，日本社会逐渐在解构二元对立模式。如今日本社会早已形成了民间与政府共谋、共建社会的一元模式，建构起了日本式的共同体社会。渔协、农协都是这种共谋的产物，也是该模式的体现。日本社会在管理实践中创建的民间和政府共同管理社会的模式，无疑是成功的。它的成功经验之处，笔者认为，首先是日本政府尊重历史的态度。明治维新以后，日本政府并没有"一刀切"地把过去的文化传统全部去除，而是根据社会的需要，很好地延续了那些可以服务于现代社会的文化传统。如今的日本渔协就是在传统的"入会集团"的基础上建立起来的，它既保留了日本社会中的传统，又在传统中注入了现代社会的管理和服务理念。此举体现了日本传统社会中的和谐理念，即权利是大家的，由大家共同管理社会，大家都是社会的主人的理念。该理念下的社会管理，充分调动了民众参与管理社会的积极性，避免了少数人管理多数人的社会弊端，规避了管理不当产生的社会矛盾，真正体现了公民是国家的主人这一理念。其次，日本社会二元框架的解构不是一帆风顺的，它经历了"暴力解构与重建"和"文明解构与重建"两个过程。可以说，明治维新以后日本社会对于传统文化的解构与建构充满了"国家暴力"。所谓国家暴力是日本政府运用强制手段规制了日本社会中的民间传统，使国民的意识必须服从国家意识。比如日本明治维新以后创造"国家神道"就是一个例子，它践踏了日本民间传统，最终使日本走向了歧途。从明治维新到日本战败这个历史阶段，国家权力在社会变迁中的作用发挥到了极致。1945年以后，日本进入和平发展阶段，实施的社会改造模式，既保留了日本社会长期积累的传统文化，又有现代文明的成果。

# 第五章 日本"3·11"大地震后灾区渔民社会的转型

## ——基于对宫城县石卷市桃浦牡蛎生产者合同会社的人类学调查

笔者在梳理日本渔民社会文献时,发现日本学者目前关注的是日本沿岸渔村中的半农半渔村的基础构造、渔业秩序、渔业周期、兼业型渔业等问题,还没有学者研究"3·11"大地震以后的灾区渔民社会的变迁问题。笔者长期在日本做农业社会的变迁研究,大地震发生时正好在日本仙台,仙台地区是日本"3·11"大地震、海啸的重灾区。待地震平稳以后,笔者作为志愿者来到了宫城县石卷的沿海地区,目睹了地震、海啸对该地区的破坏。海边、陆地一片狼藉,渔民的渔船、海产品的加工厂房、渔民的渔具、房屋都遭到了严重破坏。面对这惨不忍睹的情景,渔民们悲痛欲绝,很多渔民动摇了继续从事渔业的信心。可以说,处于日本"3·11"大地震重灾区的福岛县、宫城县、岩手县,在此时迎来了社会发展特别是渔业发展的拐点。渔业的主体是渔民,渔民社会如何恢复发展,已成为该地区灾后重建的关键问题。此时,渔业生产亟待恢复,巨大的损失靠渔民自身的力量难以解决。宫城县知事村井嘉浩提出了"创造新的水产和新型的水产城市"的构想,其构想的核心就是在渔业重建中引进民间资本,把渔业权直接转让给引入资本的民间渔民公司。为了使民间资本顺利进入,他建议成立特区,对特区实行优惠政策,建立渔民与社会资本共同经营渔业的法人企业模式。为此,在宫城县石卷市桃浦港湾组建了牡蛎会社,成为宫城县知事渔业转型的一个实验特区。这个会社一成立,就引起了笔者的注意。从2011年的酝酿,到2013年3月的会社成立一周年,再到2015

年10月会社已经营了几年以后,笔者先后几次去调研,发现了它与众不同的特点。地震、海啸、核泄漏给上述三县带来了社会变迁,证明了渔业社会就是风险社会。规避风险,不使社会失衡,"社会控制"的意义重大。社会控制就是社会通过各种机制或手段,对个人和集团的行为加以约束,从而实现社会秩序的维持和有序的变迁。在现代社会,操纵社会变迁的权力机构采用的方法可以是组织的,也可以是文化的。其结果导致的是社会转型。"所谓'社会转型',是指社会从一种类型向另一种类型转变的过渡过程。"[1] "社会的转型包括了经济转型(工业化)、社会转型(城市化)、政治转型(民主化)、文化转型(世俗化)、组织转型(科层制)和观念转型(理性化)。"[2] 日本社会的权力机构,分别是中央政府、地方政府以及市町村的自治体。主导宫城县渔民社会转型、变迁的是地方政府。日本实行的是中央与地方分权制,地方政府既不完全代表国家,也不完全代表民意,但它有权推动本地社会变迁。所以,地方政府推行的改革路线是否成功,关系到其执政效果和地方社会的稳定。为此,宫城县政府慎重地只把桃浦渔村改为渔业会社,希望它能成为示范。宫城县政府此举是向传统的渔业社会进行挑战,传统渔业社会的维系靠的是渔协,宫城县政府的改革也是向渔协挑战。对这场博弈的结果,人们都在翘首以待。笔者关注其博弈的目的在于,首先桃浦会社的存在能否打破日本渔业社会长期形成的沿海渔业传统模式,其次是转型期渔民社会的发展是否能因此而得到转机。笔者研究日本渔业社会,最主要的目的就是在其发展模式中挖掘中国渔民社会可以借鉴的经验。新中国成立后,中国渔民社会经历了几个不同的发展阶段,从改革开放前的计划经济体制模式,到之后的个体经营为主的经济模式。现如今,渔民社会中的个体经营模式在世界经济一体化、中国社会城乡一体化的社会转型中遭到了挑战,中国渔民社会也面临着如何发展的问题。从这个角度出发,研究日本渔民社会的转型无疑是有意义的。

---

[1] 刘祖云:《中国社会发展三论:转型·分化·和谐》,社会科学文献出版社,2007,第3页。
[2] 陆学艺主编《社会学》,知识产权出版社,1991,第375~376页。

# 一　日本"3·11"大地震后宫城县
## 传统渔业的变化

　　日本"3·11"大地震发生的时候，笔者正在地震和海啸的重灾区仙台做日本村落的研究，亲历了地震。待地震平稳以后，笔者作为志愿者，来到现在调查的石卷地区。当时沿岸地区的很多房屋、海岸护堤、水产加工场被海水冲毁，海岸上堆满了垃圾，满目疮痍，海边几乎看不到人。平安活下来的人，都转移到了安全地带。此时无法预测这里渔业的未来会是什么样，遇到的人也没有心思去谈今后的渔业。这样的氛围在沿海的灾区持续了很长时间。笔者作为志愿者，去灾区只能帮助清理垃圾，清理受损的房屋，很少与灾民直接对话。也很少见到灾民，因为他们已经转移到其他地方。笔者无法知道渔民的真实想法，只能通过媒体了解灾区各地渔民情况。地震发生几个月以后，有些沿岸的渔民开始自救，这样的消息开始被媒体大量报道。人们开始评估地震、海啸、核泄漏给灾区带来的损失。

　　"3·11"大地震对于日本来说，是个惊天动地的灾难，不仅地震震级高，海啸也是史无前例的，还有核泄漏，这一连串的灾害给日本东北地区，特别是福岛县、宫城县和岩手县的沿海地区，带来了毁灭性的打击。日本东北地区，历史上就是以稻作农业和渔业为主的地区，至今在日本人的眼里，那里还是欠发达地区，农业和渔业人口所占比例大于日本其他地区。"3·11"大地震给日本渔民社会带了巨大的冲击，房屋、渔具、渔船、从事渔业的生产资料以及公共设施都遭到了破坏。面对这突如其来的灾害，渔民们措手不及，只有少数渔民很快就做出继续从事渔业的决断。有些渔民在巨大的灾害面前，踌躇不定。有些人不得不住进政府搭建的简易房，等待救助。虽然这期间日本政府、民间团体和个人都向他们伸出了援助之手，但是真正要恢复到地震前的生活水平，绝非易事。日本政府规定，遇有灾害，只对集体设施援助，对个人的援助只限于恢复生计方面，对属于个人财产的房屋损坏不予补助。"3·11"大地震以后，日本政府对渔民恢复生产给予了援助，但对于个人的房屋损坏没有直接援助，地方政府虽有些救济，但也只是杯水车薪，不解渔民的燃眉之急。此时的渔民苦不堪言，特别是那些兼业渔民，他们对能否继续从事渔业发生了动摇。地震灾区的渔业何去何从？在日本社会引起了广泛热议。特别是地处灾区的福岛县、宫城县、岩手县三县，人们对未来的渔业更是忧心忡忡。在这种背景下，宫城县率先组织日本各地的渔业专家讨论了宫城县渔业发展前景。2011年5月2日，宫城县召开宫城县震灾复兴会议，参加会议的人员，除了东北大学校长之外，几乎都是县外的有识之士，当地与农林水产业相关的人员没有参加。在会上宫城县知事村井嘉浩提出了"创造新的水产和新型的水产城市"的构想。其构想的核心就是在渔业重建中引进民间资本，把渔业权直接转让给引入民间资本的企业。村井嘉浩说，在渔协的管理下，渔民会社要想获得渔业权，还要缴纳渔业权使用费，这有碍于民间资本进入渔业，所以要设立特区。他的这个构想一公布，就遭到了渔协和当地渔民以及邻县渔民的强烈反对，反对的浪潮波及全国。宫城县渔协1400人联名，要求县知事撤回该方案。请愿活动后来发展到了市民运动。剥夺渔协的渔业管理权的真正意图，据村井嘉浩讲，是要实现宫城县的产业改革，使渔业从家族经济中脱离出来，使渔民真正富裕起来。

日本的渔民社会在漫长的发展过程中，已经形成了独特的管理模式。宫城县渔业特区的做法能否真正使灾区的渔业生产得到恢复，能否被渔民社会接受，引起笔者的兴趣。2011年9月，笔者结束了对日本村落的研究以后，就开始把研究的视野投向了渔民社会，利用自己在日本获得的经验，思考中国渔民社会的问题，特别是自己所生活的湛江地区的渔民社会问题。这期间笔者对湛江的渔民社会进行了初步调查，发现中国的渔民社会存在许多问题，而且产生这些问题的根源来自很多方面。笔者开始思考是否能够通过比较研究中日两国的渔民社会，从日本渔民社会的经验中寻找一些能解决中国渔民社会问题的办法。于是，笔者开始了新一轮对于中国渔民社会和日本渔民社会的调查、研究。

## 二　石卷市桃浦渔村的变迁

渔村英文单词为"fishing village"，根据《大不列颠国际大百科全书》的解释，渔村是居民的主要生计为渔业的村落。根据渔村所处地方的不同，可分为海洋渔村、湖沼渔村、河川渔村。海洋渔村还可以分为海滩渔村、矶浜渔村。根据业种的不同，还可以分为捕鱼渔村、养殖渔村、制造渔村。根据离渔场远近，可以分为沿岸渔业村、近海渔业村、远洋渔业村等。根据捕鱼的方法，可分为钓鱼渔村、网捞渔村。居住在渔村里的以渔业为生的人被称为渔民。笔者的田野点桃浦渔村是养殖渔村。

1. "3·11"大地震前的桃浦渔村

桃浦位于进入牡鹿半岛后第一个海湾内，桃浦这个名字据说是以前的仙台藩主伊达政宗取的。大地震前，这里有 62 户人家、147 人，地震后有 61 户人家、144 人，人口变化不大，主要产业为牡蛎养殖。过去隶属牡鹿郡，现在归牡鹿町管辖。牡鹿町管辖鲇川浜、佐须浜、折浜、小竹浜、蛤浜、桃浦浜、月浦浜、侍浜、萩浜、小积浜等 10 个沿海渔村。自古以来，当地居民靠渔业为生，有独特的文化传统。桃浦，当地人把它称为桃浦字，"字"就是自然村的意思。在日本社会学中，自然村是最小的研究单位，标准的自然村规模是 60 多户人家。笔者的研究对象桃浦渔村符合日本学界的标准。地震前，该村有 15 户人家专门从事牡蛎养殖，其他人家的主要劳力有的当了远洋渔船的船工，有的帮助别人养殖牡蛎。在日本养殖牡蛎要有政府颁发的许可证，出海捕鱼也要有政府颁发的许可证，有的渔民既有养殖许可证，也有捕鱼许可证，一般渔民只有一种许可证。养殖牡蛎一般以家庭为单位，也有几家合股的。"3·11"大地震前，桃浦的牡蛎养殖渔民都是以家庭为单位，只在剥壳的时候，大家才集中在牡蛎处理场剥壳。牡蛎处理场是大家集资，由渔协帮助建的，属于公共财产。桃浦村渔民都是石卷渔协的会员，他们对渔协的依赖性很强。

2. 桃浦牡蛎生产者合同会社

桃浦海岸为沉降式海岸，"3·11"大地震引发的海啸使村落房屋、船只、牡蛎养殖设备几乎损失殆尽，居民不得不搬离桃浦地区。地震过去两年以后，桃浦村渔民和筑波大学合作开办了"渔夫学校"，老师由当地渔民担任，到 2015 年为止已经办了 5 期。这里是由宫城县政府主导的水产业复兴特区。"3·11"大地震发生以后，为了恢复渔业生产，由 15 人创建了桃浦牡蛎生产者合同会社，大山先生为社长。他介绍说，海啸把海岸的

第五章　日本"3·11"大地震后灾区渔民社会的转型

桃浦牡蛎生产者合同会社的牡蛎场前

防护堤都冲垮了，海边的60栋房屋中只有山坡上的4栋还保存完好，其余都被冲垮，有6人葬身海啸。没有被海啸冲垮的一栋房屋里住着一家三代人，其中一位老人是83岁的甲田先生。他说，当时10米高的山坡上的房子也进了1米深的水。甲田过去一直是远洋渔船的船员，后来当了宫城县渔业调查船的公务员。地震发生以后，只有他留在了此地。甲田讲，桃浦的渔民过去大多当过远洋渔船的船员，出海捕捞过鲣鱼、金枪鱼。1965年以后，有人开始转为养殖牡蛎。随着年龄的增大，他也选择了养殖牡蛎。甲田说，桃浦面对仙台湾，海水中有丰富的养分，养殖的牡蛎品质好。过去，最多的时候，有40多人从事牡蛎养殖。现在除了老人，年轻人纷纷离开了此地。地震以后，村里140多人分散在石卷市区的临时住宅区。他说，这样下去桃浦会消失的，特别希望桃浦牡蛎生产者合同会社能办成。

之后，笔者又采访了桃浦牡蛎生产者合同会社的大山先生，他60多岁，平时住在政府搭建的临时住宅里，白天到海滨和大伙一起做事。他的妻子和女儿住在仙台。他每天开车来桃浦，会社其他成员也住在外面，也是开车来桃浦。19个养殖牡蛎的人当中，有4人不想继续养殖牡蛎了，剩下的15人还想继续养。地震以后，不少养殖设备被海啸冲走，海滨也没人住，在什么都没有的情况下，要想恢复生产，只能用民间企业的力量了。2011年6月宫城县知事一提出特区构想的时候，这里的渔民就表示赞成。在会社成立之前，他们开过几次会，和宫城县水产部也协商了几次。因为大家都不住在一起，很难统一认识，费了很长时间，15人最终都同意了。

之后，他立刻办理了成立会社的手续，拜访了宫城县知事，向县渔协提出了申请。2012年秋天，他们开始搭建牡蛎架子。2013年有18台的牡蛎可以出栏了，之后很快恢复到120台的水平。大山说，我们没有加工、销售的技术和经验，这些事就只好交给仙台水产批发公司做。虽然项目已经开启，他对项目还是有些不安。他觉得，最重要的会社的办公室还没有着落，另外计划中的住宅区移到山坡上，仅有10户人家响应，相当一部分人不得不继续开车来上班。这15个人的平均年龄已经65岁，老龄化的困扰令人不安。大山说，他们几年以后就会退休，到时候没有年轻人回来接班，就麻烦了。笔者说，大家都有渔业权，不靠特区制度，靠现行制度维持生产，也没有问题吧？大山说，靠特区政策成立渔民会社，可以向社会招聘员工，解决后继无人的问题，当初成立公司就是考虑到了这些问题，利用特区政策向民间借力。三陆沿岸海湾情况各不相同，有的海湾风平浪静，适合养殖牡蛎，有的海湾波涛汹涌，只适合鱼类养殖。经营方式上，有的地方完全是家族经营，有的地方就必须共同经营。桃浦的渔民日渐老龄化，缺少继承人，所以选择成立渔业公司是合情合理的。但是，如果没有继承人，未来公司的主导权将落到与本地毫无关系的、引进资金的企业的手里，那是他们最不希望的。在渔民的心目中，渔业权就是使用、分配养殖海面的过程中多年积累的规则。在当地，有个不成文的规则，谁放弃养殖渔业，其海面由大家共享。桃浦渔民都坚守着一家只养殖6台牡蛎的规则，无论谁歇业了，都不会把海面转让给他人，而是让它空着，这主要是为了避免过度养殖导致牡蛎品质下降。渔民经常开口就说大海是珍宝。大山说，称为宝物的，应该是桃浦海湾。

桃浦牡蛎生产者合同会社成立时间为2012年，会社经营品种为牡蛎养殖、加工、销售。注册资金为890万日元，员工人数为40名。2012年，桃浦的15位渔民成立了桃浦牡蛎生产者合同会社，大山任社长。之后依靠政府的特区政策，和仙台水产公司共同创建了会社拥有渔业权的牡蛎养殖会社。据大山讲，会社的宗旨是，充分利用水产复兴特区政策，以国家第六次产业化为目标，建设集生产、加工、销售于一体的新型养殖业。建设年轻人参与的、以会社为主的新型渔村，超越传统的渔业复兴框架，实现振兴区域、复兴渔业的目标。会社于2012年10月正式开始运作，购置了养殖设备、渔船，修建了加工场，实现了生产、加工、贩卖一体化的新格局。新格局的初始目标是：(1) 引进 IT 技术，提高生产能力和产品质量；(2) 引进新型冷冻技术，配备卫生检验室。可以说，桃浦渔业会社的成立契合了宫城县知事在灾后重建中提出的建立水产业复兴特区的主张。知事提出该主张的时候，遭到了各方面特别是渔协的坚决反对，实施起来困难重重。2011 年 6 月，宫城县政府在没有通知渔业调整委员会和渔协的情况下，就单方面推进了特区建设。这时，桃浦的渔民正苦于资金不足，难以恢复牡蛎养殖生产。于是，牡蛎养殖户的 15 人于 2011 年 8 月 30 日正式对外公布，成立了桃浦牡蛎生产者合同会社，出资者仅为桃浦地区的渔民。不久仙台市中央批发市场的水产公司宣布入股。同时，官城县政府也开启了第六次产业化中支持渔民会社的援助项目。该项目的援助对象是公开招募的，任何有意成立渔业会社，恢复渔业生产的渔业组合都可以申请。由于桃浦牡蛎生产者合同会社最早提出建设特区的申请，并在县议会预算案审议中得以通过，所以桃浦牡蛎生产者合同会社拔得了头筹。之所以桃浦的渔民能率先成立渔民养殖会社，首先得益于宫城县灾后出台的恢复渔业生产的特殊政策，以及县知事主张的恢复渔业生产的特区建设项目；其次是桃浦渔民"穷则思变"的精神。由特区地方政府牵头的项目，除了地方政府的项目投资外，有的还允许民间资本进入渔业生产。项目援助内容包括养殖资金和材料、设施的引进。包装工厂建设援助等，补助率为 83.3%，预算中的 5.5 亿日元是补给桃浦生产者合同会社的。在正式公布这个消息前，才召开了海区渔业调整委员会会议，此前县里并没有透露这些信息。海区渔业调整委员会会议向宫城县政府提出了强烈抗议。消息公布不久，在县议会的 9 月例会上，进行了预算修正审议。县政府提出的预算案在农林水产分科会上也进行了审议，在审议中，有不少人对县议会提出的预算案表示反对。但是，预算案以特区实践为由，在 2011 年 10 月 1 日通过了。2011 年 10 月 5 日桃浦牡蛎生产者合同会社召开了社员大会，正式同意了仙台水产公司出资（约 450 万日元）参与经营的计划。2011 年 10 月 9 日，变更了会社法人条款，至此，宫城县诞生了首家民间企业出资的渔民会社。之后，桃浦牡蛎生产者合同会社向宫城县渔协提出了以法人会员身份加入渔协的申请。2011 年 10 月 25 日渔协进行资格审查，10 月 30 日管理委员会进行了进一步审核，同意了他们的申请。桃浦牡蛎生产者合同会社还加入了设施保有渔协（为共同利用设施而设立的渔协），桃浦

**桃浦地区渔业会社前**

牡蛎生产者合同会社开始成为设施保有渔协的受益者，可以利用牡蛎剥壳处理场的设备和设施。桃浦牡蛎生产者合同会社在宫城县渔协的协调下，获得了渔业权。虽然桃浦牡蛎生产者合同会社有了专属渔业权，也就是说，员工还是渔民，会社没有脱离渔村的属性。这个对于渔民来说，意义重大，也就是渔民没有因为经济利益而改变生存的社会根基。在某种程度上，他们还保留了渔村的传统。而推进渔民社会改造的宫城县政府是希望把桃浦牡蛎生产者合同会社办成水产复兴特区，以便日后推广。这明显反映出渔民与政府的诉求的不同。

当地其他渔民担心水产复兴特区的设立会带来渔民社会的分裂，带来社会不公的问题。为此，有学者认为，这个问题可以靠法制化慢慢解决。但也有人担心，如果依照特区法第十四条的内容，就有可能破坏渔民的自治传统。牡蛎养殖根据牡蛎生长的情况要转移渔场。传统上，渔场转移由渔协决定，渔协还负责分配、管理渔场，如果撇开渔协，就无法分配、管理渔场，正常的渔业秩序就会遭到破坏。特区的出现使渔民社会出现分裂在所难免。在现行体制下，渔民组合和企业如果要从事渔业，必须先成为渔协的会员，从渔协那里得到渔业权后，才能从事渔业生产。在日本西部，有不少企业与渔协合作共同经营渔业的情况，比如养殖黑金枪鱼的大公司都要和渔协合作。大公司让子公司成为渔协会员，从渔协那里得到渔业权，再从事渔业生产，这在日本西部已经屡见不鲜。日本西部和东部的文化传统不同，日本西部农业社会中的社会功能组织比较发达，村民习惯于依靠组织来维系自身的发展，具体在渔业生产方面，容易和他人合作，社会资本容易进入渔民社会。日本东部的文化传统不同于西部，村落社会中的家族关系密切，传统上村民习惯依赖家族来维系自身的发展，渔民对渔协的依赖性强，渔协在渔民社会中的作用很大。所以，宫城县政府要想把民间资本引入渔民社会，必须和当地渔协沟通好，他们首先要做的就是调节好入股企业和当地渔协的利益关系，只有这样，才能把特定区划渔业权不经过渔协，直接发放给企业。本来发放给渔民渔业权的是地方政府。但是在日本习惯上，政府发放渔业权不是直接发给渔民，而是通过渔协发给渔民。这样做的目的，就是给渔协一定的权限，希望渔协替政府管理渔民，渔协成了政府管理渔民的代理。但是由于渔协本身是渔民的组织，渔协又是渔民向政府反映诉求的机构，渔协被赋予了双重身份。在利益冲突面前渔协主要站在渔民一边，因为它毕竟是渔民花钱成立的组织。

2013年2月19日，桃浦邻村的渔民代表向宫城县渔协和海区渔业调整委员会提出如果政府强行推进该项目的话，就有可能"隔断了海湾渔民的连带关系"的意见，希望宫城县渔协能阻止政府在此地搞特区。然而，政府并没有因为有反对意见而终止特区建设。因为政府有发放渔业权的权力，政府可以直接管理渔民社会。当然这无疑是对现有机制的变革，虽然有渔民反对，但也无济于事。毕竟这是政府主导的一项对传统渔业的变革。这个变革能否持续下去，是否值得推广，还有待于实践的检验。

笔者之所以关注这个问题，就在于笔者在中国的田野调查中发现渔民社会有许多问题需要解决，其中最主要的问题就是渔民社会的管理问题。渔民有自身的文化传统，有自身的利益诉求，在面对国家管理时，难免会发生冲突。如何避免冲突，实现费孝通先生主张的"和而不同"，这就需要智慧，需要不断探索出解决问题的途径和办法。日本社会在社会管理方面积累了很多经验，特别是在城乡一体化中，如何保护传统的农业文化、渔业文化方面做了很多努力，特别是民间诉求与政府规划方面不一致的时候的一些政策，很值得我们深思。宫城县桃浦渔业特区的出现，无疑为我们观察日本渔业社会的变迁提供了一个观察点。它的成功与失败，不仅对当地渔民社会产生影响，也对日本渔民社会的未来发展产生影响，对如何解决中国渔民社会的管理问题也有参考价值。这次日本政府主导的渔民社会的转型试验，笔者觉得关注点还在于当地渔民的接受程度，因此，对当地渔民的考察是本研究的重点。

# 第六章　社会转型视野下的中日远洋渔业
## ——基于湛江和石卷牡鹿半岛的调查

## 一　日本的远洋渔业

在日本，远洋渔业指的是在本国的专属经济区水域（200 海里专属经济区）外的大型渔船渔业。有的是单船作业，但更多的是组成船队，互相联系，共同作业。现代远洋渔业是以大量的资本投入和人力投入为依托的，出海时间一般为 1 个月到 1 年半，需要大量的劳务费，因此一般选择产出比合算的金枪鱼和鲣鱼为捕捞对象，也有把墨鱼作为捕捞对象的。最近几年的做法是先把船开到渔场，然后船员乘直升机到预定的渔场与渔船会合，这样就可以缩短捕鱼时间，减少人员劳务费的支出。日本在统计调查中往往将远洋渔业包括远洋底拖网渔业、远洋金枪鱼延绳渔业、远洋鲣鱼渔业、远洋墨鱼渔业。

### 日本的北洋渔业公司

北洋渔业公司是日本重要的远洋渔业公司。北洋渔业公司一般在太平洋北部以及边缘的白令海、鄂霍次克海进行渔业，在该海域进行远洋渔业的日本渔船很多。该海域有马哈鱼、鳕鱼、鲱鱼、螃蟹等，海产品资源非常丰富，是世界上屈指可数的渔场。日本的渔船以北海道和日本东北地区的大型渔港为母港，由有罐头加工设备及冷藏设备的大型母船和捕鱼渔船组成的船队，春天出港，在目的地渔场停留作业几个月，把打上来的鱼在母船内加工，再运到日本销售。这些鱼主要销往日本的大城市，还有一部分被加工成罐头销往欧美国家。

### 200 海里专属经济区体制建立之后的日本远洋渔业

1977 年以美苏两国为首，世界上几乎所有的沿海国家都设立了自己的专属经济区，200 海里专属经济区体制逐步建立。1978 年第二次石油危机以后，日本的远洋渔业开始萎缩。日本渔船去海外渔场打鱼越来越难，政府开始减少渔船的数量。然而，日本实行的是"互补"的减船制度，使留下来的渔业公司也举步维艰。所谓"互补"就是退出的渔业公司从留下来的渔业公司那里得到数亿日元的减船补偿金，这样留下来的渔业公司才可以重新借贷。从理论上讲，渔船减少了，资源的可利用率提升，但是随着国际渔场、外国渔船的数量增多，日本的这种减船制度的效果并不明显。虽然准备了减船制度的专用资金，但因为没有产生任何效益，反而成了债务。这种债务金额使每个经营体都要承担数千万日元。这样日本远洋渔业在经济危机中逐步萎缩。但是，随着节约能源机械的使用、渔船规模的扩大、续航时间的延长，以及远洋金枪鱼延绳渔业等在海上就把捕获的鱼转到运输船上等措施的实施，远洋渔业提高了效率，规避了风险。日本的远洋渔船分布在世界各个海域，远洋金枪鱼延绳渔业公司在 200 海里专属经济区体制以后，避免了大规模缩减的危机。但是，北洋渔业公司在 200 海里专属经济区体制以后，不得不从美苏两国的海域撤出。"200 海里专属经济区体制实施以后，日本渔船被海外渔场封杀，日本远洋渔业逐渐衰退。在海面渔业中，有不少渔业公司由于资源的不稳定和鱼价偏低，或破产或改行，导致了渔船进港数量和渔业产量的下降。水产加工企业的原料需要进口，当地市场购买海产品的能力降低。20 世纪 90 年代以后，通货紧缩的出现，使日本的消费经济减弱，企业必须降低生产成本，而价格疲软又加速了企业重整的步伐，促进了渔业公司的淘汰。但是，日本的水产加工企业大量招收外国的研修人员及研修生，降低了劳动成本，提高了市场竞争能力，促进了高附加值产品的开发和制造。随着世界水产品需要量的增加，日本的鳕鱼、鲐鱼、秋刀鱼、鱿鱼等开始出口，形成了世界性贸易。其中在中国办厂，在海外投资的日本企业也不少。从这个意义上讲，日本渔港城市的经济主线不只是渔业，水产加工也是重点。日本渔港城市不仅是内需型的产地，而且扩大了海外市场，成为世界经济水产物流的一部分。另一方面，城市具有渔港港湾地区专有的特点。邻近有工业区、制造业、矿业、林业等原料、成品、半成品的物流点和贸易点。但是次贷危机以后，引进外资的日本企业开始停滞不前，水产业以外的产业也不景气。但是综观世界，水产品的需求还是不断扩大，日本渔港城市的各种自治体作为区域经济的再生源，扩大和完善了批发市场和物流的设施，瞄准了出口市场。但是遭到了海啸的严重破坏。"①

## 二　中国的远洋渔业

在中国，远洋渔业是指远离本国渔港或渔业基地，在深海从事捕捞活动的事业。远洋渔业是由机械化、自动化程度较高，助渔、导航仪器设备先进、完善，续航能力较长的大型加工母船和若干捕捞子船、加油船、运输船组成的捕捞船队进行的。其发展取决于本国的经济实力、工业化程度和海洋科学技术水平，以及国内外市场、消费水平等因素。主要渔具有拖网、围网、流网、延绳钓、标枪等。发展远洋渔业，开发远洋水产资源，有利于减轻和缓和沿岸、近海捕捞强度，合理布局渔业生产力。中国远洋渔业起步较晚，国际社会对渔业资源存在"先占先得"的历史分配格局，所以中国在国际渔业资源的竞争中处于劣势。截至2011年末，中国远洋渔业已拥有企业116家，远洋渔船1628艘，远洋渔业年总产量、总产值分别达115万吨、126亿元。

## 三　田野中的中日远洋渔业

1. 牡鹿半岛传统渔业

（1）鲇川的捕鲸

2017年8月4日下午，笔者访问了鲇川捕鱼株式会社，接待笔者的是

---

① 浜田武士：『漁業と震災』，东京：みすず書房，2013，第88页。

该公司的菊田先生。从他那里得知，日本现在迫于国际社会的压力，对捕鲸有严格的限制。捕鲸有两种情况，一种是科研捕鲸，另一种是商业捕鲸。在日本注册的捕鲸公司有6家，其中4家公司有捕鲸渔船，分别是和歌山、千叶、宫城鲇川、北海道的4家公司。日本农林水产省对商业捕鲸的数量有严格限制，一年捕鲸的总数为50头，其中鲇川捕鲸公司一年能捕26头，占总数的45%以上，原因是鲇川是日本捕鲸历史最长的地方之一。明治时期日本在这里就成立了捕鲸公司。夏季是捕鲸的季节，捕鲸公司要在这个季节内完成国家规定的定额，如果完成不了，也不能在其他季节捕鲸。捕鲸的海域为日本领海之内。鲇川捕鲸公司一般就在日本东北地区的领海内捕鲸。这是商业捕鲸。除此之外，还有国家科研部门的科研捕鲸。科研捕的鲸鱼和商业捕的鲸鱼不是一个品种。科研捕鲸是国家委托的任务，国家支付捕鲸费用，捕的鲸肉不能上市出售。菊田讲这些事情的时候格外慎重，生怕为此惹出麻烦。捕鲸公司是企业法人，不受当地渔协的管辖，直接由日本农林水产省管辖，每年捕鲸要提前向农林水产省申请，获批后方可出海捕鲸。捕鲸必须要有国家颁发的许可证才行，不是任何渔业公司和个人都能从事的职业。可以说，在日本，捕鲸是经国家审批的特殊职业。捕鲸公司的职员向社会公开招聘，以本地人居多。捕鲸船的船员必须是经过培训的、有资质的渔民。

（2）鲇川的鲸鱼节

2017年8月6日在鲇川港举行了牡鹿半岛鲸鱼节。鲸鱼节是为了配合牡鹿半岛的灾后重建从2013年开始举办的。2017年是第五届，笔者来到会场的时候，会场上人声鼎沸，节目已经进入高潮。笔者找了一个地方静静地欣赏着节目。节目的表演者有成年人，有当地的中学生，也有远道而来的北海道大学的学生，还有当地著名的歌手和三弦演奏家。笔者印象最深的是来自北海道大学的学生表演的打鱼舞，表演者充满激情的表演感染着观众，表现了渔民不畏艰险、奋勇拼搏的精神，令人感动。鲸鱼节使笔者感受到牡鹿半岛人的热情和传统文化的力量。牡鹿半岛沿岸在"3·11"大地震以后遭受了海啸的重创，当时的景象惨不忍睹。但是几年以后这里又开始恢复了往日的生活，虽然在很多地方还没有恢复到震前的水平，也有不少人在地震以后离开了这里，但笔者还是看到了当地人坚韧不拔的精神。

### （3）鲇川港渔民访谈录

老渔民佐藤说，在鲇川捕金枪鱼不容易，因为国家对捕金枪鱼有限制，每年的捕获量不能超过4007吨。金枪鱼的巡游路线从西日本开始，经东日本，再到北日本。也就是说，西日本的渔民先捕金枪鱼，他们把定额80%的金枪鱼捕了，剩下20%的定额是东日本和北日本的渔民的，所以鲇川渔民捕不到多少金枪鱼。另外，日本对所捕金枪鱼的大小也有限制，30公斤以下的金枪鱼不能捕。这里的渔民用定置网，将渔网放到海里，什么鱼都会钻进去，渔民发现进去的金枪鱼不到30公斤，想把它们放生也困难，因为金枪鱼和其他鱼混在一起，要把金枪鱼放出去的话，其他鱼也会被放掉，那渔民就白干了。另外，即使没有其他鱼的干扰，金枪鱼一旦入网，再把它们放出去，也活不了，因为它们入网以后，很容易受伤。30公斤以下的金枪鱼不能当作商品出售，所以渔民对捕到的金枪鱼怎么处理很矛盾。

## 2. 湛江的海洋渔业

湛江三面环海，自古以来渔业发达，特别是1949年以后，中国政府把传统渔民组织起来，成立渔业大队。硇洲岛的深海渔民（红卫大队）就是远海打鱼的渔民。企水成立了渔业大队，使用的是大船；乌石成立了深海渔业大队；外罗也成立了渔业大队。调顺岛上有湛江海洋渔业公司。湛江海洋渔业公司是中国水产总公司的分公司。从20世纪60年代起，一直到1980年改制之前，湛江沿海地区的渔业生产都属于计划经济的一部分，渔业大队的渔民除了参与完成本渔业大队的渔业生产之外，还有不少渔民受雇于海洋渔业公司，乘船去公海打鱼，有的成为海洋渔业公司远洋渔轮上的渔业工人。笔者调查的地方有不少人有这样的经历。

### （1）湛江海洋渔业公司

中国水产湛江海洋渔业公司成立于1960年10月18日，是中国四大渔业公司之一，前身由广东省西南沙调查队和湛江专区海洋渔业公司合并而成，隶属广东省水产厅。1984年3月国家为发展南海远洋渔业，划归农业部所属中国水产总公司。如今湛江海洋渔业公司原址已经招标出让给房地产公司，即将被开发成住宅小区，只在湛江港附近的志满地区保留一个办公的地点。

(2) 霞山渔港随机访谈录

2015 年底,笔者从乌石调查回来,在霞山港遇到一艘雷州的船,倍感亲切。上船询问,一位 50 岁左右的中年男人出来了。他只会讲雷州话,不会讲普通话。我们交谈很困难,于是他找来了一个懂普通话的年轻人和笔者交谈。笔者得知他们是乌石的船民,船主就是那位中年人。笔者问这个年轻人他们是不是疍家,但他不知道什么是疍家。笔者问他家里是否有地,他说有,这表明他们不是疍家渔民,而是半农半渔的渔民。他们的船是木船,有 300 马力,属于大船。这位年轻人告诉笔者,他是给船主打工的,也是乌石人。他们半年在外,半年在乌石港,总的原则是哪里有鱼,就去哪里。船工一共有七八个人。船工的主要工作是起网,把网拉到船上以后,把挂在网上的鱼摘下来,放到鱼箱里。这个工作很繁重,一般人不愿意干。他们出一次海一般是 6 天左右。出半个月海,休息半个月。正聊着,另一个年轻人走了过来,他是船主的儿子,初中毕业就外出打工,但在外面混得不太好。从 2015 年开始,回到他父亲的船上,帮助父亲打理船只,和父亲一起出海打鱼。船主的儿子说,打鱼很辛苦,很少有年轻人愿意出海打鱼。他在外面闯荡也没有做出什么名堂来,只好回来和父亲"打海"。他们打鱼的地方,离阳江不远,属于阳江海域。船主的船是木船,不能走得太远。打鱼是用渔具的,就是用挂网打鱼,他们的渔网经常被拖网渔船给拉坏,但是找不到肇事的渔船,只好自己重新购置新网。有的时候,在海面上看到拖网渔船靠近挂网渔船的时候,挂网渔船的人会用对讲机通知对方,拖网渔船就会避开那片水域。拖网渔船虽然不是故意破坏挂网,但由于两种不同类型的渔船在同一海域作业,难免会出现意外情况。如果渔网被破坏了,只能自认倒霉,也没有什么办法,因为找不到肇事者。船主的儿子很不情愿地和父亲出海打鱼,但没有其他本事,也只能出海打鱼了。在霞山渔港有不少雷州的渔船,这些渔船是木制船。湛江特别是雷州的渔业生产方式还很落后,渔民的文化程度也很低,50 岁以上的人基本不会讲普通话。

(3) 湛江市海洋渔业局渔业科黄科长访谈录

黄科长说,现在国家对渔船实施严格的控制,俗称"双控",控制数量、控制总马力。现在国家不允许拆小船造大船了。小船是生计船,不能拆,拆中船造大船可以,但总的马力不能改变。造一艘 400 马力的大船,

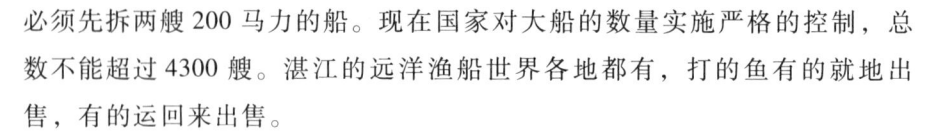

必须先拆两艘200马力的船。现在国家对大船的数量实施严格的控制，总数不能超过4300艘。湛江的远洋渔船世界各地都有，打的鱼有的就地出售，有的运回来出售。

(4) 广东粤西水产协会秘书长棽×访谈录

棽×原来是湛江外贸公司的工作人员，如今是广东粤西水产协会秘书长。该水产协会是由养殖渔业老板组建的以反倾销为目的非政府行业组织，加盟的企业主要是湛江地区的养殖虾和养殖罗非鱼的企业。该水产协会目前举办过两届海博会。养殖牡蛎的渔民不是该组织的会员。棽×讲，湛江养殖虾的规模大，已经形成了固定的产业链，管理比较规范；而养殖牡蛎行业还比较混乱，从事这个职业的人员比较庞杂，没有严格的管理，没有养殖证。在美国，钓鱼也要钓鱼证，钓鱼证的颁发是为了约束钓鱼者，让钓鱼者知法、守法。养殖牡蛎也应该有养殖证，以对从业人员有所约束，让他们知道哪些可为、哪些不可为，培养他们保护环境、保护资源的意识。在中国，对养殖渔业很难问责，渔民没有明确的定义，究竟是谁承包了海面，并不明确。

(5) 原湛江海洋渔业公司工作人员访谈录

2016年12月12日，笔者来到坐落于湛江调顺岛的湛江海洋渔业公司。该公司的鱼产品加工场还有人办公，专门销售该公司生产的海产品。据该公司的一位负责人介绍，公司的船队一般在非洲南部海域打鱼，很少回湛江。除鱼产品加工场之外，其他厂房已经开始拆除。据一位工作人员介绍，现在除了造船厂还保留外，其他土地都卖了，要建商品住宅区。海边停靠了几艘船，有海警船，有渡轮，还有私人的远洋捕捞船，有的在维修，有的在做出海前的准备工作。

(6) 乌石海康渔民李×龙访谈录

李×龙受雇于一条大船。据说船主过去也是渔民，现在他自己不出海了，雇用他人出海。船主共有两艘大船。出远海打鱼，用的是拖网，需要两艘船配合。李×龙家祖祖辈辈以打鱼为生，他过去也是自己打鱼，后来给别人打工，干打鱼这一行已经30年了。这期间李×龙在香港渔船上干了20多年，去过中国台湾基隆、菲律宾、日本等海域打过鱼。30年的海上经验，让他对打鱼的事情很熟悉。李×龙对目前国家的渔业政策有意见，认为应该取消对渔民的燃油补贴。他认为国家的燃油补贴助长了过度捕捞，补贴只是对富人的补贴，现在的船老板不是普通的渔民。普通渔民都是打工者，他们只能挣微薄的工钱，没有稳定的收入，一旦失去工作就无法维持生活，没有任何社会保障。海康地区这样的渔民很多，他们没有土地，没有渔船，只能给船老板打工。李×龙希望国家不要给渔民燃油补贴，要把渔民组织起来，组成合作社，通过入股的方式，购置渔船，出远海打鱼，这样才能真正解决渔民的生计问题。笔者看到他们从船上卸下来的鱼都是整齐划一的小鱼，很好奇，问为什么鱼这么小就打上来。有渔民回答说这种鱼长不大，就是这个品种，打上来后是卖给养殖户的。笔者确实看到他们把小鱼卖给养殖户，养殖户不仅有湛江本地的，还有中山地区的，每斤鱼卖1元钱。但李×龙说，他们打的小鱼是可以长大的，不等鱼长大就捕捞，是因为附近海域大鱼不多，他们的船又不能去远海，只能就近打鱼，有什么鱼就打什么鱼。这是对生态的破坏，但没有办法，不打就没有燃油补贴，就赚不了钱。李×龙去过不少地方的海域，他认为海域与海域的差别不大，哪里的情况都差不多。还有的渔民认为海里的鱼是打不完的。李×龙有两个孩子，一个在上大学，一个在读高中。他的妻子也在打工。他给人的印象是见多识广，但境遇不佳，他是笔者遇到的比较有主见的渔民。

（7）吴川渔民杨×访谈录

杨×有两艘渔船，一艘他自己使用，另一艘由他弟弟使用。这两艘渔船身长20多米。他们主要在海南岛附近海域捕捞。杨×说他靠捕鱼每年能挣20多万元。现在国家给每条船的燃油补贴不少，如果没有补贴，渔民很难挣钱。他们的船上有神龛，神龛上供奉着各种神仙，每次出海之前他们都要在神龛前烧一炷香。杨×的船上有七八个船员，他们都是他的亲戚。出一次海一般要七八天。他家在吴川，但他在湛江霞山也买了房子。杨×的妻子不和他一起出海，主要负责在家照顾孩子。他有3个孩子，最大的孩子是男孩，正在上大学。杨×让孩子跟他一起出过海，但孩子不喜欢当渔民，对家长的培养并不领情。杨×是海东人，他们那个村的人基本以海为生，全村都姓杨，但村里没有祠堂，祭祖都是各祭各的祖先。杨×说打鱼风险大，收入不稳定，孩子不愿继承父业。杨×对国家即将出台的禁止用小网眼渔网捕鱼的政策感到担忧，他认为，如果只能用大网眼渔网捕鱼，那靠大渔船打鱼就很难赚钱了。

(8) 红卫大队渔民周老伯访谈录

他姓周，今年（2017年）70岁，是疍家，在船上出生。红卫大队姓周的人不少。老周说，他祖先是从福建来的，他们家族到这里已经五代了。他们家族中有一支在徐闻新寮当农民，整村都是姓周的，那个村叫大周村，他爷爷和父亲都去过那里。老周也会说"白话"，说明他不是本地人，是外来的。但笔者认为他的说法不对，他的祖先不应该是福建人，应该是广东人。老周坚持说自己的祖先是从福建来的，会说"白话"是因为他们祖先很早就离开福建。他们家族的事情当然他最清楚，不过笔者还是对他的说法表示怀疑。湛江地区陆上居住的人都习惯说自己的祖先是福建人，但也确实有不少渔民的祖先是福建人。这些都是听他爷爷讲的。老周从小和爷爷生活在一条船上，他是在船上出生的，当时船就是他们的家。上小学的时候，他开始上岸生活，住在先上岸的渔民家里，每月要付房租。老周说的上岸住在别的渔民家交房租的情况，笔者在别人那里也听说过。老周读书读到小学六年级，16岁就随父亲出海打鱼。当时红卫大队已经成立，他们是为红卫大队打鱼。老周说，他家之前有过自己的船，船身长20米，出海打鱼要雇20名渔工，当时的船都是帆船（罟帆船）。老周说，他家到硇洲岛已经五代了，祖先来的时候，就是乘着帆船来的。听他的描述，笔者觉得他家在1949年前是富裕的渔民，不是一般的渔民。老周说，红卫大队曾经由镇政府和广东省水产厅组织成立过深海渔业公司，当时他和红卫大队其他渔民一起去夏威夷附近的海域打过鱼，共去了6艘船，每艘船8人，主要是钓金枪鱼。老周当年不到40岁，是船长，去了一年，挣了10万元。当时的10万元是一笔不少的钱。回来以后，老周又当了几年红卫大队的船长。红卫大队解散以后，他和别人合股买了一艘20米长、200马力的船。后来他和合作伙伴合不来，2001年就把船卖给茂名的渔民了。之后他又买了一条小船，不幸的是一场大火把船烧了。因为船没有上保险，所以损失由老周自己承担。烧毁的船按报废处理，政府给老周发了个拆船证。后来老周把拆船证也卖了，得到10000元。船被烧毁以后，他就再也没有造过船，就开始给有船的人打工，一直干到2015年。老周的四个女儿都出嫁了，有三个女儿都嫁给了渔民，其中二女儿嫁给了本村的渔民。三个女婿都没有自己的渔船，都是在船上给别人打工，收入不高，仅仅能够维持生活。老周的妻子身体健康，也在给别人打工，他现在的店铺不是他的，是他女婿的，他只是帮助照看一下。老周的二女婿是在护航船上打工。笔者第一次听说护航船。老周解释说，海上有搞勘探的勘探船，作业时护航船守护在其附近，防止其他船只撞上来。护航船是私人公司的，勘探船是国家的。护航船都是大铁船，平时停靠在湛江的海湾大桥下。老周的大女婿跟船出海打鱼，直到两年前还跟船出海打鱼，身份是普通渔工。老周说，过去岸上的人想欺负他们也不敢，因为疍家人多，当时的红卫大队有几千人。以前红卫大队很好，解散以后的就不行了，现在的就更不行了。大队没有钱，没有钱就什么也干不成。国家允许造大船，去远海打鱼，但是现在没有人挑头做。国家也鼓励渔民造大船，给的补助很多，但是也没有人去做，因为还得要自己出一些钱，渔民出不了这些钱。也有人想过合伙造船的办法，但是大家的意见不统一。红卫大队的渔民一旦没有了渔船，要不就外出打工，要不就给有船的人打工，自己再造船的很少，现在农民造船的人多。笔者问老周，为什么农民造船的人多呢？他回答说，农民有钱。他说现在传统渔民没有渔船的人很多，他们都在给有渔船的人打工。他的两个外孙都在外地读书，一个在广州读技校，另一个在上海读技校，两个孩子很争气，一放假就去打工。老周很怀念过去，他说过去村委会经常组织村民唱歌跳舞，现在没有人组织了。不过，现在的村委会也确实没有钱，村委会大的开支要靠村民的会费和从油补中扣除一点来维持。

远洋渔业是近代以后才出现的，日本的远洋渔业比中国起步早。在没有海洋划界的时候，日本的远洋渔业是日本积累财富的重要产业。日本进步作家小林多喜二的《蟹工船》就是反映那个时期日本远洋渔业海外扩张、残酷剥削渔工的现实的作品。远洋渔业曾在日本渔业生产中占据重要地位，但是到20世纪80年代末日本远洋渔业开始走下坡路，远洋渔业占渔业生产的份额越来越少。与此同时，养殖渔业迅速发展，海产品开始大量进口。日本远洋渔业萎缩的主要原因是，在世界范围内，各个沿海国家都开始划200海里专属经济区，导致公共海域缩小。在日本，远洋渔业的经营者很少是传统渔民，经营者一般为远洋渔业公司，远洋渔业公司一般为股份制公司，它的存在受国家政策的影响。当200海里专属经济区体制实施以后，日本远洋渔业公司开始减少渔船数量，减少雇员。沿海渔民去远洋渔船上打工的机会减少。另外，日本渔民的老龄化日益严重，也没有更多年轻人去远洋渔船上打工，从而造成了日本远洋渔业的衰退。中国的远洋渔业起步较晚，20世纪80年代初是中国远洋渔业的黄金时代。之后中国远洋渔业也和日本远洋渔业一样，在200海里专属经济区体制确立以后，逐渐衰退。近年来政府又鼓励渔民在渔船改造的时候合伙造大船。笔者在外罗等地就看到过地方政府贴的"造大船，去远海打鱼"的宣传文字。可以说，中国政府是积极支持渔民发展远洋渔业的。

可以说，从20世纪80年代末期开始，中国和日本的远洋渔业都在不断衰退，特别是日本衰退更快。日本的海域辽阔，虽然远洋渔业不如过去，但是沿海渔业和近海渔业还保持着良好的发展势头。因此，日本对于发展远洋渔业不是很积极。中国与日本的国情不同，中国的渔民人口过剩，海产品需求量巨大，尽管海洋划界对发展远洋渔业有影响，但是中国仍需要进一步拓展远洋渔业的空间。无论是中国还是日本，远洋渔业都不是传统渔民的特长，发展远洋渔业必须得到政府的扶持。

# 第七章 日本和中国的休闲渔业
## ——基于石卷地区和湛江地区渔民社会的调查

## 一 日本的休闲渔业

日本休闲渔业最初和最主要的形式为游钓业。1993年日本游钓人数已达3729万人，占全国人口的30%。在有些地方某些鱼种的游钓产量甚至超过了捕捞量。对以游钓业为主的休闲渔业加强管理的呼声也越来越高。日本政府采取了以下措施进行应对。在中央和地方增设了休闲渔业组织，强化管理与国际接轨，由国家立法实施游钓准入制度，并对游钓船的使用情况、游钓的主要品种和产量进行登记。加大投入，建造人工渔场，改善渔村渔港环境，完善道路、通信等基础设施建设，保障休闲渔业持久健康地发展下去。同时，渔民、游钓者和渔业协同组织也参与休闲渔业管理。①

### 1. 石卷地区牡鹿半岛休闲渔业

（1）石卷渡波渔港的田野调查

笔者来过渡波渔港钓鱼渔具专卖店两次。第一次是2011年日本"3·11"大地震后来过；第二次是2017年8月28日，笔者发现店铺的位置变了，本想进店看看休息一下就走，可进店以后，发现有一顶帽子很适合笔者在日本渔村采访时戴，于是就买了下来。时隔几年了，但老板娘还是认

---

① 陈海发:《美日休闲渔业成功启示录》,《中国乡镇企业》2013年第12期。

出了笔者,于是笔者和老板娘聊了起来。她告诉笔者,海啸来的时候很可怕,她站在屋外,海水已经到膝盖,亲眼看到邻居被海水冲走,幸好她家人都安然无恙。说起灾后重建,她说原来的地方,政府认为已经不适合居住,动员她家搬离。于是她家就在离原住址不远的地方买了块地,重新盖了房。把店铺盖在了房屋的前面,店铺与房屋连为一体。政府虽然给了她家一些搬迁补助费,但是远远不够建房。她把家里多年积攒的钱都拿了出来,才把房子盖好。笔者问她是否有贷款,她说银行不给只靠退休金生活的人贷款,只能靠自己。现在的生意不如以前,以前除了店铺之外,还经营渔船钓鱼业务。她家有一条船专门用于开展钓鱼业务。经营钓鱼业务的船要有经营许可证才行,她家的船是有经营许可证的。从事垂钓的船除了船要有许可证之外,还必须由有资格证的驾驶员驾驶才行。但她家的船在"3·11"大地震的时候被海水冲走了,现在没有船了。笔者问她,为什么不买一条新船呢?她说,现在垂钓业务的客人少,买船不赚钱。另外,现在的码头加高了防护堤,停靠船也不方便,所以现在只做垂钓的中介业务。有客人需要垂钓,她可以介绍船主去做,自己挣个中介费。她说,过去这里有不少人经营垂钓,现在都做不下去了,只能是有客人联系的话,介绍给别人。她说,这里现在很萧条,不少居民离开了这里,很多房子是空的,也有人在此地盖起了公寓房,只有在此地施工的人租住。

(2) 牡鹿半岛鲇川町渔港马来西亚实习生访谈录

笔者在鲇川町渔港遇到几位来自马来西亚的实习生,他们在马来西亚也是打鱼的,这次来了15人,分散在鲇川町渔港的各艘渔船上。笔者遇到他们的时候,他们正在修补渔网。这些渔网是定置网,定置网用于沿岸渔业。定置网渔船不大,一般是小于10吨的渔船。在日本从事沿岸渔业的渔船要小于10吨,使用的渔具是定置网,两者必须统一,不统一被视为违法。10吨以上30吨以下的渔船为近海渔业渔船,30吨以上为远洋渔业渔船。近海渔业渔船在日本的领海内作业,远洋渔业渔船在公海作业。这些马来西亚人来这里已经两年了,以前是研修生,现在是实习生。他们在马来西亚使用的主要是木船,也有一些是钢化玻璃船。日本的渔船一般是铁质船和钢化玻璃船。接受外国研修生也是日本渔民降低渔业成本的一种方式。20世纪80年代日本沿海渔民接受的研修生主要是韩国人,90年代以后接受的研修生主要是中国人。进入21世纪以后,韩国研修生已经不来了，中国研修生来的人数不多，更多的研修生是来自东南亚的年轻人。笔者在石卷沿海地区进行田野调查时，多次遇到来自越南、马来西亚的研修生。他们有的帮助日本养殖渔业主从事养殖，有的和日本渔民一起出海打鱼。在这次调研中，笔者了解到牡鹿半岛沿岸的一家牡蛎加工场有不少来自中国的研修生。笔者去的时候，正好赶上他们休假，没有遇到他们。

（3）渔村民宿体验

2017年7月29日笔者住进了爱宕庄，这是一家渔民经营的民宿。笔者入住不久，就遇到了这里的老板，我们进行了长谈。老板姓小池，他告诉笔者，他家用拖网渔船捕鱼。现在是拖网渔船的禁渔期，禁渔期从7月到8月底，9月1日就可以捕鱼了。他现在正在做出海捕鱼的准备，主要是修补渔网。小池告诉笔者，他家从江户时代就开始在这里打鱼，他年轻的时候考取了船员证，在远洋渔船上当过船员。之后他和父亲出海打鱼，没有做过养殖。30多年前他开始经营民宿，现在民宿由他妻子负责管理，他只负责出海打鱼。小池的船15吨多，属于中型船。出海打鱼时，除了他

**笔者与爱宕庄老板**

和儿子之外，还雇了4名船员。他有3个孩子，2个女儿，1个儿子。大女儿40多岁，小女儿30多岁，都结婚了。大女儿在外地，小女儿和他们住在一起。小儿子还没有结婚。小池和妻子都为小儿子操心，但小儿子好像不是很着急。小池的船用底拖网打鱼，与流速网渔船、定置网渔船的作业区域不同，必须去深海作业，不能进入流速网渔船和定置网渔船的海域作业。定置网渔船和流速网渔船属于沿岸渔业，作业范围在近海沿岸，定置

网渔船和流速网渔船也不能进入底拖网渔船的海域打鱼。小池家底拖网渔船的打鱼范围是宫城县海域，如果进入邻县海域打鱼，必须向邻县的渔业主管部门申请，方可进入该县的海域打鱼。小池每次出海都要两三天。渔船平时停靠在石卷渔港。出海打鱼的时候，他从家里开车到石卷渔港，再从那里出海打鱼。打到鱼后，再开船运到石卷渔港销售。石卷牡鹿半岛的表浜渔协，不规定渔民的销售方式，允许渔民到其他地方销售，但要收取渔民的管理费。石卷附近是世界著名的渔场，各种鱼都有，鱼比较好打。现在渔船的性能、质量都很好，鱼的产量不断提高，但经济效益并不好，原因是现在鱼的价格比较低，而打鱼的成本不断提高。笔者和小池谈到海啸给渔民带来的巨大损失。表浜这里因海啸死了20多人，渔民的渔船都遭到了破坏。灾后日本政府为了让灾区早日恢复生产，给渔民发放了渔船破损补助金。标准是每一条渔船按购买新船费用的3/4补助。现在在灾区看到的都是最新式的渔船。另外，渔民兼营其他行业的话，比如民宿或者养殖渔业加工场，其财产受损，政府按照70%的比例提供补助金。小池家原来就经营民宿，地震前的民宿建筑很破旧，灾后日本政府给他补贴了7000万日元，现在的民宿建筑焕然一新，比城市的普通旅馆都好。小池说这话的时候，显得很得意。后来笔者从其他渔民那里证实，灾后日本政府对渔船和渔民用于营业的财产给予了大量补助，对被海啸冲垮的经营用房，最高可补助800万日元，受损的房屋主要靠自己修复和重建。一位渔民告诉笔者，灾后渔民社会发生了巨大变化，一部分地震前有财产的人得到了国家的巨额补助，没有财产的不但得不到补助，而且盖房还要自己花钱，出现了巨大的贫富差距。有些在灾后收益好的渔民，不愿意再参加村里的集体活动，怕遭到一些人的嫉妒。现在那些没有得到巨额补助的人，虽然已经接受了这个现实，但很多人的内心还是不平静的。

## 2. 后山民宿

2017年8月7日，笔者离开鲇川的新酒井饭店，赶往新的调查点——小渊浜。这几天在新酒井住，非常舒心，离开这里到新的地方，心里有些忐忑。当工作人员把笔者送到目的地后山民宿时，民宿的老板娘已经在门口等候。她把笔者领进民宿，详细地介绍了该民宿的情况。后山民宿面对大海，不远处就是渔港，视野极佳。该家民宿的老板是渔民，姓游佐，68

岁，一直从事渔业，5代以前的祖先就开始用定置网捕鱼了，3代以前的祖先开始养殖牡蛎。这家以前住在坡下面，家人除了打鱼、养殖牡蛎以

**后山民宿老板的大儿子**

外，还经营民宿。"3·11"大地震后发生的海啸把民宿建筑冲垮了。之后他们在后山的坡上修建了新房和民宿。新房是两代人住的连体房，儿子一家和他们老两口各住一半。老板娘负责经营民宿，老板和儿子负责打鱼和养殖牡蛎。客人多的时候，儿子也帮助母亲给客人做饭，家里最忙的是儿子。入住以后，稍加休息，笔者就来到了渔港。记得大地震发生后不久，笔者就骑摩托车来过这里，当时这里的码头遍地是垃圾和倒塌的房屋，很少见到人。现在码头已经修复得很好，钢筋水泥建筑的码头十分现代化，岸边停靠的各种渔船也很现代化。据笔者观察，停靠的渔船有流速网（刺网）渔船、定置网渔船、垂钓渔船。码头上有一艘渔船在卸海鳗鱼，一位中间商正指挥船员往海鲜运输车上装海鳗，收购的海鳗要运到东京的筑地渔业批发市场。这位中间商说这里产的海鳗很有名。附近的金华山是世界三大渔场之一，渔业资源丰富，这里的渔民主要是采用定置网和流速网捕鱼，放定置网的地点离海岸不远，也就几海里的地方。日本管这种渔业叫沿岸渔业。笔者以前听说过沿岸渔业，来到牡鹿半岛以后，才明白了沿岸渔业的含义，沿岸渔业就是在沿岸捕鱼。以前，笔者之所以不理解沿岸渔业的准确意思，主要是受中国沿岸渔业方面的报道所致。在中国，特别是湛江的沿岸地区很难捕到鱼了，所以笔者也认为日本的沿岸和中国的沿岸差不多，也没有什么鱼了。其实不然，日本的渔业资源受到国家的保护，

特别是牡鹿半岛靠近金华山一带的海域，渔业资源丰富。之后，笔者走到渔港上面的山坡上，映入眼帘的是一排排安置地震灾民的临时安置房，现在还有不少人住在那里。从 2011 年到 2017 年，地震海啸发生已经过去 6 年了，还有人住在安置房里，让笔者觉得有些不可思议。笔者决定和住在这里的人了解一下情况，正好一位 70 多岁的女人出现在笔者面前。于是笔者就和她打听起了安置房的情况，她告诉笔者，住在这里的灾民大多数已经回到了自己家，只有一小部分人还住在这里，安置房由政府免费提供。据说，政府在给收入少的灾民盖廉租房，不少人在等着住进政府的廉租房，她也是其中之一。她现在靠国民年金生活，夫妻俩加起来，每月领不到 10 万日元，她抱怨生活太艰辛。日本的国民福利虽然比中国好很多，但是仅靠国民年金维持生活也不易。

笔者住到这家民宿以后，一直没有机会与老板和他的孩子交流，更多的是和老板娘交流。老板娘待人热情，娘家在宫城县的松岛，她生了 2 个孩子。儿子继承了父业，和父亲一起出海打鱼，还养殖牡蛎。女儿嫁到外地。婆婆 90 多岁，住在坡下面，由她照顾。老板娘提前领取了国民年金。日本国民年金 65 岁才能领取，她今年（2017 年）刚过 60 岁就领取了，这不符合常理。据她解释，她能提前领取，主要是她弟弟去年（2016 年）去世了，这也是为了照顾她。她说，提前领取年金，金额会比正常领取时少一些，但是也划算，因为领取的时间早。2017 年 8 月 8 日晚上我和老板娘的孩子约好，如果第二天天气好，笔者随他们一起出海，收网。第二天要早起，早上 4 点就出发，这是我一直期盼的体验，自然很兴奋。第二天早上，笔者 3 点就起床了，不到 4 点就在指定的地点等候，准备和他们一起出海。4 点 10 分左右，老板娘的儿子出现了，告知今天风大不能出海。笔者很失望，但考虑到安全第一，还是接受了这个事实。然而 5 点多，老板娘打来了电话，说是她儿子出海已经回来了，告诉笔者要看卸鱼的话，可以去码头。得知这个消息，尽管笔者很失望，还是急忙赶到了渔港。在渔港，老板和儿子还有两位渔工正在忙着卸鱼，在这里笔者第一次见到民宿的老板。据老板娘讲，老板今年（2017 年）68 岁，可能是常年干体力活的缘故，脸色显得比较苍老。我们简短寒暄了几句，老板就开始忙他的工作，偶尔和我说几句。他指着渔码头对面小岛的神社说，那座神社里供奉着他们最尊敬的人的神灵，他是一位武士，真名叫丰臣三郎。丰臣三郎在这里的时候，向渔民们传授了定置网捕鱼的知识。渔民为了感激他，给他修了神社，把他的神灵供奉在了那里。每年5月15日都要祭拜他的神灵，届时神社的神职人员要到场主持仪式。这是笔者来到日本后第一次听到的关于渔民与神灵的故事。早上笔者体验了渔民的收获和辛苦。日本渔民比中国渔民的设备精良，捕鱼的效益高。在回民宿的途中，天空下起了小雨，笔者不得不加快脚步。这时一位老人从山坡上走了下来，笔者特别希望再和渔民聊聊，就问他是不是渔民。老人说自己是渔民，今年（2017年）77岁，叫岩森，于是我们攀谈了起来。岩森老人告诉笔者，他是土生土长的本地人，祖祖辈辈靠打鱼为生。他有两个孩子，一儿一女，儿子和他一起打鱼、养殖裙带菜，女儿结婚嫁到外面了。岩森老人告诉笔者，这个渔村过去有150多户人家，且家家靠打鱼为生，在他的记忆中，他父亲那一代就开始养殖牡蛎了。过去管这里叫部落，有部落长。岩森老人的前妻是小渊浜人，前妻去世以后，岩森老人又娶了一位青森的女人为妻。孩子是前妻生的，岩森老人和现在的妻子没有生育。在这里同村男女结婚的情况不多，女人多是从外地娶的。小渊浜还有著名的观音十一堂，每年都要举行几次法会。以前小渊浜也有舞狮的传统，现在没有人热衷于搞这些活动了。每年的2月11日，在大原浜的三熊野神社或大原生活中心（会馆），村民还会举办御木祭活动。据说举办这种活动是为了家庭安康，渔业丰收，交通安全。该村基本是长子继承家业，村里不少年轻人都在城市工作。岩森老人养殖的裙带菜，每年10月进苗，培育3个多月，到来年2月就可以上市了。除了养殖裙带菜，他还从事乘船渔业，主要是用流速网捕捞比目鱼和螃蟹。地震前这里有很多比目鱼，但螃蟹很少，现在海底干净了，螃蟹也多了起来。小渊浜附近有世界三大渔场之一的金华山渔场，渔业资源丰富。现在是养殖渔业休闲期，是捕鱼的旺季，他用的是流速网，和定置网一样，也是提前放到海里，但是去的地方要比放定置网的地方远，放下的网不是当天就去收，而是过两三天再去收。岩森老人出海时除了和家人一起外，还雇了两位石卷的渔工。他告诉笔者，他家不断有来自日本各地的学生来打工，现在就有一位来自奈良大学地理专业的学生在这里打工。这位奈良大学的学生即将毕业，在这里一边打工，一边写论文。这位学生说，他是经人介绍来到岩森老人这里的，老人是他遇到的最好的老板。大二的时候他第一次来到这里，对这里印象很好，所以这次又来了。我们一起吃了早餐，之后一起去了岩森老人的工作间。到工作间的时候，已经有两个人在工作了。一位打扮得很像西方人的男人告诉笔者，他以前是开大卡车的，去过日本很多地方，还在附近帮人家养过牡蛎。笔者问他，在这里有没有加入渔协获得渔业权、租块海面养殖牡蛎的愿望。他说他现在还是实习阶段。旁边奈良大学的学生插话说在日本即使加入渔协，也不可能马上获得渔业权，加入渔协获得的是准会员资格；准会员3年以后才能获得正式会员的资格；获得正式会员资格以后，再过3年才有可能获得渔业权。这时候，岩森老人插话说，就是获得了渔业权，也不见得就能获得海面的使用权，因为海面是有限的，海面如果已经有人占了，就不可能再得到海面使用权了，除非有人退出养殖业，腾出海面。但是这种情况在这里还从未出现过，这里的渔民都不舍得退出养殖业。尽管海啸给这里的渔民带来了巨大损失，但人们还是不愿意彻底离开这里。这里本来有120多户人家，海啸的时候死了20人，这对有的家庭打击很大。现在还有100多户人家居住在这里，居民大多是渔民。因为小渊浜后面是山，前面是海，没有一块农田，所以渔民自古以来就是靠打鱼为生。岩森老人告诉笔者，他在二三十岁的时候，一直在太阳渔业会社的远洋渔船上当船员，去过非洲、欧洲、北美洲。他说年轻的时候有这种体验很难得，当地大多数老年渔民在远洋渔船上当过船员，现在这里也有一些年轻人在远洋渔船上当船员，但比起从前要少得多了。30岁以后，岩森回到家乡，用挣的钱盖了房，娶了老婆，开始养殖裙带菜，还用流速网打鱼。岩森老人在当地算是富裕的渔民，地震和海啸给他家带来了不小损失，但是没有人员伤亡。我们还谈起了村落的传统祭祀活动。岩森老人说，现在村落的集体活动很难开展，像他这样在地震和海啸中没有什么损失的人家，很少在公众面前露面。地震前这里的渔民贫富差距不大，地震发生后，有的人家至今还住在政府提供的简易房里，这些人心里很不平衡。

2017年8月9日，笔者与后山民宿老板的儿子进行了长谈。之后他带笔者参加了由当地表浜渔协牵线的宫城县渔业共济组合举办的面向本地区牡蛎养殖户的提高生产效益和购买养殖设备保险的介绍会。小渊浜原来一共有18户人家养殖牡蛎，地震以后有2户退出，后来又增加了1户，现在养殖牡蛎的一共有17户，参加会议的有16户。笔者旁听了会议的全过程，会后就有关问题咨询了渔业共济组合的大山科长。

### 3. 海滨随机访谈录

2017年8月15日早上按照事前的约定，后山民宿老板去石卷时顺便把笔者送到了三帆景观酒店。到了酒店以后，笔者整理了一下行李就出发了，走到渡波浜的时候，见到三个年轻人正在搭临时帐篷。笔者过去看了看，其中有一位是笔者以前在这里见过的年轻人，但是笔者和他打招呼的时候，他的表情好像从没有见过笔者似的，搞得笔者很尴尬。正在这时，一位老人从屋里出来，笔者向他做了自我介绍，老人说他现在有事，可以和他的大儿子聊。于是笔者开始和老人的大儿子聊了起来。老人家有三个儿子，大儿子从石卷的石浦水产高中毕业以后，就继承父业，开始养殖紫菜。二儿子从北海道某大学毕业后去了东京，现在在东京的AIT企业工作，住在浅草。三儿子大学毕业后在石卷工作，每天回家住。

笔者和老人的大儿子聊了很长时间，他虽然没有上过大学，但喜欢读书，知道的东西不少。和我聊的时候，他一直滔滔不绝，很有主张。他说他不羡慕别人去东京，不羡慕别人上大学。他认为上大学就是取得了一个"资格"而已，没有什么了不起的，他对自己的选择很满意，认为现在自由自在地工作，不受制于人，很合他的意。我们谈到了日本渔业。他说，在日本从事养殖渔业，只能选一种，也就是如果养殖牡蛎就不能养殖紫菜。虽然他没有说明原因，但笔者猜这可能与使用海面有关。但是从事养殖渔业可以同时兼做乘船渔业。他没有做乘船渔业，原因是他认为现在养殖紫菜就够了，没有必要再出海打鱼。我们还讨论了日本政府的灾后救助。笔者认为日本政府的灾后救助很"资本主义"，救助的对象主要是有产阶级，即救助的对象主要是资产而不是人。他同意笔者的观点，他说灾后的受益者是企业老板。笔者这次来日本真正明白了什么是资本主义。

## 二　湛江沿海地区的休闲渔业

### 1. 乌石的休闲渔业

乌石港附近有养殖渔民，也有专以打鱼为生的渔民，这个地方很适合人类学的渔民研究。这里的天成台度假村闻名遐迩,股东是乌石镇的李姓家族成员。天成台度假村坐落在国家一级渔港乌石港右侧的海滩上,距离国家级历史名城雷州城约 70 公里。天成台度假村创建于 1997 年,总占地面积 600 多亩。度假村还有湿地海洋公园和大型海水养鱼池。现在养鱼池的管理处租给了一位台湾商人。在那里,笔者遇到了天成台度假村的二老板李×和那位台湾商人,并和那位台湾商人进行了交流。这名商人叫王×纶,是台湾××运输有限公司的老板,祖籍为河南,据说他父亲是黄埔军校毕业的,现在河南还有不少亲戚。王×纶现在做的是国际运输行业,即把台湾的商品运到乌石,从乌石口岸入境,再销往全国各地。天成台度假村的老板是他的合作伙伴,即天成台度假村为进口商,台湾××运输有限公司为出口商。乌石镇是一个经济欠发达的地区,能把台商引来,目的是增加税收,这一点王×纶看得很清楚。现在他终于可以把货发到乌石了,可以算是尘埃落定。王×纶对乌石的风俗人情既有肯定的一面,也有批判的一面。他认为这里的老百姓不欺生,不像大陆其他地方的人那样,买东西一听说是外国人、台湾人就涨价,比较实在,这是他认可的。但是,当地的有些行为让他很难接受,比如,有些人在他家不打招呼,就把摆放在桌子上的洋酒拿走了。这些人认为台湾人来这里赚了大钱,拿点东西是应该的。对这一点,王×纶不能接受。所以他说自己不愿意结交与生意无关的朋友,只想安安静静地做自己的生意,为此他选择在这里居住。这里的设施是天成台度假村的,天成台度假村的老板和他是生意上的伙伴,是免费让他居住还是租给他的,笔者不得而知。从王×纶的话语中,可以看出他对天成台度假村的老板还是满意的。王×纶说,他除了做台湾商品生意,还可以做种苗的出口。王×纶认为雷州话和闽南话比较接近,有 50% 的雷州话他能听懂。

(1) 乌石镇黄金海岸大酒店老板的同村村民访谈录

黄金海岸大酒店老板是乌石新沟村的村民,靠出海打鱼挣了钱,在乌石港的黄金地段建了大酒店。酒店外观漂亮,内部设备先进,引人注目。这位老板在当地很有名,说起他无人不知。笔者在见到老板家人之前在酒店遇到一位求老板办事的新沟村村民。于是笔者和他先聊了起来,这人介绍说,新沟村是沿海农村,大多数村民在打鱼,这个酒店的老板刘×是新沟村"做海"做得最大的。建这个酒店就花了上千万元。刘×以前买了两艘大船，现在又买了两艘大船，还养虾。他不是村干部，有4个孩子，现在酒店由刘×的大女儿管理。

（2）乌石黄金海岸酒店老板女儿访谈录

乌石黄金海岸酒店老板是新沟村的村民。笔者这次去乌石就下榻在该酒店，酒店舒适、干净卫生。笔者想直接接触老板刘×，但听说他带领渔工出海打鱼了，于是笔者访谈了他的女儿刘×梅。刘×梅告诉笔者，20世纪80年代，她家里有一艘船，她爷爷领着她父亲三兄弟一起出海打鱼，之后一点一点发展起来了。最高峰的时候，家里有4艘大木船，每艘船需要10多个渔工。之后她父亲独立发展，现在除了经营这家酒店之外，还有2艘大船。她大伯现在不出海打鱼了，专门收购海鲜，然后加工出售，还开了一家海产连锁店，主打珠江三角洲地区，还在互联网上销售，生意很好。笔者问她，你们家族在乌石算是发展很好的吧？她说，也不是，乌石镇有钱人不少，除了打鱼，有不少人是靠走私起家的。刘×梅在家里排行老大，小的时候一直在湛江读书，2013年毕业于广州大学松田学院，学的是会计专业。刘×梅已经结婚，丈夫是梅州的客家人，已定居广州，她现在暂时替父亲打理这家酒店，等她弟弟学成回来接班。她弟弟在广州白云学院学习。我们又谈到了休闲渔业，笔者给她介绍了日本休闲渔业的发展状况，事实上她家已经在发展休闲渔业。笔者鼓励她以后开展海上垂钓业务，她说海上垂钓业务目前风险比较大，需要给客人上保险，否则出了意外担当不起。她说的也是有道理的，要开展这种业务，必须规避各种风险。说到这里，笔者想起了前几天去宁波舟山看到的事情。在舟山渔港码头，就看到过一些游客租船出海打鱼。那里有专门的垂钓渔船租赁公司，客人与公司办好手续后就可以随船出海打鱼，租赁费包括船和驾驶员的费用。目前，在湛江沿海地区没有这样的业务。笔者鼓励刘×梅发展这种业务，她充满顾虑地说这里资源少，离城区也远，不好开展。和刘×梅交谈，笔者对这家人的精明感受颇深。她父亲懂得培养孩子，从小就把她送到湛江读书，之后供她读完了大学，又培养儿子读大学。赚了钱后，还不断创业。盖了酒店以后，不忘老本行，继续出海打鱼，还从事养殖渔业。

（3）乌石船上餐厅女老板访谈录

2016年9月16日在乌石的船上餐厅采访了餐厅的女老板。这位女老板是乌石镇南渔村的村民，父辈都是靠打鱼为生，她现在做餐饮，以前在陆地上开餐馆，干了20多年。2014年花30万元从佛山买回一艘报废的游览船，经过维修和改装，成了一艘不但可以游览还可以做餐饮的船。笔者来过几次，感觉他们的生意不错。女老板告诉笔者，她是疍家，但外人从来不直呼她疍家，都叫她的名字。乌石沿海地区的居民过去都是渔民，疍家和其他渔民没有什么区别，都是出海打鱼。在女老板的记忆中，过去出海打鱼用的是大船，20多个人一起出海，2个女人做饭。她说本地有四座庙——靖海宫、天后宫、百福宫、尼姑庙。过去渔民一般出海前都是去靖海宫拜神，现在没有人去了。

### 2. 企水的休闲渔业

企水镇农业科李科长告诉笔者，企水镇主要的财政收入来源还是农业，但渔业所占的比重也不小。镇政府也考虑过开发海岛旅游业，但由于岛民在土地所有权认定方面有分歧，不能形成统一的意见，所以开发海岛的计划被搁置了。赤豆寮岛位于企水港以西，与企水港隔海相望，相距近500米，面积73公顷（除娘子墩以外）。赤豆寮岛以其独特的地理位置受到企水港居民的喜爱。岛内有银白色的沙滩，还有2000多米长的海湾，形成了天然的海上游泳场。多年来，企水港居民以及其他地方的青年非常喜欢到岛上游泳或谈情说爱，特别是农历八月十五日的晚上，不少地方的青年男女都成双成对地云集到岛上欢度节日。因此，该岛也被称为"爱情岛"。

### 3. 江洪的休闲渔业

（1）渔民调查日志

2016年3月23日，笔者驱车来到距离湛江市90多公里的海边小镇——江洪，这里的渔港比较大，各类渔船都有。笔者首先来到镇政府，党政办主任杨×迅接待了笔者。杨×迅是广东海洋大学的毕业生，以前在南海石油公司工作，后来到这里工作，家在湛江霞山。他听说笔者是广东海洋大学的教授，接待笔者特别热情，给笔者提供了江洪镇的渔业资料，并陪笔者去了江洪渔政中队。管资料的同志不在，虽然没有得到需要的资料，但笔者还是被他的热情感动。之后笔者遇到了当地的余家兄弟，老大余×现在经营着一家酒店，集餐饮、住宿于一体，酒店主要由余×的儿子和老婆管理。老二余×威经营一家虾苗基地。据说他养殖的虾苗在湛江很有名，虾苗除了在湛江本地销售之外，还销售到广西北海、海南等地。老三没有见到，据说出海打鱼去了。余家兄弟的渔船是大船，老三是船长。这个家族在当地是有实力的家族，雄心勃勃。他们很羡慕乌石的李家，希望把仙裙岛建成像乌石的天成台度假村那样的旅游区。现在岛上的项目也不少，有包船出海垂钓、渔民生活体验、湾岛踏浪海游、篝火烧烤野餐、生态海岛露营等。余家兄弟是现代渔民的代表。江洪渔港岸边有几家小旅馆，而笔者投宿的旅馆老板姓周，也是渔民。老周家和其他村民合股买了大船，船由其他股东当船长，带人一起出海，老周家没人出海，只等分红。老周家的小旅馆一共四层，一层为服务台，二层为老周和儿子的家，三层和四层是旅馆。老周家还有一个小造船厂，所谓的造船厂就是在镇子边上租一块地，用砖头围了一个小院，搭了一个可以避雨的大棚，大棚就是造船的车间，工人都是本镇人，男工是技术员，女工主要负责在玻璃钢渔船架子上涂抹玻璃钢胶和纱条。造船厂设备很简陋，没有什么像样的设备，院子里有几艘船已经快要完工，有几艘船还在制造中，有的船外观还比较好看。老周讲，他家的船厂开业不久，接的订单主要是本地的，希望以后不断扩大业务。这家人是从事多种经营的渔民。看得出本地的渔民思想比较先进。

江洪港有不少外来人口，笔者一到此地就遇到了一对男女顶着烈日，在做渔网上的尼龙绳。据那个男人讲，女人是他的嫂子。他老家在重庆，早年离家来这里打工，之后他哥嫂也来到这里。十多年前，他下岗后也来到了这里。他们主要为渔民提供服务，制作和销售渔网上的缆绳。这里还有不少湖南人、河南人、广西人，他们当中不少人是抓海螺的，有人帮助当地人做网箱养鱼，也有出海打鱼的人。

笔者遇到的几位湖南人就是打鱼的。他们是最先来到这里的外地人，买了当地人的船，雇了几个老乡一起出海打鱼。他们讲他们打鱼的地点不固定，哪里有鱼就去哪里，他们来得久了对附近的海况和鱼汛都很清楚。他们在湖南的老家还有地，妻儿在老家那边，家里的地由妻子和老人种。船主年纪不大，也就三十五六岁，但从小外出打工，去过东北、海南、珠江三角洲。其他两位都是50多岁，他们看上去很乐观、很知足。笔者还遇到两位河南人，他们也是农民，在这里给渔排老板打工，帮助养鱼。他们来这里也很久了，因为没有其他技术，只会养鱼。看上去也很知足。他们讲，像他们这样的人去哪里都是给人打工，他们没有什么技能，只能干粗活，对于养鱼他们很适应。笔者问他们，你们是外地人，来到这里没有被人欺负过吗？他们说，现在是开放社会了，大家都彼此比较客气，没有受人欺负的感觉，大家都能和睦相处。在江洪港，还有不少广西人和贵州人在抓海螺。笔者只见到他们在卸海螺，他们开着小船把抓的海螺运到岸边，把海螺卖给收海螺的鱼贩子。据说抓海螺很挣钱，但危险性大、对身体有伤害，因此当地人不去抓海螺，抓海螺的都是外地人，其中广西人、贵州人居多。这些人的船是从当地人那里买的或者租用的。遂溪县的各个渔港都有外地人在抓海螺。

江洪港给人的印象是外地人多，渔民的类型多，有纯渔民，有半农半渔的渔民，有其他地区的农民来此地从事渔业生产的渔民，这里还没有发现传统的渔民——疍家。

（2）江洪镇余×威访谈录

余×威从1999年开始养殖虾苗，一直干到现在。虾苗除了在湛江本地销售外，还销售到海南和广西。余家的祖辈不是打鱼的，而是种地的农民。从余×威这辈开始做海产品生意，还养殖虾苗。除此之外，余家还经营了餐饮业和旅游业。旅游业刚刚开始做，他们准备把旅游业经营成像乌石的天成台度假村那样。江洪镇这里也有一座岛屿，这座岛屿当地人起名为览仙台。余家兄弟一起经营了不少项目，有的经营旅游业，有的出海打鱼，而余×威养殖虾苗。江洪镇有很多人是打鱼的，但这些打鱼的人不住在船上，住在岸上，所以不是疍民，他们没有住在船上的习惯。疍民一般说"白话"，这里的渔民说"雷（州）话"。这里也有住在船上的渔民，但他们不是本地人。多数是广西北海那边的"华侨仔"，他们把渔船停靠在江洪渔港，住在船上。这里打鱼的人80%以上是本地人，外地人很少。抓海螺的基本是广西人，这些人在岸上租了房子，把家安在这里，租船出海抓海螺。抓海螺能挣很多钱，他们早上出海，傍晚回来，一天一人平均能挣1000元。尽管这样，本地人也不做，本地人觉得抓海螺要潜入海十几米深，很危险，潜入水中对身体也不好，而且很辛苦，所以当地人不下海抓螺，这就给外地人留下了机会。有一些浙江人在这里租鱼塘养虾。还有些外地人受雇于本地的船主，和船主一起出海打鱼，这些人中有些是河南人，还有一些是湖南人。笔者问，这么多人抓海螺，就不会把海螺抓完吗？余×威笑着回答说，你知道海水有多深吗？你知道天有多高吗？海螺怎么会抓完呢？只有减少而没有抓完的时候，现在有人说鱼都被打光了，海螺都被抓光了，是说现在打鱼不划算了，挣不了什么钱而已。余×威经营餐饮业和旅游业是从 2015 年开始的。过去广东海洋大学的老师经常带学生来这里实习，寒暑假也有一些大学生来这里画画。广东海洋大学的吴琴瑟老师就带学生来过这里。余×威兄弟姐妹 7 人，他排行老六，兄弟姐妹都在本地，父亲已去世，母亲还健在。余×威从 20 世纪 90 年代开始养虾苗，他是当时养虾苗的人中最年轻的，是养虾苗的成功者。他说，现在养虾苗也不容易，竞争很激烈。东海岛过去养虾苗的人很多，很出名，现在由于建了钢铁厂，人们都担心水质会影响养虾苗，所以纷纷撤离了东海岛。现在徐闻县虾苗比较好，外罗镇也有养虾苗的。

关于乡村旅游的内涵，李明锋、李成瑞在《关于乡村旅游中旅游渔业问题的初步研究》中认为，"乡村旅游以农民家庭和旅游小企业为基本的接待和经营单位，以自然生态环境、现代农业文明、浓郁民俗风情、淳朴乡土文化为载体，以利用农村的环境资源、农民生活劳动为特色，以营利为目的，集餐饮、住宿、游览、参与、体验、娱乐、购物等于一身，舒适惬意，陶冶情操，这是一种综合性的新的休闲度假旅游形态和活动方式。"① 关于如何发展中国的乡村旅游，孙久霞教授认为，"新时代的乡村振兴要求关注乡村多维度的发展，强调乡村的在地化发展，在发展空间上，实现乡村生产要素的在地集聚；在发展意志上，实现乡村自愿且有能力地自主发展，改变纯粹依赖国家意志推动的外部动员式发展。"② 彭兆荣认为，"在寻找和重新建构中国的乡土景观时，有一个重要的前提：必须厘清中西方历史价值观所赋予的各类景观，回归乡土，找回自己。中国的村落相比西方具有特殊性，是'乡'和'土'的结合，必须转变乡村代表落后，城市代表进步的价值观，探求中国具有'本土'特色的大众发展模式。"③

---

① 李明锋、李成瑞：《关于乡村旅游中旅游渔业问题的初步研究》，《现代渔业信息》2008 年第 8 期。
② 孙久霞：《新时代的旅游与乡村振兴》，逸仙旅研，2018 年 6 月 12 日。
③ 彭兆荣：《重回乡土，找回老家》，逸仙旅研，2018 年 6 月 12 日。

乡村旅游的受益者主要是乡村旅游的经营者。笔者考察的湛江地区的所谓乡村旅游，其经营者可以说是观光地的本地人，但并不都是地道的农民或者渔民，他们一般不是靠渔业起家。在乌石和企水，所谓乡村旅游经营者，其资金积累一般是靠商业，包括早期异地倒卖商品，之后经营乡村旅游基本是一种商业模式的转变。即便是乌石、硇洲有所谓的"疍家渔排"，经营业主也并不是疍家。这和笔者考察的日本石卷地区不同，日本的乡村旅游经营者多数是地道的渔民，他们的资金来源最初是渔业，有了一定积累以后，贷一些款，经营的是民宿，基本是日本传统的延续。目前中国湛江沿海地区的乡村旅游的真正受益者不完全是当地渔民。因此笔者认为，中国政府应该加大对当地渔民发展乡村旅游的扶持力度，湛江沿海地区有大量的乡村旅游资源，疍家渔民的传统就是渔民的传统文化资源，开发利用其资源既有利于渔民个人也有利于国家。国家在沿海地区实施转产转业，转产转业的前提是开拓就业渠道，开发乡村旅游可以解决渔民就业的问题，而疍家文化资源的开发还有益于疍家族群的延续。

**乌石的疍家渔排**

# 第八章 社会转型期的"疍民"族群

笔者在湛江海洋各地采访的渔民，多数是疍家渔民，且年龄偏高，都经历了疍家渔民的辉煌时期。从20世纪50年代开始，国家关心疍家渔民的生存状况，组织他们成立了渔业大队，到60年代为他们围海造地，让他们集体搬迁到陆上居住，疍家渔民的大多数从此过上了定居的生活。硇洲岛疍家，不仅住上了岸上宽敞明亮的房子，红卫渔业大队还曾经是硇洲岛赫赫有名的富裕大队，集体经济繁荣，有自己的远洋渔船，有自己的渔船修理厂，还有自己子弟的小学，这是疍家历史上从来没有过的事情。疍家过去有自己的文化传统，但由于过去生存条件差，有些文化传统难以集体展演。渔业大队成立以后，国家把疍家渔民整合成了一个"命运共同体""文化共同体""经济共同体"，那时候虽然在官方文件中删除疍民或疍家的字眼，但在疍家人的心目中，在别人的眼里他们还是疍家，但他们已经不是过去的疍家了，他们的日子过得比硇洲岛的农民好得多。当时只允许渔民出海打鱼，而硇洲岛的渔民绝大部分是疍家，疍家成为人们羡慕的对象，直到20世纪80年代后期疍家渔民的生活都比一般农民好。80年代后期，渔业大队开始实行承包制，把集体渔船承包给了渔民。渔民与市民一样经历了类似城市中的工人下岗另谋职业；农村实行土地承包制，部分渔民成为渔船的承租者，部分渔民成为为有船人打工的渔工。由于当时没有实行禁渔期制度，渔民过度捕捞、违法捕捞的现象严重，导致近海渔业资源衰退。"广东省海洋捕捞量呈不断下降趋势：从1999年的194.5157万吨下降到了2005年的172.0459万吨；海洋捕捞每千瓦的产量从1999年的

0.8680 吨降到了 2005 年的 0.7588 吨。近海渔业资源的衰退和生产成本的上升，渔船经济效益不断下降，部分渔民转产转业迫在眉睫。"① 在此背景下，部分渔民转产转业。但由于渔民受教育程度低，"渔民年龄结构老龄化的趋势，给渔民转产转业、寻找新的就业门路增加了困难。……渔民退出捕捞行业沉淀成本高。这也是广大渔民不愿转产转业的重要原因。渔民社会保障问题突出。如果没有建立完善的社会保障体系，落实国家渔民转产政策将有很大困难。"② 笔者 2015 年开始在湛江的沿海地区做人类学的调查，调查发现其中指出的问题在现实中都已显现。湛江沿海地区的渔民多数为疍家渔民，可以说疍家渔民经历的变迁，比其他族群更有戏剧性。

疍民是历史悠久的族群。对疍民的研究，一直备受历代政府重视。宋代周去非的《岭外代答》、明代郭棐的《粤大记》、清代张梁的《粤东闻见录》、清代范瑞的《粤中见闻》、清代屈大均的《广东新语》都对疍民做了深入的研究。在先人研究的基础上，民国时期罗香林的《唐代蜑族考》《百越源流与文化》，陈序经的《疍民的研究》推进了对疍民的研究。当代学者对疍民的研究，呈现百花齐放的局面。张寿祺（香港）的《疍家人》，吴建新的《广东疍民历史源流初探》，黄新美的《珠江口水上居民（疍家）种族现状的研究》，叶显恩的《明清广东疍民的生活习俗与地缘关系》，广东省民族研究所编的《广东疍民社会调查》，萧凤霞、刘志伟的《宗族、市场、盗寇与疍民——明以后珠江三角洲的族群与社会》，尹玲玲的《明清长江中下游渔业经济研究》，黄向春的《从疍民研究看中国民族史与族群研究的百年探索》，安乐博的《南洋风云：活跃在海上的海盗、英雄、商人》，徐杰舜、韦小鹏的《疍民：创造水上文明的族群》，林有能、吴志良、胡波主编的《疍民文化研究——疍民文化学术研讨会论文集》，可儿弘明的《香港的水上居民——中国社会史的断面》都极大地丰富了疍民研究的成果。如今，学界对疍民的研究仍然热情不减，每位研究者都以其各自的学术追求，去诠释对疍民的理解。综观疍民研究，虽然成果不少，但多是重复对疍民族源的考证以及对其特殊性的论述，很少有学者关注疍民的当下生存状况以及未来走向。广东是疍民的主要聚集地。疍

---

① 居占杰、郑方兵：《广东省渔民转产转业问题的思考》，《改革与战略》2010 年第 1 期。
② 居占杰、郑方兵：《广东省渔民转产转业问题的思考》，《改革与战略》2010 年第 1 期。

民分淡水疍民和咸水疍民,居住在河流及入海口的疍民为淡水疍民,居住在沿海地区的疍民为咸水疍民。咸水疍民在粤西地区也大量存在,但鲜为人知,之所以如此,和历史上对疍家分布的认识有关。陈序经在其《疍民的研究》中写道:"广东的疍民的地理分布,大概可以分为三个方面来叙述。第一是珠江流域。第二是沿海一带。第三是韩江流域。珠江流域的范围很广。若以广州为中心,则西有西江,东有东江,南出海而到香港、澳门的大江,北有北江。在一定的区域里,疍民最多的地方是番禺、南海、三水、顺德、香山、新会、东莞各系的珠江的主流及支流。我们差不多可以说,在这些地方,凡是有河流小溪之处,都可以看到疍民的踪迹。"① "根据尹玲玲对明代广东地区渔业分布的研究,明代在广东设立了众多河泊所,其中广州府多达8所,廉州府、雷州府各仅2至3所。其他各府分别为4至5所。雷州府有海康、遂溪、徐闻等所;高州府有曲江、英德、翁源、仁化、乐昌等所。但有疍民分布而没有设立河泊所的地区也有不少,如惠州府之海丰、河源、龙川等县属其列。"② "清代,无论咸水疍还是淡水疍,他们的分布和活动,都较多地记录在历史文献,或进入文人视野。在粤西地区,疍民主要分布在西江水系和雷州一带。"③ "又据20世纪50年代的调查,阳江沿海一带的咸水疍民是从珠江三角洲的内河和海面迁来。操广州话,并保存珠江三角洲一些风俗习惯,受阳江当地的文化影响较少,组成一个相对独立的江海族群。粤东汕尾一带,包括海陆丰、惠州沿海,一部分是讲广州话的疍民,主要来自中山、湛江硇洲岛、阳江、番禺、顺德、宝安、香港、澳门等,几乎全部住在钓鱼艇、小艇和索罟船上,极少与陆地居民混居,且大部分疍民自己聚居在一起。"④ 可见,疍民在粤西的历史同样悠久,只是被较少关注而已。近年来,香港学者贺喜开始进入粤西地区的疍民社会,运用费里德曼的华南宗族研究范式,关注了疍民上岸以后的文化变迁问题,但对疍民的甄别存在明显的纰漏。另外,

---

① 陈序经:《疍民的研究》,上海书店,1936,第56页。
② 张晓辉:《关于广东疍民问题的几点见解》,载林有能、吴志良、胡波主编《疍民文化研究——疍民文化学术研讨会论文集》,香港出版社,2012,第57~58页。
③ 张晓辉:《关于广东疍民问题的几点见解》,载林有能、吴志良、胡波主编《疍民文化研究——疍民文化学术研讨会论文集》,香港出版社,2012,第58~59页。
④ 司徒尚纪:《岭南疍民风俗文化及其历史根源》,载林有能、吴志良、胡波主编《疍民文化研究——疍民文化学术研讨会论文集》,香港出版社,2012,第64页。

广东技术师范学院李晓霞的硕士学位论文《雷州市企水镇疍民群体的社会文化变迁调查研究》也是一篇涉及粤西疍民的研究论文，该论文属于族群中的文化模式研究。2015年笔者成功地申报了国家社会科学基金项目"转型期的南海海域渔民社会的比较研究"，有机会深入湛江沿海地区的渔民社会，广泛接触了疍民社会，发现在湛江沿海地区的企水镇、乌石镇、外罗镇、硇洲岛有大量疍民存在。但对于他们的研究，目前为止还不多见。笔者进入湛江沿海地区的疍民社会以后，感受到了疍民自我认同的困惑。笔者将以此为切入点，研究疍民的生存状况以及发展诉求，希望通过对疍民的研究，能唤起社会对疍民的重视，疍民对自身传统的重视，由此体现对疍民社会发展的学术关怀。

湛江市地处雷州半岛，三面临海，海洋资源丰富。海域总面积2万多平方公里，10米等深线内浅海滩涂面积48.92公顷，港湾101处。海岸线长达1243.7公里，占广东省海岸线的30.2%，居广东省各市首位，占全国的7%，位居全国地级市第一。湛江市沿海大小岛屿134个，岛岸线长约779.9公里，排广东省第三位，其中有居民岛屿12个，无居民岛屿122个。笔者选取了居住在遂溪县企水镇渔港码头、雷州市乌石镇乌石渔港码头、徐闻县外罗渔港码头、湛江市开发区硇洲岛渔港码头附近的渔民为研究对象。在我国，渔民指以捕鱼为业的人。"在法律上目前没有渔民的正式概念，《渔业法》《海域使用管理法》都没有明确渔民权益主体。在渔业科学研究和法制实践中，存在广义和狭义两个不同概念。广义渔民概念主要指农业部2002年颁布的《渔业捕捞许可管理规定》第2条的规定。根据该规定，中国的公民、法人和其他组织从事渔业捕捞活动，以及外国人在中国管辖海域从事渔业捕捞活动，都是法律意义的渔民。渔业法制与管理的研究中，事实上学者的渔民概念不是上面的广义概念，而是一个狭义的概念，就是传统渔民的概念。这个概念下的渔民首先是自然人，其次是户籍为农民或者没有户籍，有些人居住地甚至是水上。"[1] 根据上述对渔民的界定，笔者认为，在田野中的沿海渔民可以包括纯渔民、半农半渔的渔民、渔业从业渔民、"三无"渔船[2]渔民。经调查，上述4个码头的纯渔民可以指世代以

---

[1] 魏德才：《渔民与南海：我国南海渔民权益保护研究》，法律出版社，2013，第1~2页。
[2] "三无"渔船指渔船没有喷涂船舷号，不能提供船舶户口簿和船民证的渔船，即无船名号、无船籍港、无船舶证书的渔船。

打鱼为生的渔民，户籍身份为非农业人口，经确认多数为疍民；半农半渔的渔民是指居住在海边附近的、户籍为农民身份的、有自家土地的农民；渔业从业渔民可以指那些受雇于养殖业主或大船船主的渔工，这部分人中包括失去渔船的传统渔民和渔业打工者，渔业打工者多为外省人；"三无"渔船渔民，在沿海地区大量存在，其中，既有沿海地区的本地人，也有外省人。本文的研究对象是传统意义上的渔民，即纯渔民，多数为疍民。

## 一 企水的疍民

(1) 疍民冯×海访谈录

企水港百闻不如一见，渔港之大令人吃惊。笔者看到这里停靠的渔船有本地的，也有廉江的。来到企水，笔者首先接触的是冯×海，他是土生土长的疍家渔民。他告诉笔者，算上他这辈，他家已经有五代人在这里生活了。祖辈一直以打鱼为生，冯×海小时候是在渔船上度过的，现在他父亲已经去世，母亲和他住在一起。他有三个孩子，两个是男孩，现在都靠打鱼为生。为什么叫企水镇？"企水"是疍家话"踩水"的意思，这里的渔民都是踩着海水生活的。冯×海告诉笔者，现在是抓蟹的最好时节。每年的1月到2月，这里是抓"冬蟹"的季节，这个季节只要一涨潮，就会把蟹带到浅海；退潮的时候，蟹就会浮出水面。渔民一涨潮就出海，在海上等着退潮，一退潮就开船迎着潮水捕蟹。一般出海的时间都在凌晨，渔民熟悉潮起潮落的时间，一起潮，风雨无阻，马上出海。现在"冬蟹"价格很贵，运气好的话，一个月，能挣几万元，所以这个时候渔民都很忙。这里有一种船体上挂满灯的渔船，就是抓鱿鱼的船。鱿鱼喜欢亮光，船开到有鱿鱼的地方，打开灯，鱿鱼就会聚集过来。渔民只要把准备好的渔网撒下去，就能捕到鱿鱼，现在鱿鱼少了。冯×海说他小时候没有这样的机帆船，都是划桨小船，那时他和父亲划着小船出海打鱼，最远的地方去过海口。现在他家已经不是真正的渔民了，十几年前，他家里还有一艘比较大的渔船。他和老婆一起出海打鱼，那时候鱼好打，靠打鱼家里的日子过得还可以。后来把渔船卖了，退出了渔民行列，从政府那里得到20万元的补助。冯×海本想用这20万元做点别的生意，但是什么都没有干成，很快就把钱花光了,不得已,现在他和孩子只能靠小船出海打鱼为生。按规定,再小的渔船,只要是用渔网捕鱼,都需要许可证。冯×海已经退出了渔民行列,政府没有给他发许可证,现在他属于无证出海打鱼。他告诉笔者,他打鱼的地方离海岸不远,打的都是小鱼,所以渔政部门不在意他。除了靠小船打鱼之外,他还给大船的船主打工,因为他的小船没有注册,不能享受国家的渔业补贴,即燃油补贴。他家没有政府的渔业补贴,只能靠自己,不过看他的样子,生活还是过得去。他告知笔者,20世纪70年代,也就是人民公社时代,企水镇渔村有很多大渔船,渔民一起出海打鱼,和农民一样挣工分。现在的渔船都是渔民自己的,没有太大的渔船,大多数渔民还是靠出海打鱼为生,也有一小部分人搞网箱养鱼。说到网箱养鱼,在这里,大多数是镇里的居民和一些外地人在搞。这里的渔民基本是过去的疍民,几代人在这里打鱼。笔者问冯×海,是否知道自己的祖先是从哪里来的?他只知道自己的太爷爷那辈人就在这里靠打鱼为生,至于祖先是从哪里来的,他也不清楚。直到20世纪50年代,这里的渔民还住在渔船上,后来国家给他们在陆地上安排了住所。从此,渔民开始上岸了。这里的渔民主要姓王、黄、张。过去这里的婚姻都是疍民相互通婚,疍民懂疍民,互相了解。说到这个问题时,凑过来一位60多岁姓沈的妇女。她说,1949年前土地都是个人的,渔民没有土地,不可能上岸,以船为家也是没有办法的办法。她的父母也是打鱼的疍民,她从小也是在船上长大的。在她小的时候,爷爷出海打鱼遇难。从此以后,她家就再也不出海打鱼了。据说在这里像她家的还有几家,他们认为海给家人带来了灾难,海是不吉利的,不能再出海。她的两个弟弟都没有出过海,都从事其他职业。她嫁人以后,夫家也不出海打鱼,只是做些岸上的工作。笔者与冯×海交谈的时候,不时有渔民路过,他们好奇地看着我们。一位年轻的渔民对笔者说,现在的渔民很辛苦,渔民有很多地方要花钱,比不上农民,农民不用缴土地税,渔民要缴很多税。笔者去镇里了解情况的时候,遇到了杨镇长,当笔者提到希望了解一些本地疍民的情况时,他听了以后似乎有点吃惊,反问道:"你说的是渔民吧?"笔者这才明白,似乎在官方语境中已经没有"疍民"一词了,疍家就是渔民。

(2)渔业管区主任杨×松访谈录

杨×松是企水镇唯一的渔业管区的主任,疍民。渔业管区就是过去的渔业公社。他告诉笔者，企水镇人口 5 万多人，渔民 6500 多人，多出海捕鱼，有少数人搞养殖，还有不少人去珠江三角洲打工。企水渔港是粤西最大的渔港，有良好的避风港。这里的渔民就是人们说的疍民，疍民过去被称为"疍家佬"。他讲，这里的疍民都是过去从阳江、珠江三角洲甚至香港一路划船、捕鱼过来的，哪里有鱼就去哪里，没有固定居所，都住在船上，走到哪里就住在哪里，有点像草原上的牧人，赶着牲畜逐水草而居。当时，渔船都是帆船，能去的地方有限，一般沿着海岸前行。他们顺着海岸南下，有的在东海岛镇的硇洲岛，有的继续南下，到了徐闻的外罗，有的到了徐闻的角尾，有的到了乌石，还有的到了这里。这些疍民应该是一个民系，很多是亲戚。一直到 1949 年前，疍民都住在渔船上，20 世纪 50 年代开始上岸。现在也有渔民住在船上，不过一般在岸上有房子，有时候去住。

过去，疍民的孩子很少上学，现在疍民的孩子都上学。说到现在的渔民，杨×松认为，国家对他们关注得不够，广东省政府出资改造湛江的六个渔港，不应该没有企水渔港。他讲，本村有几户渔民合伙买了几百吨的大渔船，因为企水渔港水深不够，渔船不能靠岸，渔船不得不停靠在广西的北海渔港和海南岛的渔港。本地的大船不能停靠到本地的渔港，减少了收益，带动不了渔港的渔业加工业的发展，无法形成大的鱼市，没有外地客户来这里买鱼，大船的附加值没有体现，没有形成大船带来的产业链，没有因此而增加就业人数。杨×松不愧是干部，想的问题比较长远。他特别希望政府多关注渔民社会。

（3）企水渔政中队叶×伟访谈录

叶×伟 1953 年生人，疍民，之前在企水镇渔业村委会上班，现在是企水渔政中队的指导员。他告诉笔者，他在编撰自家的族谱。习惯上，疍家没有族谱，历史上疍家漂泊在海上，居住在船上，没有留下什么可供考据的文献资料，所以叶×伟的工作无疑很有意义。他已经收集了大量资料，可以把本家的家族史追溯到六七代前。他已经弄清，他的祖先来自福建莆田。他向笔者描绘了收集资料的艰辛。为了收集资料，他去过海南，去过广西的北海，去过湛江的邻近镇。他告诉笔者，他写家谱已经 10 年了，他写家谱，就是希望开个先头，打个基础，培养下一代，让他们把家谱一代一代地传下去。笔者问他，怎么才能把几代前的族人家庭情况搞清楚呢？

他说，收集资料是很难的事情，向有关人员询问一些问题，总是一问三不知，令人垂头丧气。他去广西拜访过百岁老人，从老人口里得到了一些有价值的信息。叶×伟在家谱开头写道："国有史，家有谱，有史有谱，方知源流。"他说企水镇的叶家人一共有200多人。他有两个儿子，都上过大

**笔者与叶×伟**

学，一个在深圳工作，一个在湛江工作，平时很少回来，只在逢年过节的时候，特别是清明的时候一定回来祭祖。叶×伟以前在企水镇渔业村委会做文书工作，几年前调到渔政中队，继续做文书工作。叶×伟高中毕业，毕业的时候本来可以考大学，正好那时有个就业的机会，加上他母亲的身体也不好，于是就参加工作，照顾母亲。后来，他开始自学，现在的水平不亚于大学毕业生。他家现在没有渔船，没有人打鱼，但家族中的大多数人还是以打鱼为生。叶×伟说："疍家出去工作的人不少，在本地当公务员的目前只有我一个。家族中最早当公务员的是我叔叔，他以前是老师，他是当时疍家人中最有文化的。我是第二代。现在的第三代上大学就多了，我的两个儿子都上过大学。但他们都不太清楚我们疍家的历史。儿子讲过，上大学的时候，有人管他叫'疍家佬'，他很生气，为此还和同学吵了起来，他很反感被人叫'疍家佬'。现在的年轻人不知道疍家的来历。我的祖先是从福建莆田来的，他们翻山越岭，漂洋过海，最后来到了企水。我从十年前开始写家谱，现在已经写了很多，再过十年我写的族谱就可以打印了，但族谱是私事不能公开，只能传给后人。"

## 二　乌石的疍民

（1）乌石镇镇南渔业村委会主任石×珊访谈录

乌石港名不虚传，一进入港湾，大小船只尽收眼底。疍家渔排的宣传

广告格外引人注意,直觉告诉笔者,这里就是笔者要找的"渔民社会"。笔者在乌石镇镇南渔业村委会和主任石×珊进行了长时间交谈。石×珊将近60岁,疍家,历任村里几届村支书,从1988年起一直当选为雷州市人大代表。石×珊快人快语,一见面,她就讲起她的苦衷。她说,渔民以海为家,渔民离不开海,渔民世世代代靠打鱼为生,渔民没有其他手艺,只能打鱼。从2002年上半年开始,也就是中国和越南在海上划界以后,北部湾的渔场面积减少。中央派人做了调研之后,决定减少渔民数量,鼓励渔民转产转业。石×珊当时积极响应党的号召,动员渔民转产转业。因为她在群众中很有威信,大家纷纷响应,大批渔民转了产,但是她现在后悔当初鼓动渔民转产了。渔民世世代代以海为生,离开海,一事无成,上岸做生意不如岸上人,做生意也挣不了钱。疍民是纯渔民,与半农半渔不同,在岸上没有地,上岸没有退路。当初说渔民上岸,政府可以给渔民提供生活最低保障费,但是至今没有落实,渔民没有土地,又没有渔船,只能给人打工。这里的很多年轻人外出打工了,有的去上海,有的去广州和中山。打工者中有干得好的,也有出事的。有的在外面买了房子,不回来了。现在国家鼓励造大船,50岁以上的人愿意造船,但年轻人缺乏热情。造大船,国家补贴一半,个人或集体出一半。造大船不是增加船舶的数量,而是对已有旧船进行改造,废弃已有的大木船,造可以到远洋和深海作业的铁船,马力不够的船,两条船合造一艘大船。国家鼓励渔民去公海打鱼。在外罗镇造船厂门前,笔者看到过徐闻县海洋渔业局的宣传广告,写着"造大船,出远海,捕大鱼,赚大钱",极具诱惑力。个人造不起大船的话,国家鼓励集体入股,造大船。石×珊说,现在入股和过去不一样,过去一号召大家立刻响应,现在的年轻人有自己的想法,很难形成统一意见,不愿意承担任何风险。她前一年成立了深海合作社,很快得到了湛江市和雷州市两级政府的支持。她还带年轻人去北海港、博贺港、企水港参观学习。回来以后,大家同意造两艘可以到远洋和深海作业的大船。为此,石×珊到雷州找来了国家支持造大船的相关文件,来说服大家,告诉他们造大船不需要个人出钱,国家会投资扶持的。石×珊去湛江参加过相关会议,会议上,湛江市海洋渔业局的杨局长详细介绍了国家的渔业政策。回来后她把会议精神传达给渔民,告诉他们造大船的好处。但他们根本不听,在石×珊去广州出差的时候,以每千瓦6500元的价格,把已有的两艘大船（旧的）卖了。石×珊知道以后，很生气，但又无可奈何。她甚至都不想再当书记，觉得太窝囊了。

乌石港是广东省一级渔港，第一期工程已经完工，第二期国家中心渔港建设还没启动。石×珊认为有船就应该有港，有港就应该有船，建设国家中心渔港就应该有更多的船。国家号召渔民转产，湛江市政府让转产的渔民从事海产品养殖，但年轻人不愿意做这些，纷纷外出打工。现在又要恢复渔业，但年轻人不愿意出海打鱼了。石×珊讲，现在国家有两种户口，一种是农业户口，另一种是非农业户口。渔民转业以后就成了非农业户口，非农业户口不能享受国家对农户的特殊政策。现在这里是渔业村委会而不是一般的居民委员会，说明村民不是一般的居民，但是又把村民的户籍归类到非农业户口，这不是自相矛盾吗？村民的身份含糊不清，村民的孩子要想享受农业户口的特殊待遇，必须到所在派出所出具渔民的证明。

乌石镇镇南渔业村是个有着光荣传统的渔村，早在20世纪50年代这里就是闻名遐迩的渔村。他们的先辈在广东率先把帆船改造成机帆船，这里的渔民曾经是全国为数不多的纯渔民。1958年这个渔业村获得过周恩来

**乌石镇镇南渔业村的获奖照片**

总理签名的奖状。石×珊说，过去茂名的博贺港、硇洲港不如乌石港，现在它们都发展得很好。博贺港20世纪80年代开始超过乌石港，现在乌石港和博贺港是天壤之别，博贺港发展大渔船，乌石港这里还是小渔船。湛

江廉江和遂溪的渔业发展得不错，雷州不行。企水港过去也不行，最近造了两条大船，船主是一对夫妻，男方是本地人，女方是北海华侨镇的人，用企水港的指标造的船。看得出石×珊很羡慕企水港，企水港能造大船，乌石港做不到，她十分痛心。石×珊说，尽管造不了大船，她还是很关心国家的渔业政策，去外地发现什么好经验总要介绍给渔民。她说来说去，最痛心的是渔民把两艘大船卖掉的事情。她一再说，卖了大船对他们的损失太大了，如果有大船，还可以解决渔民的就业问题，一般一艘大船最少有 10 名船工。另外，有大船，村委会也会有收入。除了可以增加村委会工作人员的收入之外，还可以得到大船的补助，这样村委会开展一些活动就很方便。过去村委会一般工作人员仅拿几百元的国家农业补贴，现在提高到了 1300 元，石×珊是书记兼主任，能拿 1700 元，没有其他收入。这点补助无济于事，如果一家人靠此生活，还不如低保家庭。另外，没有了渔船，就没有了管理的对象，村委会只是徒有虚名。石×珊对自己过去积极鼓动渔民转产，以及没能制止渔民把大船卖掉而后悔不已。现在国家开始反思过去的渔业政策，鼓励渔民组织起来造大船。按照国家的精神，如今也是发展渔业的一个机会。

笔者了解到，在湛江各地，北部湾沿海特别是雷州地区的渔民转产相对比较多，他们没有了自己的渔船，又没有其他技能，只能给其他地方的大船打工。他们非常渴望有自己的船，他们甚至建议国家取消对渔船的燃油补贴，把这部分钱用在组建渔业合作社上，建造大船，让更多的渔民重返渔业，享受到出海打鱼的实惠。在笔者看来，现在是一个机会，但渔民乃至渔业村委会如何把握是个问题。笔者认为，首先要获得各级政府的支持，发展的目标是使渔民富裕起来，这是问题的关键。笔者历来认为，实现现代化的目的是提高人民的生活水平，发展渔业除了满足人民对海产品的需要之外，使渔民富裕起来也是重要的内容之一。使渔民富裕起来是一个内涵丰富的概念，必须在保护好渔民文化传统的基础上发展，必须在保障渔民基本生活水平的前提下发展，否则对于渔民没有任何意义。发展应该是使传统的渔民现代化，而不是用现代化取代传统渔民，这不符合现代社会的发展理念。现代社会的发展必须是一种均衡的发展，不能以牺牲一部分人的利益为代价，换取另一部分人的现代化，这不是国家追求的目标。

(2) 乌石镇镇西渔业村委会副主任唐×二访谈录

唐×二，60多岁，镇西渔业村委会副主任，疍家。唐×二讲，他家里祖祖辈辈以打鱼为生，他从16岁起就跟着爷爷出海打鱼。当了村委会干部以后就不打鱼了，现在家里没有人打鱼了。现在的渔船都是个人的，村委会没有船。以前村委会有船，而且是大船，有过6艘大船，当时是渔业大队，1999年改为村委会。唐×二的祖先也是从福建过来的，经过阳江，最后来到这里。这里渔民一般没有族谱，只知道祖先是从福建来的，其他情况不太清楚。渔民随海漂泊，居无定所，对历史都是模糊的。过去渔民的船是帆船和摇桨船，直到20世纪80年代还是摇桨船。镇西渔业村1177人中有550人左右在搞渔业，有的在本地打鱼，有的外出给别人打工，打工也是打鱼。渔民外出打工，一般也是打鱼，很少做其他工作。镇西村有100多艘船，有大船8艘，其余的都是小船，最小的船仅有4.4马力。现在渔民的生活不富裕，渔业生产的效益差，差的原因主要在于渔业资源减少，国家对渔业管理也不严。有人用电网打鱼，有人使用国家禁止的渔网打鱼，对资源的破坏太厉害。这里主要盛产大小黄花鱼，大黄花鱼的价格很贵，每年11月、12月的时候，一斤要卖到两三千元。现在打鱼的除了传统的渔民——疍家之外，还有不少本地农民和外地人。渔民上岸工程是从1972年开始的，政府给渔民分了土地。20世纪90年代，为了扩大乌石镇居民的建房土地，乌石镇渔港附近开始填海造地，造了很大一块地。

笔者与乌石镇镇西渔业村委会副主任唐×二

1996年政府开始卖地,镇上的人都可以买,渔民也可以买,土地价格不等,有上万元的,有几千元的,渔民中大多数人买了地,上了岸。也有几户没上岸,还在船上住。这几户没有买地。当时他们买不起地,现在地价更贵,他们更买不起了。船上住的渔民有的孩子大了,就住到亲戚家,小的还和父母住在船上,生活很艰难。台风来临的时候,村委会就动员他们去亲戚家住。他们不能上岸就是因为他们买不起地,买不起房。

## 三 外罗的疍民

### (1) 杨老伯父子访谈录

笔者去外罗港的时候,正好赶上刮风下雨,渔民们不能出海,有不少渔民利用这个时间修补渔网。有一家人在煮海螺,笔者路过的时候,她们热情地请笔者品尝已经煮好的海螺。她们是疍家,年轻女人也是本地的疍家,嫁到这家了。我们正在交谈的时候,一位老人走了过来。她们说他也是疍家,姓杨,是渔民,于是笔者和杨老伯聊了起来。杨老伯告诉笔者,他69岁了,家里祖祖辈辈是打鱼的,祖先是从福建莆田来的,他自己从小就出海打鱼,现在家里的船是小船,打鱼的地方离这里不远。杨老伯不会说普通话,我们的交流

**笔者与外罗港杨老伯**

不是很顺畅,时不时要请年轻人当翻译。杨老伯说,他小时候一直住在船上,在岸上没有家,1949年以后才在岸上有了家,出海的时候住在船上,不出海的时候就住在岸上的渔民寮里。渔民寮就是用稻草搭建的小棚,这种小棚在遂溪县乐民镇的渔港岸上还能看到。杨老伯告诉笔者,他有8个兄弟姐妹,其中4个已经过世,现在一个姐姐和一个弟弟也在外罗。他自己有两个孩子,姐姐、弟弟的孩子也出海打鱼。之后杨老伯带我去看了他大儿子的船。他大儿子的船是玻璃钢的,外形比较漂亮。上了他大儿子的船以后,旁边几艘船的渔民听说笔者是广东海洋大学的老师,也凑过来。

他们不是外罗港的疍家，其中一位是锦和镇附近和安镇南湖村人，他家里有地，不是纯渔民。他告诉笔者，他们镇也有500多艘渔船，比外罗镇多，外罗镇才有400多艘船。他也不会说普通话，笔者说的普通话，他不能完全听懂。他的文化程度很低。他有3个孩子，两女一男，女孩在广州打工，男孩在徐闻卖货。他到打鱼的地方要航行2小时，凌晨3点多出海，早上8点多回港。

　　杨老伯要笔者和他回家一起吃饭，笔者也就没有客气。他家离原来的外罗镇政府不远，房子是新盖的二层小楼。进了他家，刚坐稳，他的两个孩子就跟进来了。二儿子1972年出生，40多岁。笔者一边吃饭，一边和他们聊。杨老伯二儿子说，渔民像游民一样，经常移动，居无定所，很难有家谱。他前几年在这里帮人养鱼，养殖金锠鱼。后来在外面打工，现在暂时没有工作。他哥哥有船，出海打鱼。他父亲原来也有船，后来卖了。他父亲以前身体不好，不能出海打鱼，就把船卖掉了，已经很多年了。现在买船很难，国家不允许增加船的数量，但是现在也有人在私下造船，这些船没有户口。以前有户口的旧船，可以更新换代造新船，现在不允许造木船了，如果造也只能造玻璃钢船和铁船。他哥哥以前的船是木船，现在改成玻璃钢的了。原来他家里有两艘船，另一艘船连户口一起卖了。现在有的人是卖船不卖户口，以前没有燃油补贴，所以卖船的时候连户口也卖了。他父亲卖船五六年以后才有国家燃油补贴。他哥哥的船已经拿了两年油补，但是因为船马力小，补贴也少。油补是按照船的马力发放的。现在船的马力和过去的一样，渔船的马力是不能随便更改的，所以他哥哥现在拿的油补也不多，一年也就几万元。有的人拿的油补很多，有几十万元的，也有上百万元的。现在有的大船不出海，专拿油补。这里的一位女子嫁到茂名水东那里，她丈夫和别人合伙造了一艘大船，当时打算去深海打鱼。国家有了油补政策以后，他们又造了一艘大船，现在就成一对船了，船上的船员都是雇用的，连船长都是雇的，老板根本就不出海。他不是租船给别人，而是雇人为他出海打鱼。船老板除了拿国家的油补，还挣渔船打鱼获得的利润，船员挣工资，这样他们的大船也不用特意去打大鱼，小鱼也打。对这个问题，笔者一直不解。听他这么一讲，笔者明白了，船老板已经拿了油补，出海打鱼，只要不亏本，就赚了。一般情况下，很少有亏本的时候。这样船老板就能得到两份报酬，一份是油补，另一份是出海打鱼的利润。难怪渔民说，国家应该取消油补，把这部分钱拿出来用在渔民建立合作社上。渔民有了合作社，就可以申请造大船，这部分油补钱可以用来造大船，这样国家扶持的才是真正的渔民，而现在国家扶持的是有钱的船老板，富了个人，真正的渔民并没有富。杨老伯的二儿子又说，没有油补的那几年，渔民出海打鱼，确实很艰难，很多人入不敷出，赚不了钱，所以有的渔民就把渔船卖了。他们家原来也有大船，但是经常亏本。他的话使笔者想到了乌石镇镇南渔业村委会主任石×珊讲的故事，在没有油补的那几年，国家要求北部湾沿岸的渔民转产转业，她不假思索地就按照国家的号召，动员渔民转产转业，渔民也就听她的，转了产，转了业，把大船也给卖了，现在渔民后悔了，真是此一时彼一时啊。现在纯渔民都衰败了，年轻人都不出海打鱼了，打鱼不好赚钱，农业户口的农民也可以造船，出海打鱼，现在基本是谁有钱，谁就可以"打海"①。渔民过去一直很少有渔业补贴，现在农民只要有船也有补贴。说到这里，笔者想起第一次去乌石镇调研的时候，遇到的一位年轻渔民，他也有类似的观点，他认为农民可以打鱼，打鱼有油补，种地还有农业补贴，现在的农民比渔民强。所以有渔民说，大船赚钱，但基本赚不了多少钱，虽然有点油补，但都花在了渔政的渔船检查、办各种手续、更换渔船的零部件上了。现在有不少渔民，一家兄弟几人合股以小船换大船，这种合造大船的情况比较普遍。

杨老伯的二儿子讲，他从记事起就和父亲出海捕鱼、抓虾，当时用的网是单网，不如人家用的网。这里现在有人用电网，有人用拖网，还有人用流速网。这种网是沉入海底的，但也有的浮在海面。鱼一般是逆水而行。这种网就是迎着鱼群拖拉网，鱼就挂在了网上。这种网像个大袋子，大鱼、小鱼都会进入网里。他说的情况和乌石镇镇西渔业村委会唐×二说的类似，他们都认为这种网很可怕。传统的做法是抓大鱼用大网眼的渔网，抓小鱼用小网眼的渔网，这种网大小鱼都抓了。这几年国家在近海禁止使用这种渔具，但屡禁不止。

杨老伯的二儿子接着说，现在最突出的问题是大船打鱼的区域没有区别，小船只能在近海打鱼，大船可以在深海打鱼，但现在大船在近海也用拖网捕鱼，侵占了小船的作业空间。小船下的流速网是固定的，一般在网

---

① 当地管出海打鱼叫"打海"。

的两端插上小旗。大船下拖网的时候,连小船的流速网也拖走了。小船的网遭到破坏,出海也挣不了钱,把本钱也搭上了。国家对于大小渔船不是没有划定其作业区域,只是大船不守规矩。流速网有两种,一种是沉入海底的,另一种是浮在海面的。现在大船也在近海搞拖网捕鱼,关键在于渔政方面管理不严,政府不作为。前一年硇洲岛那边还发生了用电网捕鱼的情况。政府应该明确大船和小船的作业范围,也就是要分清拖网和流速网的作业区域。现在的情况是拖网渔船也在流速网的区域内作业,就好像大孩子欺负小孩子一样,不公平、不合理。渔民之间的纠纷主要是这些问题,小船马力小,看到大船破坏了小船的渔网,也追不上大船,没有证据,打官司都不好打,只能忍气吞声。他哥哥如果不买船出海打鱼,他们家就没有打鱼的了,渔民也就不是渔民了。过去渔民还有渔民户口,后来就没有了。他家是居民户口,过去可以凭居民身份买国家统购统销的粮食,现在没有任何好处。他们是居民身份,但和居民也不一样,他们没有做其他职业的经验,习惯做的就是"打海"。现在农民不仅可以抓鱼,还可以种地,比渔民要好。

杨老伯的二儿子讲,他的一个同学去韩国,发现那里的渔船基本都是大船,而且渔网的网眼也比较大,一般都是20厘米,渔政部门管理很严,要检查渔民捕的鱼,如果鱼小于20厘米,就要接受罚款。这种严格的规定使渔民即使捕到小鱼,也得放生。所以在韩国市场上的小鱼,一般是从邻近国家进口的。在韩国,渔民就是渔民户口,渔民也有政府补贴,所以韩国的渔民使用的是大船,人家用得起大船。中国的传统渔民一直是近海打鱼,打鱼换来的钱也不多,所以生活一直很艰苦。没有经济基础,造不起大船。现在买大船的是改制以后那些承包船的人,他们承包船,赚了钱,买了大船。

杨老伯的二儿子又说,农民靠种地不赚钱,有部分农民就把土地租给养虾的人,也有人自己建虾塘。20世纪80年代,日本人来新寮岛准备搞开发,据说是开发稀有金属。之前日本人来这里调查过,发现新寮岛的某个村附近有一种很值钱的矿,想在这里搞开发。镇政府同意日本人在这里搞开发,但上级政府没有同意。那年他10多岁,对日本人来调查时的事情还记得很清楚。他说,日本人让我们给他们买白酒,买来后,他们不喝,用来漱口,让我们再去买啤酒。日本人在这里也搞过虾苗场,但现在都走了，设备也拉走了。现在还有一家台湾人在搞虾苗养殖，他们搞的时间不长，近几年才开始搞，台湾老板经常过来。此外，还有几个国家合资的虾苗场，地点在开发区那边。外罗最早是日本人搞虾苗场，当时这里还没有人搞养虾。

（2）外罗镇原镇长王×林访谈录

在外罗造船厂，遇到了外罗镇原镇长王×林。他60多岁，刚从徐闻县建设局退休。王×林一共有10个兄弟姐妹，有的在外罗，有的在徐闻。王×林以前就在渔业居委会的前身当干部，做会计，当团支部书记。王×林说这里的渔民住在船上，叫疍家，家里死了人，不能埋在陆地上。他小的时候，疍家就住在海边的"平寮"里。"平寮"就是小木棚。过去渔民的小木房都建在防浪堤旁边。这种房子到20世纪70年代还有。20世纪80年代国家调拨水泥、钢材，在陆地上给他们盖了房子。以前外罗是徐闻的一个镇，后来合并到锦和镇里。外罗不恢复成镇，以后的事情也难办。外罗以前是一个老商埠，原来交通不发达的时候，主要靠水运。周边地区的货物是通过这里的港口运出去的。这里20世纪五六十年代商业很发达，旅馆、餐馆、理发店、商铺有很多，硇洲、安铺、吴川的船都停泊在这里，把农业产品运出去，再把小商品运回来。

笔者与外罗镇原镇长王×林

## 四 硇洲岛的疍民

（1）红卫村疍民吴×文访谈录

硇洲岛渔港名不虚传，是笔者去过的湛江最大的渔港。港口的岸堤上摆满了抓虾蟹的鱼笼，一些妇女在修补鱼笼上的网线，她们专门修补渔网，哪家渔船的渔网需要修补，就找她们。修补渔网是按天计算工钱的，她们的男人多半是出海打鱼的渔民。笔者问她们是不是疍民，她们说不是，也不知道什么是疍民。笔者离开这里，来到不远的避风港，就见到岸堤的台阶上有位中年男人在拴小船。笔者主动和他招呼，问他这里有疍民吗，他回答说他就是，真是踏破铁鞋无觅处，一位疍家渔民居然就在眼前。这位中年男子告诉笔者，他家祖籍在福建，100多年前，他的太爷爷乘大船来到这里，到他已经是第五代了。祖辈来到这里的时候，海岸上荒无人烟，祖先在这里安营扎寨，住了下来。岸上没有他们的土地，不能上岸，家人都住在船上。直到1949年以后，政府才安排他们上了岸。现在虽然渔民岸上有家，但还有不少夫妻生活在船上，孩子让岸上的爷爷奶奶照顾。过去岸上的农民很歧视疍民，疍民尽可能不与岸上的农民交往，但还是经常遭到农民的欺负。起初打鱼的都是疍民，岸上的农民本来不会打鱼，后来向他们学习，也开始打鱼。农民打鱼不讲规矩，很霸道，疍民出海打鱼，撒了网，那些人又把渔网撒到疍民的渔网前面，搞得疍民没有办法打鱼，敢怒不敢言，不敢和农民对抗。疍民的男人每天出海打鱼，岸上农民一般在家里。如果疍民惹了农民，农民会报复疍民的家人。疍民家里都是老人、妇女和孩子，惹不起农民，都避免和农民发生冲突。农民占了疍民的好渔场，疍民只好再去找渔场。硇洲岛70%的人口是农民，30%是疍民。疍民没有办法和农民抗衡。1960年以后，疍民的处境开始好转，政府给他们在岸上批了地，很多疍民在岸上盖了房子。不过疍民的房子都是低矮的小房子，不如农民的房子。20世纪70年代，疍民组织起来，有了自己的村子，村子起名"红卫村"。大家集资买了大船，办起了修船厂、饲料厂，还办了小学。硇洲岛村里只有红卫村有小学。当时，疍民的红卫村是最有经济实力的，农民很羡慕疍民。吴×文是1967年生人，只上到小学五年级就和父亲出海打鱼了，他有一个弟弟和一个妹妹，都在硇洲岛。疍民祖祖辈辈都以打鱼为生，所以他很小就学习打鱼的技术。20世纪90年代国家对渔船有燃油补贴，岸上有些农民一看有利可图，纷纷开始买渔船、办渔船证，也开始享受政府的燃油补贴。他认为这很不公平。他说，农民岸上有土地，不是地道的渔民，本不应该享受这个待遇。他还说他父亲以前也在镇政府当过勤杂工，也没有享受什么特殊待遇，而农民买了渔船就成了渔民，这很不公平。燃油补贴是根据船的马力定的，大渔船不管打鱼不打鱼，政府每年都要给40多万元的燃油补贴，所以大渔船的船主很有钱。他的船是搞运输的十几马力的小船，每年只能得到1万多元的补贴。

现在大船是农民的，农民现在比疍民有钱，疍民现在一般还是用小船出海打鱼。有的疍民上岸开办了船舶修理店，有的专门经营渔网，有的搞海上运输，为渔船服务。过去，疍民是不和岸上农民结婚的，如果有谁和农民结婚了，会被人看不起的。现在不同了，30%的疍民和农民结了婚，他妻子也是岸上农民。现在没有岸上农民欺负疍民的情况了，大家开始沾亲带故，年轻人的疍民意识比较淡漠。特别是和岸上农民结婚家庭的孩子，就更没有这个意识了。他们这一代人经历了很多，疍民意识还很强。疍民信奉妈祖，船上都有敬奉妈祖的神龛。

（2）硇洲镇政府梁×生访谈录

笔者一到硇洲岛，就去了镇政府，在农业局遇到梁×生，他将近60岁，本地红星村人，渔民出身。他向我介绍了本地渔民的一些情况。梁×生说，硇洲是海岛，以渔业为主，硇洲镇过去是国家一级渔港，现在是中心渔港，比原来升了一级。现在广东省政府对这里的渔港建设也很重视，又拨了2亿元，搞国家级中心渔港的建设。省里计划把硇洲渔港建设成现代化的渔港，现在准备动工了，配套设施也要建。硇洲岛大小渔船一共有1600多艘，其中有笼捕作业的，有流速网作业的，有底拖网作业的，有钓技作业的。笼捕主要是抓东风螺、螃蟹等。流速网作业是把流速网放到海面上的一种捕鱼方式（日本叫定置网）。底拖网作业是用拖网捕鱼，一般都是大船，现在中船也用拖网捕鱼，比大船的网具小一点，大船用的是大拖网。钓技作业也是打鱼的一种方式，大鱼、小鱼都能钓上来。硇洲岛沿海地区都是渔民，渔民又分纯渔民和半渔农，硇洲岛中间地区的都是农民。改革开放以后，农民也参与到打鱼的队伍里，这些人被称为半渔农。纯渔民没有耕地。半渔农，一边种地，一边打鱼。硇洲岛全年的生产总值当中渔业占的比重大，可见还是渔业的收入高。硇洲岛的渔业包括捕捞和养殖，养殖包括养鱼、养虾、养螺。现在镇区有三个小区：红卫小区、翔龙小区、角场田小区，三个小区70%的人口是渔民，渔民收入比较高，都搬到了镇区住。硇洲岛还是小船多，很多渔民把大船改成了小船。现在的小船渔民过去都是大船或中船渔民，小船一般是近海打鱼。小船夫妻俩就可以出海，不需要雇工，大船要雇工。国家的燃油补贴是从2006年开始实施的，之前没有油补，那时经营大船很困难，有些人经营不下去了才把大船卖了，买了小船。现在有的人为了发展，开始收购小船，造大船，用几条小船的总马力造一艘大船。国家现在严格控制渔船的总马力,在总马力不增加的情况下,可以用几艘小船的总马力造一艘相应马力的大船,有卖的就有买的,卖了船的人就不能打鱼了,就转产转业。油补之前有转产转业的,油补之后也有转产转业的。有人把船卖了,开始从事养殖或做其他的工作。这里的转产转业都是自愿的,没有出现后悔的。如果还想打鱼,只能从别人那里买渔船,如果买不到船就只能给人打工了。现在硇洲岛上的渔民如果想要大船,只能买别人的船过户。20世纪90年代,硇洲岛新造了不少中船、大船,那时候打鱼都到海南或者汕头那边去。当时大船有一部分属于中国远洋渔业公司,一部分属于个人。那个时候国家对渔船建造没有控制,只要有钱就可以造船,造多大的都可以。2010年,国家开始对渔船进行控制,那之前的船就是有户口的船。现在国家提倡造大船,拨大船指标。大船是国家指定的大船,不是本地造船厂生产的,是外地大造船厂生产的。政府鼓励大船去远海打鱼,比如去西沙、南沙那边打鱼。买这种大船要一级一级申请,最后经农业部批准。这种船的造价比较高,要上千万元,最少也得700多万元,质量不错。国家鼓励渔民去远海打鱼,这种船不能在近海打鱼。大船本来应该去远海打鱼,但也有不少大船在近海用拖网拖鱼,特别是有不少中船在近海用拖网拖鱼,这本来是国家禁止的,这些船经常破坏流速网,破坏资源。有些大船不去远海打鱼,只到近海打些小鱼回来,应付一下,主要是为了得到油补(油补的发放要核实渔船是否出海)。红卫居委会下辖4000多人,这些人基本是纯渔民,他们祖祖辈辈都是打鱼的。过去除了红卫渔业大队,还有一个红星渔业大队。红星大队在北港,在硇洲岛的最北边。红星大队的人以前是农民,后来成了渔民,他们不是疍家。红星大队以前和红卫大队是一个大队,一个在南边,一个在北边,管理起来不方便,后来就分开了。现在岛上的纯渔业村就这两个村。红卫大队后改叫红卫社区居委会,不叫红卫渔业社区居委会。红星大队合并到北港村委会里。硇洲岛有5个村委会、3个社区。村委会就是农村,居委会就是镇区内的社区。北港原来是乡,有一个纯渔业大队,一个纯农业大队,两个半渔农大队,后来合并成北港村,所以现在叫北港村委会。渔民不是农业户口,所以渔民的所在地不叫村委会,叫居委会。

(3) 重访吴×文

这是笔者第二次接触吴×文,他是地道的疍家,很善谈。他现在已经不是渔民了，以修船为生。他有当地所有渔船老板的电话，有谁需要修船，只要给他打电话就行。船在海上作业，出了故障，只要离岸边不太远，他都会开船去出事地点修船。笔者和他联系，在上次见面的避风港见了面。吴×文说，在岛上只要一有回港的渔船，岛上就动起来了，有为渔船摘鱼的，有来收购鱼的。档口收购了鱼虾之后，再让女人加工。渔业的产业链很长，但没有船出海的话，就什么都没有了。最近，渔政船抓得很紧，现在的渔政执法都是联合执法，湛江渔政在这里和本地渔政一起执法。如果是本地渔政执法，当地人一般不理不睬，他们也没有办法，但联合执法是不讲情面的，抓到就罚，所以大家都怕。中国农村社会是熟人社会，熟人社会讲的不是法，讲的是人情，所以执法很困难。渔民社会与村落社会一样，讲的是人情，所以渔政执法也不容易。渔政查渔船的时候，就看渔具与渔船是否相符，不符合就罚款。吴×文认为这个规定不合理。大的拖网渔船，本来有他们的作业区域，不应该和其他渔船发生冲突，但是拖网渔船不去远海打鱼，也在近海打鱼，搞得用流速网打鱼的渔民打不到鱼，不得不改用拖网打鱼。这一点，笔者认为吴×文说的有道理。这与渔政管理有关，应该让渔民严格按照规定分区作业，现在的情况是大渔船欺负小渔船，这当然不合理，渔民有意见也是能够理解的。现在看来，渔民可以分为大船渔民和小船渔民。大船渔民和小船渔民的捕捞方式不同，作业区域不同，他们的获利方式也不同，所以他们反映出的问题也不同。目前为止，主动向笔者反映问题的渔民主要是无证的大船和小船的渔民。小船用小拖网，大船一般是两艘渔船一起拖，这些船是200马力以上的船，他们也在这里打鱼，搞得小船没有办法打鱼。如果大船不在近海拖，小船用拖网打鱼也是可以的，小船用拖网打鱼对资源没有破坏，对资源破坏最大的是用电网打鱼。用电网打鱼，把鱼卵都电死了，破坏了渔业资源。

## 五　广西北海侨港镇的疍家社会治理经验

侨港镇位于广西壮族自治区北海市银海区南边岭海湾，占地约1.1平方公里，内有渔业码头约40万平方米，小镇常住人口约2万人，产业以海洋渔业、水产品加工业和旅游业为主，是广西唯一以安置归侨为主的镇级行政区域，居民多是疍民。2017年6月28日，笔者来到北海寻找疍家的踪影，最先到的就是北海渔港。正好赶上休渔期（5月1日~8月15日），渔港里停满了大小渔船，偶尔见几只小船进出。笔者与岸上的一位青年攀谈起来。他说他是渔民，是疍家。他告诉笔者，这里的渔民大多数是疍家，很多人会唱咸水歌。疍家举办婚礼的时候送亲、迎亲用小船，现在还可以看女方家划船把女儿送到男方家，男方用小船迎亲的婚礼场面。他告诉笔者，北海小港有很多疍民，所谓小港就是侨港，现在侨港是镇级地区。

笔者去侨港渔政了解情况，渔政的工作人员介绍说，侨港镇过去叫华侨村，村民大多数是渔民，且多为疍民，是1979年越南排华时回来的。他们早年一直在这附近打鱼，住在船上，1945年后，这里兵荒马乱，集体转移到了越南，在越南很少与当地人交流，所以大多不会说越南话。1979年回来以后，被安置到了小港。镇里为了发展经济，把疍家作为主打招牌，每年都要举办疍家旅游节，2017年6月10日已经举行过。为了服务当地渔民，镇政府成立了北海市银海区侨港镇渔民服务中心。这里的渔民称得上真正的渔民，大多数人在岸上没有土地。

笔者在渔港遇到一位年轻人，他自称是疍家，中学毕业就随船出海打鱼了，现在在船上当渔工。据他讲，这里的渔民都是疍家，1949前战乱的时候，去了越南。20世纪80年代，又陆续回来了。有的在岸上买了房，有的在岸上租了房，有个别人还住在船上。这里渔民的孩子很少人继续读书，认为读书没有用，读书不如早点出海打鱼。现在的海鲜价格比较高，出海打鱼能赚钱。他的这种思想很有代表性，在岸上可以看到很多像他这个年纪的渔民。现在是休渔期，渔民在家赋闲，有一部分人修船、补网。他说这里的渔船几乎都是本地人的，大船不少，没有船的人就在大船上打工。在大船上打工的人中，还有不少是附近的农民。这里的渔民无论是有证的或无证的都比较有钱，小船渔民一年也能挣十几万元。过去忌讳人们称他们是疍家，现在叫他们什么也无所谓。

镇里为发展经济，大力宣传疍家文化，开展疍家文化节活动，这些活动促进了当地旅游、餐饮业的发展，增加了当地人的经济收入。也许这里的疍家是归国华侨的缘故，很受政府重视，很像一个少数民族的聚居区，有专门的管理和服务部门，秩序井然，人们安居乐业。希望这里的社会治理经验能在渔民社会中得到推广。

在广东,除了客家,就数疍家了,疍家除了水上居民的特征外,还有独特的文化传统。虽然在历史的演进中,疍家文化中渗透了不少陆上汉族的文化,但疍家特有的咸水歌、疍家婚礼等文化,在福建沿海、广东珠江三角洲、海南三亚、广西北海等地的疍家族群中还是显而易见的,在湛江沿海地区的疍家文化中也有体现。在中国,渔民社会是一个不断变化的社会,特别是改革开放以后,随着市场经济的发展,渔民队伍越来越庞杂,渔民除了传统的渔民外,还有本地的农民、偏远地区的农民,甚至还有城镇居民,这就造成了渔民社会治理的复杂性。任何一个社会的治理,除了政府之外,还必须依靠其本身固有的文化传统和其他社会力量;一个社会如果没有文化传统,没有其他社会力量,就很难治理。在湛江沿海渔民社会中,最有历史文化传承的当数疍家,因此,有必要发扬光大疍家文化传统,用疍家文化引领渔民社会。笔者调查发现,近年来疍家的族群意识正在提高,有些疍家甚至公开表明自己的疍民身份,还有些疍家开始为自家写族谱,希望子孙能永远记住疍家的历史。

一位渔政工作人员告诉笔者,中国是行政执法,抓到违法者,只能靠罚款来处罚,日本是海警执法,违法者被抓到就要坐牢,日本的执法更严。笔者认为,与日本相比,中国渔政执法力度不够只是一方面的问题,在管理渔民社会方面,还存在很多问题。日本的渔民社会是一个完整的社会,渔民以渔村为单位开展渔业生产,渔村有自己的历史文化传承,有自治的管理组织。而我国现行的渔业政策使渔民的概念模糊不清。渔民归管区或村委会管理,事实上管区或村委会无法解决渔民在生产和生活方面遇到的问题。渔业生产靠渔政管理,渔政代表国家,渔民与国家之间没有相应的社会组织做彼此沟通的桥梁。国家没有一个可以规避与民间冲突的缓冲带,事事国家出面,使渔民容易把渔业生产中的矛盾对准国家。日本在治理渔民和农民方面的经验,首先是健全村落社会,健全其自我管理体制,健全外部服务体系。政府不直接管理渔民和农民,政府只是帮助其建立自我管理体制,帮助其维护好自身的文化传统,直接管理渔民和农民的是其自身的文化传统和社会组织,政府只提供政策和必要资金。在日本的渔民社会中,文化传统很重要,文化传统可以约束人的行为,也可以激励人的行为。2011年3月11日的东日本大地震,给日本东北地区太平洋沿岸的渔业生产造成了巨大的破坏，日本政府除了投入大量的财力帮助灾区恢复生产外，还组织东北地区的高校和研究机构对灾区的文化遗产和文化设施的受损程度进行了大规模的调查。日本政府深知文化传统对灾区重建和发展的意义。在日本，文化传统不是抽象的概念，而是由各种文化仪式来体现的。文化仪式依靠的是民俗传统，民俗传统由各种非物质文化组成。村落非物质文化保持良好，文化仪式就能延续。文化仪式能得以展示，村民就能聚合，村民的行为就能受到约束，村民的村落共同体意识就能维系，人与自然的传统关系就能维系，社会就能正常运转，这就是日本村落运作的逻辑。逻辑不破，社会秩序不变，这是日本治理传统社会的经验。因此，笔者认为，中国在治理社会方面还有许多方面需要不断改善。目前中国的渔民社会，应该说，经济效益不断提高，但社会发展的综合水平并不高。社会治理主要依靠的是行政管理，缺乏社会的自我管理，社会中有利于社会稳定发展的要素还没发挥出来。具体到渔民社会，笔者认为应尽快从法律上明确渔民的概念，建构以传统渔民文化为基础的渔民文化，以渔民文化来约束渔民社会是很有必要的。在中国，传统渔民就是疍家，疍家的传统文化约束了其自身的行为，维系了疍家社会的秩序。因此，有必要整合、提升疍家文化，使其成为渔民社会的主流文化，用以引导渔民社会健康发展。广西北海侨港村的经验不失为一种治理渔民社会的好经验，值得推广。

# 第九章 传统文化与渔民社会
## ——以湛江地区的疍民社会变迁和日本东北地区的渔民信仰为例

"'文化变迁',是文化人类学研究的主要课题之一。任何一个民族都在发展变化,体现民族特征的文化特点也随之变化。文化变迁,就是指或由于民族社会内部发展,或由于不同民族之间的接触,因而引起的一个民族的文化的改变。人类学家们认为文化的变迁是一切文化的永存现象,人类文明的永恒因素,文化的均衡稳定是相对的,变化发展是绝对的。文化变迁与社会变迁密切相关。社会变迁指社会各方面现象的变化,或者确切地说指社会制度的结构或功能发生的改变。而文化变迁总是与之相伴随,所以有的人类学家索性用社会文化变迁一词。"[①] 麻国庆认为:"文化变迁一般是由本文化内部的发展以及不同文化的接触而引发的。文化的涵化是指不同族群持续地接触一段时间后因互相传播、采接、适应和影响,而使一方或双方原有的文化体系发生大规模的变迁的这样一种过程及其结果。涵化的前提条件之一就是文化接触,之二是文化传播。广东湛江历史上属于少数民族地区,今天已经形成了融合多民族文化的多元一体的独特文化氛围。湛江有许多民俗文化,包括语言都是在中国历史上极其缺失和珍贵的文化资源。湛江的汉文化恰恰吸收了原来的少数民族文化,而形成自身特有的文化特色。其实在这一吸纳、引进过程中,必然涉及一些文化的重新建构,所以湛江地区的民俗文化有区别于广府、潮汕等的三大民系的自

---

[①] 黄淑娉、龚佩华:《文化人类学理论方法研究》,广东高等教育出版社,2004,第216页。

身特点。可见，民俗文化绝对不会一成不变，在应对、适应外界环境的过程中既有传承又有创新，在新陈代谢中不断发展。但是在对周边文化的吸纳和加工中，真正被吸收并稳定地进入民俗文化的步伐永远是极其有限的，否则民俗文化就不会成为稳定的社会规范系统了。实际上，民俗文化的涵化和重建过程，是个体文化系统相互适应的过程。"①

早在20世纪"40~50年代，曾有不少学者重视文化因素，从文化的角度解释各种社会，分析它们之间的差别。解释它们的经济和政治发展状况。就这样，在学术界展开了一场论战，一方认为文化是影响社会、政治和经济行为的一个重要的但不是唯一的因素，另一方则坚持一些普遍适用的解释"②。在这场争论中，笔者更接受的是丹尼尔·帕特里克·莫伊尼汉的观点："保守地说，真理的中心在于，对一个社会的成功起决定作用的是文化，而不是政治。开明地说，真理的中心在于，政治可以改变文化，使文化免于沉沦。"③ 本章是以文化的视角关注和研究渔民社会的变迁。正如张雯所言："全球化的时代是一个带来希望的时代，也是一个产生问题的时代。人类学研究在这个时代里，有了许多新的刺激和议题。正因为这个时代是一个比以往任何时代都更具流动性的时代，人类学的议题和关注也就必然不再以那种预设为停滞不变的社区或者文化为对象，因为在事实上那样的社区已经不复存在。即便我们到一个偏远的地方从事实地研究，我们关心的依然是它的变动与流动。"④

渔民群体对于我们这些非渔民来说就是"他者"，研究渔民就是研究"他者"，况且笔者研究的不仅是中国的渔民，还包括日本的渔民，可以说，笔者的研究不仅是传统的人类学研究，还是家乡人类学的研究。传统人类学一直是以理解"他者"文化为目的，进而对自身文化进行反思。家乡人类学是指研究自身文化的人类学。传统人类学主要探讨如何理解"他

---

① 麻国庆：《人类学的全球意识与学术自觉》，社会科学文献出版社，2016，第180~182页。
② 〔美〕塞缪尔·亨廷顿、劳伦斯·哈里斯主编《文化的重要作用：价值观如何影响人类进步》，程克雄译，新华出版社，2010，第60~67页。
③ 〔美〕塞缪尔·亨廷顿、劳伦斯·哈里斯主编《文化的重要作用：价值观如何影响人类进步》，程克雄译，新华出版社，2010，第8页。
④ 张雯：《自然的脱嵌：建国以来一个草原牧区的环境与社会变迁》，知识产权出版社，2016，第6页。

者"的过程；而家乡人类学则是探讨如何研究"自者"的过程。笔者把传统人类学与家乡人类学的研究方法运用到日本渔民社会和中国渔民社会的研究上，目的就是更好地了解作为"他者"的日本渔民社会，同时反思中国的渔民社会，为中国渔民社会的发展助力。渔民社会也是乡村社会的范畴。研究渔民社会最重要的是文化维度，因为"在乡村社会生活中，文化具有其他社会要素无法取代的作用，其中也包括了凝聚、整合、同化、规范社会群体行为和心理的功能"[1]。"任何族群离开文化都不能存在，族群认同总是通过一系列的文化要素表现出来，族群认同以文化认同为基础，因此这些文化要素基本上等同于族群建构中的客观因素。共同的文化渊源是族群的基础，族群是建立在一个共同体文化渊源上的。"[2] 疍家的文化认同，可以是疍家的咸水歌、疍家的渔船以及疍家以舟为家的传统的生产生活方式。随着社会变迁，疍家的传统生活方式已经改变，现在多数人已经在岸上买地盖房，很少有人再住在船上了。传统疍家的船有别于其他渔民的船，但就笔者看到的，除了广西北海地区的疍家还有一部分人使用传统的渔船出海打鱼，湛江地区的疍家渔船与其他地区的渔船已经没有什么不一样了。虽然湛江地区沿海的疍家渔民中，一些老渔民还会唱"咸水歌"，但是已经很少有年轻人会唱咸水歌了。从表象上看，疍家的特色越来越少了。但我们不能因此就说疍家已经终结了，因为"共同的历史记忆和遭遇是族群认同的基础要素。每一个族群对于自己的来源或者某些遭遇有共同的记忆，如瑶族关于'千家峒'的传说，珠江三角洲各姓关于'南雄珠玑港'，客家'宁化石壁'的传说等，都是族群的共同记忆；这种历史记忆具有凝聚族内和区分族外人的重要意义。人在社会化过程中，逐渐地获得了他所出生的族群的历史和渊源，这个历史和文化将会模塑他的族群认同意识"[3]。

疍民是个特殊的群体，历史上曾经被认为是一个独立的民族，如民国时期郎擎霄的《中国疍族史》、罗香林的《唐代疍族考》、何格恩的《疍族的来源质疑》等，从题目上就明白无误地昭示了他们的"疍民是民族的

---

[1] 陈春声：《乡村的文化传统与礼仪重建》，载黄平主编《乡土中国与文化自觉》，三联书店，2007，第177页。
[2] 周大鸣：《论族群与族群关系》，《广西民族学院学报》（哲学社会科学版）2001年第3期。
[3] 周大鸣：《论族群与族群关系》，《广西民族学院学报》（哲学社会科学版）2001年第3期。

观点"。① 直到新中国成立初期，疍民还被认为是少数民族。"1955年，中央政府派出广东疍民调查组，经识别认定疍民为汉族，疍民逐渐成为东南沿海汉族族群的重要组成部分。"② "国家""民族"都源于西方的概念，20世纪初期，已在中国开始使用。这些人之所以认为疍民是"民族"，"似乎是一个来自日本的误会。日本词典《广辞苑》，对'民族'的定义如下：因享有共同的文化传统而在历史上形成的有着共同意识的人们的集合体。在文化方面特别强调使用共同的语言，有时宗教和生计形态也会成为传统。民族史社会生活的基本组成单位，不一定住在同一地区之内，有的社会由几个民族构成，也不一定与人种、国民的范畴相吻合。"③ "族群一词最早在20世纪30年代开始使用，被用来描述两个群体文化接触的结果，或者从小规模体在向更大社会中产生的涵化现象。"④ 但是，"族群"这一概念被引入我国是20世纪70年代末的事情。之前的学者对"民族"和"族群"并没有清晰的认识。疍民是一个特殊族群，其形成的时间久远。

关于疍民的说法众多，有30余种。据阎根齐的归纳，有9种说法，现在略说以下几种。一是古代的说法。"宋代周去非在《岭外代答》中解释：'以舟为室，视水如路，浮生江海者，蜒也。钦之蜒有三：一为鱼蜒，善举网垂；二为蚝蜒，善没海取蚝；三为木蜒，善伐山取材。'这是史书最早的'疍民'来历的解释。后来，清朝的钱以垲又在《岭海见闻》中记载：'疍家捕鱼为业，舟楫为家，故曰疍家。或编篷濒水而居，谓之水栏'。"二是船半剖形如鸡蛋，上盖以篷说。"陈序经在《疍民的研究》一书中说：疍民起源的传说或学说约有30余种。有人从疍民的船舶像鸡蛋之半剖形，上盖以篷，故曰'疍民'；另一解释'水上生活的人们，因其所乘坐的艇上盖以篷，像一只鸡蛋对半开，主人以艇为家，所以被称作'疍民。'"三是船像"浮于盐水之上的鸡蛋"或"形酷似蛋壳漂浮于水面"。这两种说法意思相近，皆是以他们居住的舟楫外形酷似鸡蛋壳漂浮于水面

---

① 莫雁诗：《试论疍民不是民族》，《广西地方志》1995年第2期。
② 刘莉：《海南新村疍民调查》，载麻国庆主编《山海之间：从华南到东南亚》，社会科学文献出版社，2014，第389页。
③ 麻国庆：《明确的民族与暧昧的族群——以中国大陆民族学、人类学的研究实践为例》，《清华大学学报》（哲学社会科学版）2017年第3期。
④ 周大鸣：《论族群与族群关系》，《广西民族学院学报》（哲学社会科学版）2001年第3期。

而得名"疍户"。四是疍民自己的称谓。"疍家人自己则认为,他们常年与风浪搏斗,生命难以得到保障,如同蛋壳一般脆弱,故称'疍家'……"①"我国的古代的疍民主要是指活动在南海上的群体。如黄向春先生所说:'疍家是历史上广泛分布于我国东南沿海地区的、以舟居水及水上作业为主要特征的族群,涉及地域范围,北起浙江,南至广西(包括越南),其中以福建、广东、广西三省沿海及江河港市最为集中',实际上也主要指南海北岸地区,即今广东、广西、海南的疍民。"

疍民即生活在南方河边或海边的水上居民,亦称疍家、水上人家,新中国成立以后统一称为水上居民。"作为我国历史上形成的一个特殊群体,疍民的社会低下,曾经受到沉重的压迫,不能到陆上居住,生活贫苦。"②关于这个问题,张银锋认为:"在很长时期之内(解放前),疍民都是被视为一个'异类'的群体,与那些自称来自中原的'汉人'区别开来。疍民与陆上群体之间形成了严重的歧视和排斥,并沦落为一个弱势的边缘性群体。不过,这种族群歧视并不是绝对被动的,而是与疍民的身份存在有一种互动影响的关系。"③ 1949年以后疍民获得了新生,但是历史在他们身上留下的烙印一直挥之不去。林丹在研究广州九沙围水上居民时指出:"九沙围居民成分全为疍民,亦即水上居民。他们坦言,每当以前被叫作'疍民''疍家婆'或者'疍家佬'的时候,听起来确实有低人一等的感觉。因此他们并不常提起'疍民',只爱称自己为'水上居民'和'水上人'。尽管他们并不认为自己比陆上人低一等。"④ 虽然如此,疍民还是不希望被人称作疍民。

笔者在湛江的硇洲岛、乌石、企水、外罗对疍民族群进行过调查,了解到确实硇洲岛的疍民过去不愿意被人称为疍民,历史上对疍民的歧视仍然还保留在很多人的记忆中。但是,现在有一个新动向,老一辈疍民开始欢迎人们称呼他们为疍民。笔者发现这背后隐含了社会转型期当中渔民社

---

① 阎根齐:《论南海早期疍民的起源与文化特征》,《南海学刊》2015年第1期,第75、76页。
② 林丹:《从水居到陆居——广州九沙围水上居民迁居上岸及其文化适应》,载麻国庆主编《山海之间:从华南到东南亚》,社会科学文献出版社,2014,第283页。
③ 张银锋:《族群歧视与身份重构:以广东"疍民"群体为中心的讨论》,《中国人民大学学报》(人文社会科学版)2008年第8期,第22页。
④ 林丹:《从水居到陆居——广州九沙围水上居民迁居上岸及其文化适应》,载麻国庆主编《山海之间:从华南到东南亚》,社会科学文献出版社,2014,第295页。

会变迁的博弈。在他们的意识中，疍民是传统的渔民，是正宗的渔民，他们应该享受国家对待少数民族那样的保护待遇。他们不再考虑历史，不再回避疍民的称谓，他们开始公开声称自己是疍民。企水的情况也是这样，有些疍民大户不但不回避自己的疍民身份，还希望通过族人的祭祀活动、修订家谱等方式，彰显自己的疍民身份。通过彰显疍民身份，他们来确立"自者"与"他者"的不同，意在强调他们"疍民"的特殊身份。这和笔者与镇政府官员交谈中感受到的完全不同。笔者和政府官员谈到本地的疍民，他们脸上显出一副不解的样子，在他们的意识中，本地早已经没有疍民，有的只是渔民。的确，1949年以后中国在官方语境中，疍民一般被称为"水上人家""连家船渔民"，努力回避带有歧视性的"疍民"称谓。久而久之，年轻的镇政府官员也不知道本地还有疍民的存在。不仅如此，镇里一般老百姓也很少有人知道本地还有疍民的存在，他们称那些过去住在船上的疍家为"渔民"，很少有人知道他们是疍民，只有一些老人才知道渔民中有不少是"疍家佬"。在一般人的记忆中，只有"水上居民"或"连家船渔民"，而没有"疍民"一说。其实，疍民被说成"水上居民"或"连家船渔民"的历史并不长，是1949年以后才有的。疍民在历史上备受歧视，按照林丹的说法，"水上居民是因为疍民歧视和迫害的原因而'被迫'形成的，他们的文化也是在无奈中'被迫'形成的文化。"[①] "疍民"称谓有不少历史的烙印，疍民一直试图努力获得与陆上人同等的生活空间，摆脱长期被边缘化的困境，直到新中国成立以后，才得以实现。在学界，对"疍民"族群一直存在"实体论"与"建构论"之争。笔者认为，不论疍民是被建构的，还是实体，在历史上存在疍民汉化和汉民变疍民的情况，但很难否认疍民是历史上悠久的族群这一事实。所以，笔者认为，与其纠结疍民的身份问题，不如探讨"当他们上岸定居后发生了怎样的变化；那些没有上岸的'疍民'是否还处在原有状态，他们是确实发生了由'周边'向'中心'的转变，还是在心理上处在'永远的周边'的问题"[②]。不仅如此，还应该对疍民在社会转型期的诉求进行研究。一个族

---

① 林丹：《从水居到陆居——广州九沙围水上居民迁居上岸及其文化适应》，载麻国庆主编《山海之间：从华南到东南亚》，社会科学文献出版社，2014，第298页。

② 麻国庆：《作为方法的华南：中心和周边的时空转换》，载麻国庆主编《山海之间：从华南到东南亚》，社会科学文献出版社，2014，第23页。

群如果自身没有活力,无论外界再给予关注,其发展前景也是暗淡的。林丹认为:"水上文化历来处于被陆上文化排斥的处境当中。水上人积极地希望摆脱过去穷、苦、落后的文化,融入陆上较为先进、文明的城市文化当中。水上人对陆上的文化适应势必带来二者的趋同——尤其是水上的弱势文化对陆上的强势文化的趋同,以及希望得到文化的认可和文化的进步。二者的涵化引起文化适应的行为调整,随着文化适应过程的推进,涵化的程度必将越来越深。"① 这种认识缺乏实证调查,笔者通过对湛江地区疍民社会的调查,发现湛江地区的疍民虽然没有像珠江口的疍民那样集中,势力也不大,始终处在被边缘的境地。但是,他们在渔民社会不断转型变化的当下,还是对社会做出了回应,最明显的是疍民族群自我认同的复苏。企水疍民杨姓家族开始重新书写自己家族的族谱以及冼姓家族的族人互动都已经表明,他们不是被动地面对社会变迁,而是通过族人的联合来应对。疍民由传统的"水上居民从水上迁居陆上,生产、生活方式都发生转变,他们的户籍性质也随着由渔民、农民转为居民。然而,他们对'城市居民'并没有完全的认同感与归属感,他们的文化身份的转变并未与其户籍身份的转变同步"②。乌石地区的疍民,原本不愿意被人称为"疍民",现在能欣然接受人们对其疍民的称呼。本地区的一些非疍民看到了"疍民"称谓在经营海产品方面的魅力,纷纷开起了疍家渔排、疍家餐厅,扩大了疍家的影响,同时也宣传了疍家。真正的疍民也从中看到了疍民称谓的社会价值,他们不再回避疍民的称谓。不仅如此,有一部分疍民还在努力扩大疍民的影响力。外罗的疍民比较集中,有几个疍民家族人数比较多,来到外罗落户的历史也比较长,有些家族完好地保留了家族的族谱。随着渔民社会的变迁,疍民与陆上的汉族在生活方式上越来越接近,但在族群认同方面仍然保持距离。一个最好的例子就是上文中笔者提到的有不少疍民开始重视家谱的修订和撰写。

---

① 林丹:《从水居到陆居——广州九沙围水上居民迁居上岸及其文化适应》,载麻国庆主编《山海之间:从华南到东南亚》,社会科学文献出版社,2014,第298页。
② 林丹:《从水居到陆居——广州九沙围水上居民迁居上岸及其文化适应》,载麻国庆主编《山海之间:从华南到东南亚》,社会科学文献出版社,2014,第295页。

## 一　乌石镇镇南渔业村

对乌石镇镇南渔业村委会的干部，笔者很熟悉，这次笔者去之前和该村的支部书记石×珊一直没有联系上，于是就自己去了。如今的镇南渔业村委会已经大换样了，工作人员又补充了三位年轻人，办公室的设备也更新了，办公室也重新布置了，给人焕然一新的感觉。笔者一进门，遇到的是老熟人老冯。他告诉笔者，原来他们村委会的人都是渔民户口，2007年以后，湛江市公安系统都把他们自动生成为居民了。新上任的几位年轻的工作人员以前也下过海。他们介绍说，现在他们不回避疍家称谓，上一年他们还举办了疍家的咸水歌比赛。这是个振奋人心的消息。笔者在湛江沿海地区做人类学田野调查，已经有两年多了，一直感觉湛江地区的疍家人意识淡薄，没有很好地继承疍家的传统。现在看到镇南渔业村疍家的新气象，真为他们高兴。

## 二　日本东北地区的渔民信仰

三崎一夫是日本宫城学院女子大学教员、日本民俗学会会员。他对宫

**石卷海边的神社**

城县沿海地区的渔民民俗有过深入的研究，出版了《图解陆前的蚕神》《陆前的传说》《陆前的年中仪式活动》等民俗书籍。三崎一夫生于日本宫城县，他研究的是宫城县沿海地区的民俗文化，按照人类学理解，他的研究属于"家乡人类学"。三崎一夫的田野点和笔者的田野点有重合部分，为笔者的研究提供了方便。他的研究可以视为"本地人"的视野，其研究成果是笔者文献研究的重要来源之一。

三崎一夫在1965年8月去宫城县牡鹿半岛的纯渔村调查"祝棒"时，来到一户渔民家，看家的老人把放在神龛上的"祝棒"取下来给他看。正在这个时候，刚收工回来的儿子看到这个情景，儿子责怪父亲说，"正月才能动神棒，怎么现在就动了"，这样做会影响出海打鱼的。这件事使三崎一夫感受到民间信仰根深蒂固地影响着渔民。

后来三崎一夫在宫城县七浜定菖蒲田的海边看到弁财天、金比罗、惠比须等石碑，特别是港湾入口处的小岛和礁石被称为弁天岛或岩，被人们所祭拜，当地有句话叫"崎崎铭神，岛岛弁天"，可见民间信仰在人们心目中的地位。

岩手县气仙郡三陆町的渔民在每年正月十五，要给船灵神上供，从岸上往海里洒酒，对着岬角和岛遥拜神灵。宫城县海岸线的中央部凸向太平洋，即牡鹿半岛的最前端是金华山岛，金华山一带的海域是著名的渔场，金华山是航行在这个海域的渔船的"靠山"，渔民根据渔船距金华山的远近来判断是否到达了渔场。金华山在明治初年的神佛分离令之前，有主导"弁财天"的真言宗大金寺，之后该寺成了黄金山神社。不管怎样，那一带的渔民一直把其奉为"捕捞神"，出去打鱼的时候，总要把船开到金华山参拜。集体出海打鱼的时候，在鱼汛的前后，渔业组合成员会集体前去参拜，渔船在那一带的海域航行时，渔民会把打到的鱼抛向金华山方向的海里，遥拜金华山。

在宫城县的七浜町花渊浜有与出海捕鱼相关的大根明神社"御前上"祭祀活动，活动定于每年6月1日，在当地的鼻节神社内举行。渔村有"潜水者"用传统的方法潜入海底抓鲍鱼的习惯，这一天由这些渔民完成祭祀活动，祈祷渔业丰收。大根明神社位于岸东4公里的海底岩礁，有西宫和东宫，退潮的时候其神殿浮出海面，依稀可见。那一带平时浪大，渔民都不敢接近。

祭祀活动的那一天，一大早渔民们就聚集在"总代"（负责人）的家里，做"神馔"（供神的食品）。上午8点左右，总代和神官一起乘船前往大根明神社，在岩礁附近的海上祈祷，把准备好的生鲍鱼抛到海里。回来的时候，在鼻节神社的院子里摆放的大根明神的东、西两社的石祠前，供上拌好的熟鲍鱼和生鲍鱼各12只。仪式结束以后，把生鲍鱼再从断崖上抛到大海里，祈祷渔业丰收。之后把拌好的熟鲍鱼放到柏树叶上，用来款待来参拜的人们。

对于渔民来说，海给他们带来了恩惠。渔村在正月有祈祷渔业丰收的仪式活动，渔民早早就开始装点神龛了，在神龛上装饰鱼形剪纸，歌津町称之为"惠比须币"，本吉郡把它叫作"悬鱼"①，还要在厨房的角落支个木棍，正月的时候，选一条打到的鱼，用稻草穿进鱼鳃挂在木棍上，这条鱼既是供品，也是食物。

正月初二首次出海叫"乘初"，要举行第一次出海的仪式。如果捕捞到鱼，要先供奉在神龛上，然后才能拿到市场上出售，这叫"初卖"。船主要把渔夫叫到家里请他们吃饭。

小正月的时候，孩子们用木头做成船，去给船主拜年，他们模仿钓鱼的情景，祈求渔业丰收，歌津町寄木称这个仪式为"sasayo"，孩子们扛着庆祝渔业丰收的大旗，挨家挨户地拜访。

集体出海打鱼的渔业组合，在渔期临近的时候，以船长为首的渔夫们聚集在船主家，举行"待日聚会"②，一起净身，祭拜"镇守"③和其他神佛，祈求渔业丰收，结束以后在船主家喝酒吃饭。

仙气沼海湾每年3月3日各渔村的船主在指定神社轮流举行参拜仪式，祈求渔业丰收，之后决定出海打鱼的计划。

在决定好出海的日期后，本吉郡的渔民要开着船在唐桑半岛前面绕一圈，之后先参拜御崎神社，再参拜金华山和盐釜神社，祈求渔业丰收。

出海打鱼的渔船满载而归的时候，要在船头竖立丰收的旗帜。在渔期中，获得了渔业丰收，唐桑町要举行"前期祝贺"；气仙沼市要举行"中

---

① 即供鱼，日本渔船返港后供奉氏神或第一次捕鱼时供奉惠比须神的鱼。
② 待日聚会，日本农村村民在农忙之后举行集体会餐、娱乐等活动。
③ 镇守，神道中指守护国家、城市、村庄、寺院等一定区域的土地，也指其守护神，与氏族神和出生地守护神基本相同，也称"地主神""镇守神"。

体祝贺"，船主要给渔夫赠送庆祝渔业丰收的半袖汗衫。渔民们都穿上汗衫，去参拜村落的神佛。之后船主要设宴款待渔夫。

在歌津町名足鲣鱼渔业组合，要是钓上来的鲣鱼超过1000条的话，就举行"千钓祝"。船主要给渔夫们送去庆祝渔业丰收的半袖汗衫。渔民们穿上汗衫，去登拜田束山，回来之后，船主设宴款待大家。

渔民以海为生，与农民相比，禁忌更多。其中最忌讳的是产后污秽。歌津町的渔民不只在乎自家的污秽，也在乎亲戚家的污秽，当自家或亲戚家有小孩出生的时候，相关家庭成员7天内不能出海。出海打鱼的语言禁忌是不能说"猴子"和"蛇"，因为日语中"猴子"的读音与"去"谐音，说"猴子"不吉利；"蛇"与海神弁财天和龙神有关，所以不能随便说。

三崎一夫以上的研究成果对于笔者来说具有启发意义。另外一位日本学者小林文夫的研究成果也是笔者的重要文献来源。

小林文夫出生于日本岩手县，是日本民俗学会会员、日本口传文学学会会员，出版有《常州龙崎地方俗信俚谚集》。小林文夫做民俗调查的地方对于笔者来说并不陌生，他的研究成果也是笔者的重要参考资料。

小林文夫在谈到岩手县沿海渔民的民俗时说，岩手县的沿岸从江户时代就是日本重要的渔场之一，盛产蛙鱼、鳕鱼、鲥鱼等。过去岩手县沿海的渔民盛行"日待讲"。"日待讲"是过去日本农村普遍盛行的一种"祈祷集会"。农民选择一定的日子集体拜神，祈求神灵的保佑，这种习俗在日本东北地区的渔村也很盛行。岩手县的"日待讲"分"小渔日待"、"乘立日待"和"上日待"三种。"小渔日待"是海带和鲍鱼开始上市的那天，渔村的十五六个人聚集在一起，开始联欢，其间决定共同渔场的捕鱼方法以及如何分配打到的鱼，新入会的人要带一块豆腐、一瓶酒来。"乘立日待"是出海打鱼上船的前一天，船主要和乘船出海打鱼的人（船夫）喝"缘分酒"，第二天在船头上竖起渔业丰收的大旗，拜渔神。"上日待"是渔民们结束了一年的出海打鱼工作，船主要给渔夫们举办慰劳宴会，结算一年的工钱，如果这一年是丰收年，庆祝宴会要隆重举行。

每年的12月8日要举行"八日行"，成年男子都可以参加，从12月7日开始聚集在"行屋"（举办活动的地方），一起就餐，晚上住在一起。12月8日打年糕、喝神酒、唱渔业丰收歌。大家聚集在一起，除了娱乐之外，还有一个重要的目的就是延续村落的传统信仰、慰劳渔民，听老人讲村落的历史、渔业技术以及如何维护村落的秩序等。

"金比罗讲"从12月10日开始进行，12月9日负责人住进举办活动的屋子里。"金比罗讲"只有渔夫参加，感谢一年的安全生产和渔业丰收，这期间行商也会来销售日用品。

大船渡市的"惠比寿讲"是在每年阴历十月十二日举行，届时要煮红豆饭，办宴席，人们可以随便吹牛取乐。

现在这些活动虽不如从前那样开展得好了，但是有些地方还在开展。笔者之所以关注渔民社会中的文化传统，是因为文化传统是决定社会存在的重要因素，一个社会的文化传统一经形成就会有巨大的生命力，也会产生很大的影响力，反过来成为维护社会的重要力量。日本社会的一个最大的特点就是同质性强，同质性强主要在于它的文化建构。因此，笔者认为认识日本社会的一个重要的方法是解读其文化。"3·11"大地震对日本东北地区的沿海地区造成了巨大的灾难，如何恢复灾区的生产、生活是日本政府极为关心的问题。日本政府除了在经济上对灾区援助外，还投入大量人力，对灾区特别是宫城县沿海地区的非物质文化遗产、民间艺术、祭祀礼仪等进行了大规模的社会调查，调查的目的除了保护那些非物质文化遗产之外，还希望这些非物质文化遗产在灾区重建、社会整合方面发挥作用。在调查的基础上由日本东北大学的高仓浩树等编辑出版了《灾害中的无形民俗文化遗产——东日本大地震和宫城县沿岸地区社会的民族志》一书，书中说："我们立足于灾害与复兴的社会整体脉络来看待非物质文化遗产。本来灾害与复兴是每个个体的体验，比如灾害发生时如何保证食品的需要？之后怎样修复房屋？住在哪里？能找到什么工作？灾害面对的是这样一系列由个人决定的事情；然而重振民间艺术、祭祀礼仪这样的事情就不是一个人所能决定得了，必须由几个人在区域社会成员和外部相关人员的支持下才能决定……传统的非物质文化遗产是怎样整合社会的？它发挥了哪些文化的象征意义？它是不是区域社会的文化资源？"①

在这次调查活动结束以后，不少日本学者写出了研究报告。神户大学

---

① 高倉浩樹，滝澤克彦：『無形民俗文化財が被災するということ—東日本大震災と宮城県沿岸部地域社会の民俗誌』，东京：新泉社，2014，第11页。

国际文化研究科的梅屋洁在宫城县气仙沼市的鹿折地区进行了调查,他在调查报告中写道:"海啸使渔民失去了一切,但是在制定复兴计划的时候,他们首先想到的是祈祷……令笔者吃惊的是这里的居民,在海啸发生以后不是先修复自己的家,而是去修复一景岛神社的牌楼。他们抬着神奈川县高津区北见方白髭神社赠送的神舆,在 2012 年 9 月举办了大祭拜活动,2012 年 12 月开始重建了社殿,2013 年迎来了初次参拜的人们。后来听说牌楼的材料是神社厅提供的。"① 由此可见,民间和官方都很重视民间传统文化的延续。

日本国立民族博物馆的林勋男考察了"3·11"大地震以后的宫城县南三陆町歌津地区的民俗祭祀活动,他在《灾害复兴中的民俗文化的作用——南三陆町歌津地区的民俗仪式活动的再生》一文中写道:"在灾难发生之前寄木地区有 47 户人家,灾害发生以后有 35 户人家被海水冲垮,有 9 户人家住在当地的临时住宅里,其他住户分散地住在其他地方,有两位年长者在灾难中死亡。寄木有 23 户人家在转移到了归'契约会'所有的高地的临时住所里,有 4 户人家在自家的土地上新建房屋,其他几户准备入住国家的廉租房。邻近村落的 18 户人家也准备移居到高地临时住所,这样高地就成了两个村落村民居住的地方……本地区每年 1 月 15 日有举办'sasayo'仪式活动的传统,它是祈求海上安全和渔业丰收的仪式活动,为了继承传统不能终止活动,2011 年的 12 月决定在下月举行。被孩子们拿回家的三套'法被'还保存完好,其他的都被海水冲走了,村落的女人赶制了缺少的'法被'。本来仪式活动是村民代表走访各家,在各家的门口竖起祈求渔业丰收的大旗并给村民斟上神酒,祈求海上安全和渔业丰收。但是灾害发生以后,只能在寄木港和村民住的临时住所举行,队伍转完没有被海水冲走的人家后,再转到临时居住点去。因为临时居住点还有外村人,为了不影响别人,本村的村民代表带上祝福和神酒集中到渔港集体拜神,之后孩子们再到临时居住点去祈祷。2013 年 1 月 15 日,在村里早早就竖起了'sasayo'大旗,下午 2 点 50 分在寄木的渔港开始敲起'sasayo'大鼓,拉开了'sasayo'仪式的序幕……这一年的仪式活动先在渔港进行,

---

① 高倉浩樹,滝澤克彦:『無形民俗文化財が被災するということ —東日本大震災と宫城県沿岸部地域社会の民俗誌』,东京:新泉社,2014,第 26 页。

之后转移到寄木的临时住所，在住所的入口处竖起了象征着渔业丰收的大旗，把居民献上的神酒洒到旗杆下，之后唱祝词，给孩子们祝福的钱和年糕、点心。"①

林勋男的研究表明尽管寄木地区遭受了百年未遇的灾害，村民分散居住在几个地方，但是传统的"sasayo"仪式活动，在灾害发生的第一年就如期举办了，它说明渔民重视传统文化，渔民始终对海充满敬畏之心，渔民相信它是渔业兴旺发达的源泉。

日本东北大学东北亚研究中心的金贤贞在"3·11"大地震以后对宫城县女川町的民俗文化进行了调研，她在《东日本大地震和离岛的民俗文化——以女川町出岛的狮子舞为主》一文中写道："出岛的主要产业是渔业。1949年成立了出岛渔业协同组合，很早就渔业生产集体化了，出岛的居民多是靠沿岸渔业为生。但是由于到20世纪60年代人口剧增，渔民开始转向远洋渔业。小型渔船主要由长子使用，二子和三子乘远洋渔船出海打鱼。沿岸渔场渔业主要捕捞的是小沙丁鱼、沙丁鱼、墨鱼等，20世纪60年代以后主要是养殖牡蛎、海带、裙带菜。地震发生前出岛有27户养殖扇贝、6户养殖蛙鱼、3户养殖裙带菜。过去都是父子去近海打鱼，之后由于年轻人外出工作，夫妻一起出海打鱼的情况更为普遍。出岛一年中的仪式活动主要有两次，一次是正月的狮子舞，还有一次是五月的神社祭祀活动。代表各家氏神的总镇守神社是出岛的八云神社、寺间的严岛神社。女川町在地震、海啸中死亡和失踪526人，其中有16人是出岛人，之后出岛有300人在女川第四小学和第二中学避难，之后集体转移到石卷市内的四所高中避难，一个月以后有一半人转移到亲戚家或回家避难，剩下的人在女川町临时住所避难。2012年出岛居民在志愿者的帮助下，恢复了出岛的狮子舞……受灾地区的民俗文化对于在陷入危机的故乡人来说，它可以唤起人们热爱家乡的情感，它是复兴家乡的力量源泉。"②

北九州市立大学的山口未花子"3·11"大地震以后，对宫城县石卷市的牡鹿半岛进行了民俗文化调研，她在《牡鹿半岛的村落中的祭祀活动

---

① 高倉浩樹，滝澤克彦：『無形民俗文化財が被災するということ―東日本大震災と宮城県沿岸部地域社会の民俗誌』，東京：新泉社，2014，第34~36页。
② 高倉浩樹，滝澤克彦：『無形民俗文化財が被災するということ―東日本大震災と宮城県沿岸部地域社会の民俗誌』，東京：新泉社，2014，第79~88页。

复兴的三种模式》中写道:"全半岛共同的特点是以渔业为主要生计,祭祀活动离不开祈求渔业丰收,船灵信仰是很多渔民的共同信仰,渔民要参拜祭祀船神和海神的八鸣神社,另外作为村落的宗教仪式活动,每年2月9日要举行'偶人'祛厄的仪式活动,区长和氏子总代表负责组织仪式活动,村民共同用稻草制作'偶人',这仪式活动在灾害发生以后一直没有间断……牡鹿半岛现在仍然保留着古老的仪式活动,仪式活动不是为了来本地参观的游客,而是纯粹为了渔民自己,仪式的目的是为了祈求渔业丰收和出海安全,它是为了村落内部人凝聚在一起,自我认同的仪式,即为了维系自己与赖以生存的大自然关系、建构村民内部人际关系的仪式。从这个意义上说,牡鹿半岛不仅保留了传统的仪式活动,还维系了传统的人与自然的关系。"①

## 三 疍家咸水歌

疍民喜欢唱歌,不同地区的疍民唱的歌虽然类似,但也不尽相同。黄妙秋在《广西北海疍民咸水歌研究》一文中指出,"南方疍民的音乐来源复杂,种类不一,主要有:珠江三角洲和北部湾海域一带疍民的'咸水歌'、广西内地沿海一带疍民的'海边歌'、福建东南一带疍民的福建疍歌和海南黎话疍歌等。其中用广州方言所唱的'咸水歌'是突出代表,是南方水上文化精华的高度凝练"。② 何薇在《珠江三角洲咸水歌的起源与发展》一文中指出,"咸水歌,又称疍歌、蜒歌、蛮歌、咸水叹、白话渔歌、后船歌等,主要流行于珠江三角洲河网交错地带以及沿海地区,是长年漂流水上的居民(过去被贬称为'疍民')的一种歌谣。为何将之称为咸水歌?学者们有不同的解释:一种认为与疍民生活的地域有关,珠江三角洲濒临南海,沙田面积广阔,河网交错,每年枯水期南海咸潮涌入,咸水流至沙田各处。而咸水所到之处,均是疍民聚居之地,咸水歌由此而得名。或认为疍民长期同大海的咸水打交道,所以他们传唱的歌称之为'咸水

---

① 高倉浩樹,滝澤克彦:『無形民俗文化財が被災するということ—東日本大震災と宮城県沿岸部地域社会の民俗誌』,東京:新泉社,2014,第90~97頁。
② 黄妙秋:《广西北海疍民咸水歌研究》,《中国音乐学》2008年第4期。

歌'。另一种认为咸水歌的'咸'字意义并不是因为地域近咸海，主要指与男女私情有关的事。持这种观点的学者认为歌的名称完全是按实际取义的，'咸'义在广州方言区内，是继承了古义，并引用以下史料为佐证：说早在我国古代哲学经典的《周易》（又称《易经》）中的第三十一卦'咸卦'里，已经明白地解释了'咸'字的意义，《晋书》武帝（司马炎）时，讲述到胡贵嫔的时候，把'咸'化成故事记述，武帝'掖庭，并宠者众，帝莫知所适，常乘羊车，恣其所之，至便宴寝，宫人乃取竹叶插户，以盐汁洒地，而引帝车'。竹叶、盐汁均为羊所喜食。由于水上人家所唱

英姿飒爽的乌石镇镇南渔业村的疍家妇女（石×珊提供）

的歌以情歌为主，所以叫作'咸水歌'。"[①] 关于咸水歌的起源，众说纷纭，至今没有定论。但珠江三角洲的疍民喜欢唱咸水歌，这已经成为学术界的共识。咸水歌是广东疍民用以抒发自己感情的歌曲形式。事实上，广东疍民的咸水歌、广西疍民的海边歌、福建东南一带疍民的福建疍歌和海南黎话疍歌，已经成为识别渔民是不是疍民的重要依据。湛江地区不是疍民的发源地，而是接受地。湛江三面环海，海岸线长，沿海地区有很多以海为生的渔民，如何判断哪些是真正的疍家渔民，哪些是后来加入渔民队伍的新渔民，在如今"海上居民"都上岸居住的情况下，越来越难。根据笔者

---

① 何薇：《珠江三角洲咸水歌的起源与发展》，《广州大学学报》（社会科学版）2007年第1期。

的调查，用是否会唱咸水歌的办法来识别，很有效。咸水歌是用白话唱的，在湛江沿海地区的渔民中，如果会用白话唱咸水歌，一般就是疍民。笔者调查的企水、乌石、外罗、硇洲岛的渔民中，会说"白话"，能唱咸水歌的都是疍民。但现在会唱咸水歌的疍民越来越少了。过去咸水歌是疍家渔民在休渔期唱的歌。那时的休渔期，渔民除了修补渔网，基本没有什么事情可做。现在的休渔期渔民也很忙，除了修补渔网之外，有不少渔民在此期间还要外出打工，年轻的疍家渔民已经很少有人会唱咸水歌了。不过，最近乌石镇镇南渔业村的疍家渔民在村委会主任石×珊的带领下，开始组织村民唱咸水歌了。2017年8月在结束休渔期的时候，就举办了"开海疍家渔歌晚会"，据说2018年过春节的时候也举办了类似的渔歌会。从这些迹象表明，传统的疍家渔民开始有了"文化自觉"。

"文化自觉"是费孝通先生最早提出来的。其观点是：生活在一定文化历史圈子的人对其文化有自知之明，并对其发展历程和未来有充分的认识。换言之，是文化的自我觉醒、自我反省、自我创建。疍家是在历史发展过程中形成的族群，它有着显著的族群标志，其中有些族群标志已经基本消失，比如"疍家船"，人们不再长期居住在船上了。现在的小船已经基本没有了居住和生活功能，渔船的变化是社会发展的结果，无可厚非。然而像咸水歌这样的代表疍家文化的东西，如果没有人继承，"疍家"就很难称其为疍家了。

可喜的是，在笔者调查的湛江地区的疍民开始意识到延续疍家文化的重要性，有的家庭开始书写家谱，有的村委会开始组织疍家渔民开展一些文化复兴活动。"文化"不仅是用来观赏的，它还是社会整合的重要力量。人类学家在调查一些无文字的民族或无国家的社会时发现，尽管有些民族没有文字，有些社会不能称为真正意义上的国家，但是这种社会也并不像人们想象的那样无序，社会仍然能按照其社会成员的意愿维持着，其中的关键是社会中有一整套"文化机制"在发挥作用。

为什么笔者在这里讨论文化机制问题呢？因为笔者认为在如今世界经济一体化、国民意识个人化的时代，社会管理很难全由政府承担，社会管理的某些职责必须由非政府的社会成员来承担。在西方社会，这一部分已经由非政府组织即自治组织或公益组织所承担。在中国，非政府性质的自治组织还不健全，公益组织能做的事情极其有限。笔者认为，在社会中扶持那些有文化传统的、有社会凝聚力的社会组织包括族群参与管理社会更好。在中国，客家族群被认为是最有影响力的族群，其社会成员自觉维护族群的意识使该族群形成了巨大的凝聚力，客家文化对族群意识的形成和发展起到了巨大的作用。

# 第十章 湛江疍家渔民的自我表述与对石卷地区渔民的考察

广东的疍民一般集中在珠江三角洲，因此珠江三角洲的疍民一直成为学界关注研究的对象，研究成果颇丰。粤西的阳江、茂名也是疍民比较多的地方，学界对此也较为关注，但对前往海南、广西的湛江地区疍民的研究甚少。其实，湛江沿海地区的疍民不少，詹坚固在《建国后党和政府解决广东疍民问题的举措及成效》中写道："为疍民建设了一批渔民新村，今天广东沿海的海陆丰、阳江等地渔民新村都是当年由政府统一修建。沿海民上岸定居，往往要经过从艇到棚（寮）和从棚（寮）到屋两个阶段。以海康县为例，1953年海康县共有水上居民424户2649人，1950~1953年部分渔民搬上沙滩建简易木棚，1953~1963年渔区经过组织生产互助组、合作社，开展技术改革，渔产增加，渔民增收，渔民普遍建棚，这时棚的质量较简易。木棚好得多，也较美观、宽阔。个别人已开始建砖瓦结构的平房。至20世纪80年代末期，乌石、企水两港的渔民（指过去的渔民）已建成楼房540座，其中钢筋水泥结构的楼房285座，建筑面积65000平方米，渔民新村总面积达1.5平方公里。"①

据笔者的调查，湛江沿海地区的疍民多半是清朝中叶来的，民国时期达到高峰，多数疍民说祖先是从阳江、茂名那边来的，有不少人在那些地方还有自己的亲戚，他们都说"白话"，这说明湛江沿海地区的疍民在文

---

① 詹坚固：《建国后党和政府解决广东疍民问题的举措及成效》，硕士学位论文，华南师范大学，2004。

化渊源上与珠江三角洲的疍民有关。在中国，渔民除了上述的纯渔民之外，还有半农半渔渔民，他们居住在海边，但是在岸上有土地，过去打鱼不是主业，种地是主业。这些人中有的早于疍家渔民居住在此地，但他们的生活不完全以渔业为生，靠的是农业。这些人也承认，他们的祖先是从陆路来到湛江的，而不是海路，多数人说自己的祖籍是福建。研究证明，雷州半岛的居民多数人的祖籍是福建，即"流民"后裔，他们的祖辈不是渔民而是农民。他们来到湛江沿海，尽管靠海居住，也不以出海打鱼为生。改革开放以后，渔民社会结构发生了巨大变化，半农半渔渔民不断增多。因此在分析渔民社会的文化资源的时候，不能不考虑半农半渔渔民的情况，其实，打鱼是一种专业性很强的生计模式，还是一种风险性很高的职业。在科技不发达的时代，不是谁都能打鱼，更不是谁都能以打鱼为生的。半农半渔渔民能介入渔民社会，也得益于科学技术的进步。随着社会的发展，现在的渔业依靠的是科技，传统渔民的渔业技术被大量的先进仪器所取代，为非传统渔民介入渔业提供了方便。

# 一　湛江地区的疍家渔民

### 1. 硇洲岛的传统渔民

硇洲岛附近海域是中国的著名渔场，渔业发达。"抗战前，岛上居民1500人就有1200人靠渔业为生，占全岛人口的70%。硇洲岛可供泊船避风的天然港口有南港和北港，当时罟帆船多在北港停泊，后来渐移泊淡水海面，罟帆渔民（俗称疍家）并在水仙庙前海滩至海晏小学前海滩处搭棚架艇供老弱妇孺居住（清政府规定不准疍家渔民在陆地上居住）渐成群落，俗称南边棚。光绪二十四年法国租借广州湾后，法当局在淡水埠设营房（今淡水小学）……岛上的政治经济军事文化中心渐移淡水街，使淡水成为繁华的港埠。逢农历三月三十日岛上渔民则在津前天后庙前搭台演戏，纪念航海女神妈祖，祈求保佑平安。"[①] 1952年12月，成立雷东县第

---

① 中国人民政治协商会议湛江市委员会文史资料研究委员会编《湛江文史资料（湛江港口）》第十四辑，1995，第169页。

一个硇洲罟帆生产互助组；1954年4月，成立硇洲罟帆渔业生产合作社；1958年11月，成立湛江市郊区碑洲公社罟帆渔业生产大队；1966年12月后，改名为湛江市郊区硇洲公社红卫渔业生产大队；1983年9月，为加强渔业生产管理，成立湛江市硇洲区淡水镇红卫渔业公司；1987年5月，为发展远洋业生产，更名为硇洲镇红卫海洋渔业公司；1992年7月，改名为湛江市东海岛试验区硇洲红卫管理区办事处；1998年12月，改名为湛江市东海岛试验区硇洲红卫居民委员会；2005年2月，更名为硇洲镇红卫社区居委会；2010年11月5日后，更名为湛江市经济技术开发区硇洲镇红卫社区居民委员会，属于湛江市经济开发区硇洲镇管辖的一个居民社区。

香港中文大学的贺喜先生也对硇洲岛渔民进行过深入研究，他认为："水上与陆上的分歧，体现在当地人对自己生计的认知上。住在陆地上的村民往往说自己'半农半渔'，而红卫人是'纯渔民'。陆地上70多岁的老人特别强调一个解释，'他们驶的是大船，我们都是小船'。水边的社会似乎远比当初的设想要复杂。硇洲岛在清代以来的社会结构中，的确有'水上人'和'陆上人'的区别，这种区别更多地体现在户口以及保甲制度的分类上。"[①] 现在硇洲岛有宋皇、孟岗、谭北、北港、南港、红卫、津前、淡水8个村委会，每个村委会都有以打鱼为生的渔民。据渔政工作人员介绍，硇洲岛有居民4万多人，其中有渔民船员证的人员7000多人，大小渔船中有证渔船1450艘，无证渔船2000艘。笔者和渔政工作人员聊起无证渔船的事情，他们说无证渔船是打击的对象，但因为这里的村民基本住在海边，陆地上的土地又很少，不打鱼也不行，无证渔船也是渔民的家产，一旦他们造好了船，单靠渔政部门也是无法真正取缔的，处理不当容易引发群体事件，所以渔政部门很慎重。现在出海打鱼的人，从法理上讲，有船而且有船证才能称为合法渔民，而没有船证的人是非法渔民。然而民间并不这样讲，民间一般并没有把无证渔船上升到法律高度去认识，很少用非法渔船去指称，一般都称其为"三无渔船"。

### 2. 企水镇的传统渔民

"湛江市雷州市企水镇渔业村是雷州市一个自然村。渔业村的村民主

---

① 贺喜：《流动的神明——硇洲岛的祭祀与地方社会》，载李庆新、郑德华主编《海洋史研究》（第6辑），社会科学文献出版社，2014，第230~252页。

要是疍民，其祖先是世世代代居住在水上、过着漂泊生涯的渔民，清代中后期各地的流动小船先后聚集到这里，其风俗、衣冠、体型、体质以至道德规范都与当地居民不同。1950年政府首次拨出渔业专业低息贷款帮助渔民恢复生产。经过渔区民主改革运动，1954年建立了当地历史上第一个由渔民当家作主的政权企水镇（乡级渔业镇），由不脱产的渔工当镇长。接着又出现了疍家上陆定居。初时疍民先居住在海滩高潮线搁浅的残旧艇、草木棚里，经过几年时间普遍住进了标准较高的木棚，后来逐渐由棚过渡到半砖瓦房、全砖瓦楼房，形成了渔民住宅区的规模。疍民真正有了'家'，结束了世世代代的漂泊生涯。1978年基本实现拖网船机帆化，小船小艇普遍安装小匹马力机器。"① 企水镇除了疍家这样的传统渔民，还有不少半农半渔渔民，例如海角村和后坎村户籍上是农民，但村民中不少人以打鱼为生。

### 3. 乌石镇的传统渔民

据文献记载："乌石港的居民有水上渔民和陆上居民，水上渔民是原先由各地流动渔船被称为'疍家'的渔民在各个时期先后集结在这里的，有他们自己的语言、风俗习惯。建国前，这里除了渔民之外，相当部分人的经济生活来源也是直接、间接靠鱼'字'，更多人实际上是围绕为渔业服务的从业劳动者，如鱼贩、搬运、修船、纺网线及经销生产生活资料的商店、摊贩等。建国后政府帮助渔民恢复生产……疍民的政治地位变化以后，从1955年开始陆续上陆定居。1976年开始为渔民新装四艘铁壳渔轮。"② 全镇现有渔船612艘，作业方式主要有灯光围网、流刺网。渔业村委会15个，其中纯渔业村委会2个（镇南、镇西）。从事渔业生产的人口4.1万人，其中世代以捕鱼为生的纯渔民4587人。海水养殖主要有对虾养殖、扇贝养殖、鱼类网箱养殖。乌石镇除了传统疍家渔民外，还有不少半农半渔的渔民，新沟村、港彩村的村民有不少就是这种"渔民"。

---

① 中国人民政治协商会议湛江市委员会文史资料研究委员会编《湛江文史资料（湛江港口）》第十四辑，1995，第123页。
② 中国人民政治协商会议湛江市委员会文史资料研究委员会编《湛江文史资料（湛江港口）》第十四辑，1995，第114、116页。

#### 4. 外罗镇的传统渔民

外罗港为国家二级渔港。"外罗港在清朝初期是个荒芜之地。乾隆年间，数名海康、遂溪籍人迁居于此，成为外罗的最早居民。到了咸丰年间，外罗港出现了内港网门，流动在两广沿海的'疍家'开始来此地捕鱼、停泊。由于港湾自然资源条件优越，前来捕鱼者渐多，外罗成为'疍家'渔船的常泊之地。'疍家'的涌入，给外罗带来了较新的捕捞技术。至清朝末期，外罗还是一个小渔埠。民国初期，随着渔业的逐渐发展，外罗从渔埠发展成了渔港，1929年已成了雷州半岛的主要渔港之一，并从此作为广东省的重要渔港记载在册。外罗的渔业生产一向以家庭形式为主。一艘渔船就是一户，一户就是一个生产单位，没有严格的生产组织。20世纪40年代，为了捕鲸，大家相约合作捕鲸，这就是解放前外罗出现过的生产合作。解放前，外罗港的基础设施十分简陋。没有码头，渔船都习惯泊在不足300米的沙子尾沙滩上，渔民的生活尤其困苦。"① "20世纪70年代中期，外罗港渔业船队基本实现了机械化。积极推广使用先进的流刺网具……深海进行作业，多捕优质鱼。"② 外罗除了这些传统渔民之外还有不少半农半渔渔民，金钩村不少村民就是这种渔民。

## 二 湛江传统渔民访谈录

#### 1. 红卫大队干部访谈录

红卫管区办公室的工作人员由原来的5人增加到7人，增加了2位女性工作人员，管区主任、书记是吴×华。笔者去的时候有2位工作人员在，笔者的话题先从"疍家"的称谓开始。红卫村叫红卫渔业大队，也叫红卫渔业公司，村民基本是"疍家"。支部委员周×告诉笔者，疍家人是传统

---

① 中国人民政治协商会议湛江市委员会文史资料研究委员会编《湛江文史资料（湛江港口）》第十四辑，1995，第103、104页。
② 中国人民政治协商会议湛江市委员会文史资料研究委员会编《湛江文史资料（湛江港口）》第十四辑，1995，第9页。

的渔民，但是现在村里靠出海打鱼为生的人越来越少，只有几十人，大多数人在外地打工。国家鼓励村民造大船，去远海打鱼，一艘大船要 100 多万元，村民都造不起。他说村里有渔船证的大船只有 8 艘，小船有 100 多艘，大多数没有渔船证。笔者问周×2005 年渔政部门是否对渔船进行了核实登记、注册。他说是对的，之后国家要对这些在册的渔船征收"资源保护费"，这样不少村民为了避税就放弃了渔船注册登记。之后 2007 年国家针对这些注册登记的渔船，发放了渔船油料补贴，俗称"油补"。这样有的船有油补，有的船没有油补，没有油补的就是那些没有主动注册登记的渔船。这些渔船不但没有油补，还成了被取缔的对象。现在红卫大队的几艘大船是 1000 多马力的，每艘价值 200 多万元，但这些船没有远洋渔业证，只能在海南一带打鱼，而且不能跨省作业。渔船有三种，一种是只能在近海打鱼的渔船，一种是可以跨省作业的渔船，另一种是可以进行远洋渔业的渔船。早年渔民的船都是木船，现在都换成铁船了。以前红卫大队很兴旺，现在不行了，因为现在硇洲岛到处都是打鱼的人。以前打鱼的人主要是红卫大队的渔民，虽然当时也有其他地方的打鱼人，但用的都是很小的船。现在农民也在打鱼。周×对农民打鱼很理解，认为硇洲岛的农民地少，靠种地不能维持生计。他也认为，现在谁有渔船谁就是"渔民"，红卫大队的村民不出海打鱼的也不能称为渔民了。现在沿海地区有两种渔民，即有船的渔民和无船的渔民。有船的渔民也有两种情况，一种是有船且有渔船证的渔民，另一种是有船而没有渔船证的渔民。这三种渔民中没有船的渔民最多，他们在别人的船上打工，有的在本地渔船上打工，有的在外地渔船上打工，还有的在运输船上打工。附近的津前村和下港村的村民过去就是半农半渔，用的是小船，红卫大队成立以后村民的身份是深海渔民，用的是大船。渔民们出一次海，有的时候要几个月的时间。说到这里，笔者想起在村口和村民周老伯的谈话，周老伯说他去夏威夷附近钓过金枪鱼。笔者向周×核实。周×说，中国水产湛江海洋渔业有限公司曾来这里招远洋渔业工人，红卫大队有不少村民应聘，去深海打鱼。周×的说法是对的。笔者在中国水产湛江海洋渔业有限公司采访的时候，听工作人员介绍过，公司的渔业工人不少是从硇洲岛红卫大队招的。当时红卫大队的村民除了应聘中国水产湛江海洋渔业有限公司之外，还驾驶自己的大船出海。1987 年 5 月，为发展远洋业生产，红卫渔业公司更名为硇洲镇红卫海洋渔业公司。当时红卫大队的很多村民随远洋渔船去夏威夷附近打过鱼。周老伯说过,应聘中国水产湛江海洋渔业有限公司随船出海,一年能挣10多万元,这个数字在20世纪80年代是相当多了。一位女工作人员讲,1992年红卫大队的渔民还去过马绍尔群岛附近抓鲨鱼,主要是取用鲨鱼的鱼翅和鱼皮,她父亲作为轮机长也随船去过。那几年出国打鱼,主要是钓金枪鱼和打鲨鱼。金枪鱼钓上来后,随即就被台湾地区的老板收购了,之后被转卖给日本。鲨鱼的鱼翅和鱼皮带回中国大陆销售。那几年和远洋渔船出海打鱼的渔民都挣了不少钱,她父亲用挣来的钱供她弟弟上了大学。当时红卫大队的不少渔民在远洋渔船上当轮机长。

笔者和这位女工作人员谈起现在渔民社会的变化,传统的疍家渔民越来越少,渔民不再是身份的表征而是职业的表征。为此,笔者问一位红卫管区女工作人员怎么看这个问题,她的回答出乎笔者的意料,她平静地说,跟着政策走吧。从这句话中,可以体味渔民的特殊体验。说到这里,笔者想起了乌石镇镇南渔业村委会主任石×珊对笔者说过的话。她说,她现在最后悔的是当初那么积极地搞转产转业,使很多渔民失去了赖以生存的船只,最终成为给别人打工的"渔工"。其实在中国,哪一种职业的变迁都离不开国家政策,我们每一个人的命运都和国家的命运息息相关。

## 2. 北港港头村梁×访谈录

当笔者得知原红卫大队的黄书记住在北港港头村时,非常兴奋,因为他是红卫大队变迁的见证人,笔者有很多问题想问问他。当笔者赶到他家的时候,邻居说他最近没有回来,一直住在湛江霞山某小区。于是,笔者和他邻居聊了起来,邻居姓梁,祖先是从海康(雷州)来的,他不会说"白话",只会说"雷话"。他说港头村与梁村、黄村之间的港湾叫北港,疍家渔民从各地陆续来到硇洲岛的时候,都在北港落脚,住在陆地上的人以农业为生,疍家住在停靠北港的渔船上,以打鱼为生。当时还没有现在的淡水码头,之后才有了现在的淡水码头。疍家渔民最早使用的是罟帆船,那时还不叫红卫大队,叫罟帆渔业大队。一部分渔民住在港头村,还有一部分渔民住在淡水港岸上的木棚里,出海打鱼的时候来到港头村,那时岸上的农民不出海打鱼,现在梁村、黄村、港头村有不少村民在打鱼。

曾经有一段时间，梁村的村民成立了红星渔业大队，之后和红卫大队合并。他说港头村以前很热闹，有过供销社、银行，湛江水产公司也在这里，这里的渔港码头每天都有买卖鱼的，但1985年以后这里就萧条了。他有一艘船，现在主要靠打鱼为生，出海打鱼的时候，夫妻俩一起去，一个月平均能挣5000元左右，每年能挣七八万元。他的房子就是这几年出海打鱼挣的钱盖的。现在硇洲岛的很多渔民"做海"，"做海"比种香蕉挣钱容易，种香蕉一年只有一次收获，"做海"就不一样了。他说，他的船有牌照，但没有渔船证，所谓有牌照就是在派出所登记过。他说渔政部门除非禁渔期否则一般不抓他们。他用的是流刺网，他说渔政不是无缘无故抓船，一定是被抓的渔船有什么问题。如果作业符合规定，渔政是不查的。说到这里，笔者想起了2016年3月在淡水港看到的情景，有一对渔民夫妻哭诉，他们的渔船被渔政给扣了，说他们没有按照规定打鱼。他们的船是流刺网，结果那时候他们用了拖网打鱼，被渔政部门发现并扣下，并罚了6000元钱。他们觉得很委屈，认为不应该罚他们。他们的理由是，这附近海域鱼的品种一年四季是不同的，有的适合用流刺网，有的适合用拖网。渔政部门对他们的船在打鱼方式上有限制，即流刺网渔船不能用拖网和笼网，只能用流刺网。本来渔民一年四季能出海的日子就不多，再限制打鱼方式，出海打鱼的时间就更少了，就赚不了多少钱了。因此，他们认为是渔政的规定不合理，侥幸出海。一旦被抓，他们就喊冤叫屈，这种情况在硇洲岛比较普遍。如果不了解情况，就很容易同情渔民，甚至认为渔政的做法有些不近人情。当我们深入调查以后，就不能简单地偏袒一方了。站在政府管理社会的角度，渔政的执法并没有问题。这种情况在日本也是被严格禁止的。

告别了港头村之后，笔者又来到淡水码头，码头上停靠着一艘中国海事的执法船，这是笔者从来没有看过的。笔者问正在甲板上散步的工作人员，这艘船为什么停靠在这里。他说这艘船一直在硇洲岛，只是平时停靠的地点不在这里，而在边防站旁边。笔者对海事的业务不太了解，向他询问了一些海事的业务。他告诉笔者，现在中国的海上执法船有渔政的执法船，有海警船，有海事船。渔政的船主要是管理渔民的；海警船的执法范围比较广；海事船主要是管理航道的，工作人员都住在船上，24小时待命。还有海监船、缉私船。2012年海警、海监、海事已经合并，但事实上还是各做各的事，湛江的海事船主要停靠在霞山的"海上世界"附近，轮流来硇洲岛。

### 3. 南港村村民王×恩访谈录

在硇洲渔政的门前遇到了来这里办事的南港村村民王×恩。我们谈到了油补问题。他说过去油补是根据船的马力，现在油补是根据船的马力和长度而定的，标准的渔船马力和长度是匹配的，即多大马力的船就应该是多长的船。以前有不少渔民为了多获得油补，把小船也加大了马力。现在为了杜绝这种不正常现象的出现，政府规定船的长度和马力一定要匹配，如果马力大，船身不够标准，油补就会减少。王×恩的情况是，他过去有一艘小船，把船卖了，留下了渔船证，后来他又造了一艘新船，新船比卖的那艘船马力大、船身长，他想用这艘船来领取油补，但是渔政不给，只给他原来小船的份额，他有点不满。渔民在如何能多领取国家的油补问题上煞费苦心。王×恩说的情况，笔者在外罗也听说过。国家的油补政策在某种程度上调动了渔民的积极性，但同时也拉大了渔民社会的贫富差距，有油补的渔民，特别是有大船的渔民，有不少靠油补发了家。有的渔民盖了新房，有的把木船换成了铁船，有的还盖起酒店，经营起了旅游业，渔民社会出现分化。国家的油补政策和渔民的转产转业政策几乎同时出台，它们的出现改变了渔民社会的结构，造成了渔民社会的巨大变化，有些变化并不是人们所期待的。王×恩原来的船是36马力，现在改成了350马力，几乎增加了9倍，但渔政现在只给他36马力的油补。他说，他的船是按照350马力缴纳资源保护费，所以油补也应该按照350马力发放。缴纳资源保护费每1马力10元，再加上渔船和人身保险，每年王×恩要缴5000多元。他认为，自己的船缴的是350马力的资源保护费，给的油补却是36马力的，不合理。笔者问他船的马力是不是擅自加大的，他说不是，是经过渔政同意的。笔者问他，加大马力以后的渔船证是否也随之更换，渔船证是否能体现马力加大后的情况。他说没有更换，还是用原来的渔船证。笔者想，他加大渔船的马力，也许当地渔政是同意了，但没有更改渔船证，显然油补是不能兑现的，国家发放油补的依据是渔船证，渔船证写着多少就应该是多少。王×恩的事例说明，渔政平时的执法一定要严谨，否则政策的落实会出现障碍。王×恩说，2015年以前，油补是按照马力发放的，

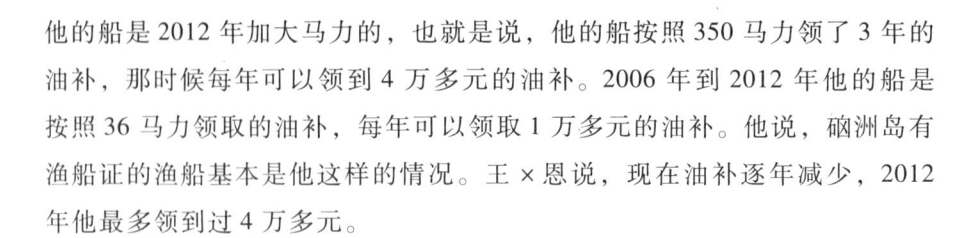

他的船是 2012 年加大马力的,也就是说,他的船按照 350 马力领了 3 年的油补,那时候每年可以领到 4 万多元的油补。2006 年到 2012 年他的船是按照 36 马力领取的油补,每年可以领取 1 万多元的油补。他说,硇洲岛有渔船证的渔船基本是他这样的情况。王×恩说,现在油补逐年减少,2012 年他最多领到过 4 万多元。

### 4. 津前村船主访谈录

在硇洲淡水港,笔者遇到一位不愿意透露姓名的大船船主。他说,硇洲岛 80% 的渔船是无证渔船,造成很多渔船没有渔船证的原因是有不少小船的船主把小船报废,渔船证卖给了要造大船的老板,老板用几艘小船的总马力指标造了大船,小船船主没有渔船证,再想打鱼,造的船就成了无证船。国家鼓励造大船,大船老板很多是津前村、下港村和南港村的村民,红卫大队的村民少。南港村有渔船证的大船有 4 艘,4 艘都是 140 千瓦的船,还有 3 艘 140 千瓦的大船在建造中,还没有交船。船厂在东海岛,老板是福建人,他自带的造船图纸不符合这里的要求,图纸由湛江市渔业局提供。大船船主和他儿子各有一艘船,大船船主的船是自己原来的,儿子的船是上年花 50 万元买的。儿子的船船长 21 米,马力 80 千瓦,父亲的船长也是 21 米,马力 24 千瓦,出海的时候一起出海。他们的船都是单拖网,出海时雇渔工两三人,打鱼的区域就是硇洲岛四周。这位船主说,硇洲岛附近开海的时候,鱼不少,现在封海(禁渔)从 5 月 6 日开始,外海的鱼 6 月开始进入封海区域产卵,这时候鱼很多,但是不能出海打鱼,等开海的时候这些鱼又游到了外海,他们打不到。笔者问他,大鱼打不到,那小鱼呢?他说小鱼也不知道去哪里了。以前,在 6 月总能打到很多这样的鱼。笔者问他,一年靠打鱼能有多少收入。他说,刚开海的那一个月,就挣了 10 多万元,之后就越来越少,现在水凉,没有什么鱼了,渔船基本不出海,这里过了清明之后才有鱼抓。他认为国家规定的禁渔期太长,渔民打鱼的时间太短,希望国家缩短禁渔期。他说,雇渔工的工钱不低,油价也比以前贵了,以前一吨 4000 元,现在一吨 7000 多元,利润越来越少。出海打鱼要雇两个工人,一个工人一天 200 元,出海很容易亏本。早上出海以后,海上起风,就要回来,这一天就亏本了。他说渔民有不少是海康(雷州)那边的农民,他们办了"渔业船舶职务船员证书",在渔船上打工，有的还是轮机长。他说，他们村 500 多人，只有 40 多亩地，多数人靠出海打鱼为生，公社化时代他们是半渔半农，他也承认他们与疍家渔民不同，红卫大队村民的地是国家拨给的，如果是现在他们不可能有地。他的意思是现在是市场经济，政府不可能把地无偿拨给他们，盖房的地要自己买。他的话不假，乌石镇镇西渔村居委会就有一户人家至今还住在船上，在土地便宜的时候，他没有买地，现在土地贵了，他又买不起地，没有地就盖不了房子，所有他没有办法上岸，对此，政府也无能为力。笔者说，很多人羡慕这些有渔船证的人。这位大船船主说，他们的父辈也为国家做了很大贡献，人民公社的时候，红卫大队是深海渔民，开大船出海打鱼，他们出海打鱼是用小船，打的鱼都必须卖给国家，当时黄花鱼几毛钱就被国家收购了。1970 年他 10 岁，他父亲打的鱼都卖给了国家，当时湛江水产公司的大船在码头等着归来的渔船，渔民把打到的鱼都卖给了他们，他们再把鱼运到香港去卖，老一辈人都为国家做贡献了，可是现在他们什么都没有，那些人现在都是 70 多岁的老人，没人管他们。

对国家的油补政策有不同的说法，笔者就听人说过油补是纳税人的钱，国家不应该拿纳税人的钱补给渔民个人，而应该用这些钱发展集体经济。这些话，估计拿到油补的渔民也有所耳闻。笔者感觉拿到油补的渔民很低调，不愿意和人们谈论油补的事情，怕遭人嫉妒。说到油补，笔者想到了日本的做法。日本为了发展农村的事业，把向农民收取的燃油税用在了村路的修建上，把补贴给渔民的款项，通过社会上的保险公司，转化成了对渔民渔船、人身的保险。一般的商业保险公司不愿意做渔民的保险业务，没有保险，渔民的人身安全、财产一旦受到威胁，就会处于绝境，渔民社会难以稳定，所以日本把扶持渔民的钱用在了渔民的保险业务上，这样就使绝大多数的渔民受益。而中国的油补，说是渔民受益，其实只是船老板受益，在渔船上打工的渔民并不受益，笔者也曾经听到在茂名电白渔船上打工的海康（雷州）渔民的不满。那位渔民就说，国家应该用那些钱在沿海地区组建渔业大队，造大船，真正解决没有自己渔船的渔民和没有土地的农民的就业问题。这位渔民的话，耐人寻味。中国的油补，有点像日本灾后重建的补助款，日本"3·11"大地震以后的海啸，使日本东北地区的沿海地区的渔民受损严重，有的渔船被冲毁，有的房屋被冲毁，有的岸上的渔具、民宿建筑被冲毁，但是日本政府在给渔民补偿的时候，只对渔民的生产工具，比如渔船、渔具以及渔民经营的民宿建筑给予补偿，对民宅不予补偿，认为民宅是渔民个人用于生活的财产，不是生产工具，所以不补偿。

国家为了保护海洋生态，严格限制了渔船的数量，但渔民为了生活，并不能完全配合，私自造船的情况也很普遍，我们也很无奈。中国的渔民管理确实不同于日本，有很多难处，其中最主要的是中国人多，而可选择的就业渠道并不多，传统渔民虽然有一部分转产转业了，但又有一部分新渔民出现了，转产转业的渔民又重操旧业了，这些为渔民社会的管理增大了难度。可以说，中国的渔民社会是一个不断变化的社会，社会成员不断变化。中国还没有一个严格意义上的渔民概念。渔民没有自己的行业组织，要靠政府管理；渔民没有自我管理的机制，渔民社会并非一个真正意义上的共同体；渔民之间没有什么必然联系，生产、生活全靠自己；渔民的公共意识淡薄，这些都增大了渔民管理的难度。

## 三 对日本宫城县石卷地区渔民的考察

日本的渔村多坐落在沿海的港湾或离岛，在传统的农业社会，人们过着自给自足的生活，渔民的口粮也需要自己解决，因此那时纯渔民的比例不高，更多渔民是半农半渔的渔民。虽然在日本西南地区有过一定数量的没有耕地居住在水上的"家船渔民"，但是数量并不多，而且这部分渔民自从上岸以后，很多人改行了，继续打鱼的多半成了兼业渔民。现在日本的渔民多为纯渔民，半农半渔越来越少，从事养殖渔业的渔民中兼职渔民逐渐增多。笔者从2011年开始进入日本东北地区的宫城县石卷地区、松岛的沿海地区调查，发现该地区渔民分布在沿海的港湾，除了宅基地，没有额外的耕地，自古以来靠渔船渔业或养殖渔业来维持生计。松岛地区渔民的居住环境和牡鹿半岛不同，岸上有比较宽敞的陆地，因此有一部分渔民有一点耕地。但渔民基本是宫城县渔业协同组合松岛支所的组合员。石卷地区除了牡鹿半岛和女川町的纯渔民外，还有松岛渔村半农半渔的渔民。但不管是牡鹿半岛的纯渔民还是松岛的半农半渔的渔民，他们的文化传统类似。笔者在另一部研究日本稻作农民的专著中关注了日本农民社会的文化传统和社会结构。在研究日本稻作农业社会时，笔者一直认为日本渔民社会可能与稻作农业社会不同，但经过长时间在渔民社会中的生活，笔者发现日本的渔民社会与稻作农民社会没有本质的区别，都在强调村民的共同体意识。传统渔民的作业特点是家族性的，与传统稻作农民的集体意识不同，但他们都有个人与集体联结的纽带。稻作农民通过加入农协、水利管理组织把个人与集体甚至国家联系到了一起；渔民通过加入渔协，获得渔业权，使个人与社会、国家紧密地联系在一起。可以说日本渔民社会是合作共赢的社会，给我们提供了很多值得思考的经验。日本的渔民社会是由概念清晰的"渔民"和功能明确的"渔村"构成的。渔村是渔民社会文化的载体，是渔民生产、生活的场所。"日本的渔村一直延续了江户时代的传统，共同体特征明显，是渔村自治的基础，具有独特的文化，保留了传统的丰渔祈祷、海上安全祈祷等仪式活动和传统习俗。村落有固定的渔场，如果渔村消失了，其渔场也就荒芜了。渔村不仅能从渔场获得资源，维持渔民自身生计，还可以保护从江户时代继承下来的自然，进行经济活动。正像渔业规划专家富田宏说的那样，'渔村依存于自然资源，自然、生产、生活三位一体'，另外，中村刚治郎认为在区域经济学中，必须把渔民社区（渔村）理解成是自然的、文化的、经济的复合体，其主体是在该社区中的生产、生活的人所成立的自治组织。"① 日本社会不但注意对传统渔民的保护，而且注意对传统渔村的保护，因此而延续了传统的渔民社会，其经验值得我们思考。经过对湛江沿海地区渔民的长期研究，笔者发现湛江沿海地区渔民社会的主体仍然是传统的渔民，即疍家渔民，也称纯渔民。疍家族群是一个有着悠久历史的族群，在长期历史发展过程中形成了独特的文化模式，这种文化对于建构、稳定渔民社会发挥过巨大作用。广东的疍民文化与珠江三角洲的疍民有关，可以说湛江的疍民延续了珠江三角洲疍民的文化传统，其文化传统可以成为广东渔民社会的重要文化资源之一。梳理它，并使其发扬光大，成为整合社会的力量是很有必要的。通过田野调查，笔者发现中国的渔民社会与日本的渔民社会有很大的不同。日本渔民社会的发展是直线型，江户时代的渔民社会并没有因为社会发展而遭到解构，直到今天，传统文化还是制约社会发展的重要因素，渔

---

① 浜田武士：『漁業と災害』，东京：みすず書房，2013，第91~92页。

民是渔民社会的主体，是管理渔民社会的主角。日本社会中也有半农半渔的渔民。半农半渔的渔民有两种情况，一种是农业为主，渔业为辅；另一种是渔业为主，农业为辅。不管哪一种情况，在日本只要从事渔业生产，必须加入当地的渔协。一旦成为渔协的组合员，在拿到渔业权的同时，也要接受渔协的规制。接受渔协的规制，可以说就是接受日本渔业传统与政府的规制。从这个意义上分析，日本渔民社会是一个有着悠久历史传承的、受到传统文化和现代管理双重规制的社会。在这种社会中，个人的行为一定要服从"组织"，任何人都不能摆脱这种社会规制。笔者认为，日本渔民社会之所以能形成这种社会规制，而社会成员又能自觉服从于社会规制，这是日本渔民社会在长期发展过程中形成的文化传统深深根植于社会的表现。日本社会中的传统农业文化是日本社会的根基文化，它一直受到政府的保护。渔民社会中虽然有半农半渔的渔民和兼职渔民，但他们都必须遵从日本的传统文化，必须加入日本渔民社会中既有的"入会组织"渔协，并接受其管理。日本渔民的"入会组织"即现在的渔协，是历史的产物，是传统文化的延续，显然与中国的渔民社会不同。

随着中国社会的不断转型，渔民社会正不断遭到解构，渔民社会的传统文化不断被忽略。在中国，建构新型渔民社会的过程中，不能没有传统文化的支撑，没有传统文化支撑的社会如同在沙漠中搭建的高楼大厦，根基不稳，容易动摇。日本渔民社会有深厚的文化传统，因而日本的渔民社会秩序井然，因为传统文化为人们提供了"循规蹈矩"的根据。反观中国渔民社会缺乏整合的文化传统，"渔民"的文化自觉、文化整合的社会作用没有发挥出来。笔者认为，在中国想彻底解决渔民社会问题，重新建构一个以传统渔民文化为主体的文化模式是很有必要的。

# 第十一章 文化传统与渔业保险
## ——基于日本石卷地区渔民社会的田野调查

现代社会中渔业的风险性高，其风险主要是自然界对渔业生产的破坏，面对这种破坏，人类自古以来从没有妥协过，而是在克服各种灾害中不断前行。对于人类为什么能够克服各种灾害，美国人类学家托瑞（W. Torry）认为，"灾害虽然对社会结构造成破坏，但社会结构会自动平衡，这种平衡关系的恢复在土著族群地区特别明显。因此，社会自动平衡理论强调了土著社会和文化在反复无常的环境条件下所获得的长期稳定性。经济功能的恢复、族群交流的恢复、社会文化平衡系统的恢复、宗教活动的恢复、社会治安的恢复等都是该学派涉及的内容。社会自动平衡理论强调社会的各个部分继续发挥功能和作用，并回到稳定状态，系统的恢复能力与该社会的文化有关。换言之，文化在这种恢复中扮演着重要角色，是文化和社会的凝聚力使社会系统在灾害发生之后功能得到恢复。"[1]他认为文化在社会平衡中发挥了重要作用，社会结构因为有了稳定的文化传统，而得以自然恢复，其观点在笔者的日本渔民社会田野调查中得到了证实。文化是个无所不包的概念，而且是可操作的概念，毫无疑问，现代社会中的保险业务也在文化的范畴之中。本章将在社会自动平衡理论框架下，以文化为视角，以国家和社会为维度，考察中日渔民社会中的保险问题。

---

[1] 李永祥：《灾害的人类学研究述评》，《民族研究》2013年第5期。

# 一　日本的渔业保险

日本渔民社会有渔业保险组合，组合的主要业务有以下几个。

1. 保险业务

渔船保险、渔船船主责任保险、渔船船员船主保险（既是船员又是船主）、渔船货物保险，以及除了认购任意保险和缴纳保险金外，还要缴纳该保险的保险金和保险解约金。

2. 事故防止对策业务

购置事故预防设施设备的经费、渔船设备定期检查的资助费、预防事故的学习费，以及对一定时间内无事故的组合员（船员）的无事故的奖励金等，还要参加以加入渔船保险的渔船为对象的事故防范教育。

3. 普及与宣传业务

为了推进渔船保险组合的业务，制作各种宣传册子，发行期刊，进行宣传并对加入者进行奖励。

4. 海外救助业务

为了保证海外渔船的安全作业，向作业渔船提供渔业规制等相关信息和对在外国 200 海里内作业时发生国外处罚造成的损失的海外作业渔船提供损失补偿业务。

5. 计算保险金率业务

计算各种保险的最佳保险率。渔船保险准入资格：可以加入渔船保险的渔船只限于总吨位 1000 吨的日本国籍的渔船。渔船保险的保险合同需要先向日本渔船保险组合提出加入申请，日本渔船保险组合接受申请，保险合同随即成立。但是，如果在保险生效之前未缴纳规定的保险费，则保险合同失效。只要缴纳了保险费，加入者就会成为日本渔船保险组合的组合员。另外，渔船船主责任保险为普通损害保险或满期保险（亦称渔船保险）的附带保险，所以，要么提前缴纳渔船保险，要么或同时缴纳渔船保险，否则不能加入渔船保险。因为渔船船员船主保险为渔船船主保险的附带合同，所以渔船船主责任保险要提前缴纳，或者与渔船责任保险同时缴纳，否则不能加入渔船保险。渔船保险兑付范围。渔船保险兑付包括以下几种情况：全损（救助费）；全损（救助费、特别救助费）；全损（分损、救助费）；全损（分损、救助费、特别救助费）；全损（特定分损、救助费）；全损（特定分损、救助费、特别救助费）。普通损害保险费的国库负担：加入普通损害保险的渔船中小于100吨的，义务入保（办理好兑付义务发生时的相关手续，户籍在一定区域内的指定渔船，都要加入兑付30%以上的普通损害保险或满期保险）以及集体入保（办理好兑付义务发生时的相关手续，户籍在一定区域内的小于20吨指定渔船的1/2或15艘以上渔船，要加入兑付30%以上普通损害保险或满期保险）的情况，由政府国库负担其纯保险费。满期保险：对保险期间的普通损害保险事故，在缴纳损害保险金的同时，在快满期的时候，要缴纳满期保险金，一般普通保险即使没有兑付情况也不退还保险金，而满期保险是兼有储蓄功能的积累型保险。所以，满期保险的保险金一部分充当损害保险金，一部分充当积累保险金。满期保险的保险期限分为3年、5年、9年、12年、15年五种。渔船船主责任保险（渔船PI保险）的合同种类有三种，可以任意选择加入其中一种，但是，该保险只有乘客损害及人命损害时在加入基本损害才能签订合同。基本损害：渔船出航中发生事故，导致对第三者的财产损害（包括加入保险的渔船和其他渔船碰撞，导致其他船只以及物品受损的情况）和对人的损害赔偿责任。另外，为了对特定的危险进行担保，基本损害中设立了5个特约项目，分别是：渔具损害填补特约、海外油浊损害赔偿填补特约、船员送还费用填补特约、战乱等特约、渔船船员工资特约。支付的损害：（1）与船舶相撞的责任：赔付船只和货物的损害、致使对方船只不能使用的损坏、对方船只以及货物卸货产生的费用。（2）与财产有关的责任以及费用：海湾设备等的损害、养殖设备的损害、海产品的损害、陆地产品的损害、其他船舶在作业中渔具的损害、由于冲撞之外的原因造成的其他船只的损害、船骸清理费、货物清理费、水面清理费、对其他船员的个人财产损害费、由于冲撞造成的其他船只产生水面清理费、渔船内业务从业者的个人持有物的损害、其他清理船骸、货物以及水面清扫费用（冲撞之外的）、外国200海里水域内由于水质的污染造成的赔偿损害。

乘客损害

渔船作业中发生的对渔船使用者（休闲钓鱼、渔船乘客等）的责任和支付的费用。支付的损害：加入保险的渔船的使用者所持有的物品的损害，加入保险渔船使用者的人命救助、遗体搜索费用，介入保险渔船使用者的对人赔偿损害、由于其他船只造成的人命救助、遗体搜索费用。

人命损害

本船的船员在船上由于不慎发生事故，在200天之内死亡的情况，或者失踪的情况要交付保险金。另外，船员在船上由于不慎发生的事故，在200天之内产生后遗症的情况，根据其伤害程度缴纳相应的保险金。支付损害：死亡保险金、后遗症伤残保险金。渔船船员、船主保险：渔船船员船主保险是渔船船员和船主在船上不慎遇难死亡或失踪的时候，如果是在后遗症伤害状态下，要缴纳一定金额的保险费。支付损害死亡保险金和后遗症伤害保险金。

## 二 日本的渔船保险和渔业共济（互助）

在日本，渔业保险有渔船保险和渔业共济两种，为了保证保险业务的正常进行，国家负担了一部分保险费用，国家在特大灾害发生时，还有分担分险的"再保险"。日本保险的原则是：（1）收支相等原则。所谓收支相等原则就是为了确保参保者的工作能够稳定进行，以过去的受害率数据为基础，运用统计的手法，设计出收支（保险费和保险金）平衡的保险方案。（2）支付与相反支付均等的原则。所谓支付与相反支付均等的原则是指事故发生率越高的地方，其保险费用就越高。（3）大数的法则。所谓大数法则是指，每个保险区域其总部越大，保险业务就越稳定。（4）相互保险、共济。所谓相互保险、共济是指以参保者全体交付的保险金为财源，当一部分人受灾时，用此兑付保险金。

渔船保险与渔业共济的不同之处。渔船保险的风险对象是作为生产工具的渔船的破损风险，被保险者为渔船的所有者或使用者，成员为渔船的所有者或使用者，实施组织为渔船使用者或使用者的相互保险的组织，破损鉴定内容为渔船的破损和修缮，法律依据为《渔船破损等补偿法》（昭和年间制定）。渔业共济的风险对象是渔业收入变动的风险，被保险对象为渔协成员中的中小渔业从业者，成员为渔协，实施组织是以中小渔业从业者的协同组织为基础的系统组织（渔业共济组合、全国渔业共济组合联合会），损失鉴定内容为渔业生产效益的减少，也包括养殖渔业、渔业设施的损失，依据的法律为《渔业灾害补偿法》（昭和年间制定）。

1. 渔船保险制度的概要

渔船保险制度以稳定渔业生产为目的。根据因意外事故导致渔船破损以及渔船出海费用增加等情况做出补偿。除了国家要对船主或使用者蒙受的损失给予补偿外，渔船保险组合的成员要相互保险。渔船保险的种类和内容主要有两点，（1）依据《渔船破损等补偿法》的保险，包括普通保险、特殊保险、渔船船主责任保险、渔船货物保险。（2）以《渔船船员工资保险法》为基础的保险，包括渔船船员工资保险。

2. 渔船保险的结构

渔船保险使制度稳定，县级的渔业保险组合接受渔业从业者的保险合同，分担地区的风险，通过渔船保险中央会的再保险，在日本全国范围内分担渔船风险（除了国家的直接再保险的特殊保险以及渔船船员的工资保险），而且，为了弥补异常灾害造成的巨额损失，国家实施了再保险，经费另拨。

日本的渔船保险包括普通保险、渔船船主责任保险、渔船货物保险、特殊保险、渔船船员工资保险。国家的再保险下发程序为先发放到渔船保险中央会（全国只有 1 个），再经过渔船保险组合（全国共有 45 个）发放给渔业从业者。

## 三 渔船保险的责任分担系统

1. 渔船保险中央会以及国家的再保险

根据保险合同中保险金额的多少，在普通保险渔船保险中，渔船保组合负担 10%~20%、渔船保险中央会负担 80%~90%。渔船船主责任保险中,渔船保险组合负担 10%,渔船保险中央会负担 90%。特殊保险、渔船船员工资保险中,渔船保险组合负担 10%,渔船保险中央会负担 90%。国家的再保险指的是国家对与普通保险、渔船船主责任保险以及渔船货物相关的渔船保险中央会的再保险。

2. 渔船保险的国库负担保险费的制度

为了减轻渔民的负担,国家负担一部分渔民的保险费,主要是为了减轻中小渔船所有者的负担,国库负担的对象为小于 100 吨的渔船,渔船越小,国库负担的金额比例越高。加入普通损害保险的非动力渔船小于 5 吨的渔船的国库负担比例为 60%,5~20 吨的渔船为 50%、20~50 吨的渔船为 45%、50~100 吨的渔船为 40%。加入渔船船主责任保险的非动力渔船和小于 5 吨的渔船的国库负担比例为 35%,5~20 吨的渔船为 30%、20~50 吨的渔船为 20%、50~100 吨的渔船为 15%。加入渔船货物保险的渔船中未满 20 吨的渔船的国库负担比例为 20%,20~50 吨的渔船为 15%,50~100 吨的渔船为 10%。

3. 国库负担的对象条件

①义务加入。只有区域内的所有渔船都加入保险时,才适合保险费国库负担的条件。虽然要求渔民义务加入保险,但最终是否加入还是由渔民自己决定。②集体加入。加入区域小于 20 吨的渔船有一半或 15 艘以上渔船加入时,国家负担加入保险者 50% 的费用。2012 年日本在册渔船有 268268 艘,其中有 177284 艘渔船加入了保险。

4. 渔业共济制度

渔业共济指的是为了保证渔业生产和渔业经营的稳定,在渔民由于不能出海捕鱼以及中小渔业从业者由于意外事故造成损失时的补偿制度。国家对渔业从业者的损失不是直接救济,而是在中小渔业从业者的互助救济精神的基础上,充分利用保险体系实行的共济事业。

渔业共济的种类以及内容:①捕捞共济。捕捞共济以渔船渔业、定置渔业以及一部分采贝、采藻业为对象,对因为渔业收入减少(PQ 的减少)

造成损失的补偿制度（用于生产的一部分经费），即 PQ 保险方式。②养殖共济。养殖共济以一部分鱼类、贝类的养殖业为对象，对养殖的水产动植物的死亡、流失（PQ 的减少）造成的损失的补偿（养殖经费的一部分），即物损保险方式。③特定养殖共济。特定养殖共济是以紫菜和扇贝等特定藻类、贝类等养殖业为对象，对由生产量减少、质量下降等原因导致的生产效益减少（PQ 的减少）造成的损失的补偿（PQ 保险方式）。④渔业设施共济。渔业设施共济是以养殖设施或者定置网等渔具为对象，在使用中由破损造成的损失的补偿。⑤收入多少保险方式。被共济者的合同期间的生产效益（PQ）没有达到过去生产水平的时候，对其收入减少的部分进行补偿的保险方式。⑥物损保险方式。物损保险方式是指被共济者蒙受的损失数量（Q）与每单位共济金额相乘得出补偿金额的保险方式。

## 四　渔业共济的对象

渔业共济是以渔船渔业、定置渔业、养殖渔业、养殖设施、渔具等为保险对象。捕捞共济的保险对象为第一号渔业（采贝、采藻）和第二号渔业（渔船渔业、定置渔业）。养殖共济保险属于物损保险方式（养殖共济中，为了防止灾害发生后兑付保险时的道德风险，采取的是加保区的全员加保），保险对象为牡蛎养殖业，1~2 年的贝珍珠养殖业，1~3 年的幼鰤鱼养殖业，1~3 年的加吉鱼、鲑鱼、大马哈鱼养殖业，2~3 年的河豚养殖业，1~3 年的牙鲆鱼养殖业，2~4 年的黑金枪鱼养殖业等。特定养殖共济保险属于收入保险方式，保险对象为紫菜养殖业、裙带菜养殖业、海带养殖业、珍珠母贝养殖业、扇贝养殖业、特定牡蛎养殖业、对虾养殖业、海胆养殖业、海鞘养殖业等。渔业设施共济保险属于物损保险方式。保险对象为浮流式养殖设施、延绳式养殖设施、木排、网箱、定置网、卷网等。为了使渔业共济制度稳定，县级的渔业共济组合接受渔业从业者的共济合同，分担地区的风险，靠全国渔业共济组合联合会再共济，在全国范围分担风险。为了应对异常灾害所造成的巨额损失，国家实施再保险，经费另拨。国家与全国渔业共济组合联合会（全国唯一团体）为保险关系,全国渔业共济组合联合会与渔业共济组合(全国有 20 个)的关系为再共济关系,渔业共济组合与渔业从业者的关系为共济关系。捕捞、养殖、特定养殖的各共济组合与全国渔业共济组合联合会的责任分担,共济金的支付方式为:全国渔业共济组合联合会负担 70%,渔业共济组合负担 30%。

## 五 渔业共济的共济金补助制度

由国家补助一部分保险金,来减轻渔业从业者的负担。除此之外,国家还实施了减轻中小渔业从业者的负担和促进集体加入保险的措施,以小于 100 吨渔船渔业为对象,规模越小的渔业者获得国库的补助比例越高。捕捞共济:小于 10 吨的渔船补助比例为 60%;10~19 吨的渔船为 50%;20~49 吨的渔船为 45%,50~99 吨的渔船为 35%。养殖共济:网箱不到 8 台的补助比例为 50%;8~13 台的补助比例为 33%;14~25 台的补助比例为 25%。特定养殖共济:扇贝等木排小于 145 台的补助比例为 50%;145~229 台的补助比例为 33.3%;230~450 台的补助比例为 25%。渔业设施共济:网箱不到 8 台的补助比例为 50%,8~13 台的补助比例为 33.3%,14~25 台的补助比例为 25%。

## 六 日本渔业保险的现状

东京水产振兴会在"3·11"大地震发生的第二年即 2012 年,对因地震和海啸造成严重损失的日本岩手县、宫城县、福岛县等县的沿海地区的渔业生产情况进行了调查,2012 年 6 月提交了调研报告。片山知史在《宫城县的养殖再开发过程与今后的展望》一文中指出,在日本太平洋北区(青森县至福岛县的太平洋一侧)有超过 13000 个渔业经营实体(2008 年渔业统计),其中有约 2/3 是海洋渔业,约 1/3 是海洋养殖渔业。日本东北地区的养殖渔业充分利用当地锯齿式海岸的有利地形,开展了长牡蛎、扇贝、海带、裙带菜、紫菜等海产品的养殖。这些海产品的养殖特点是不需要投放食饵，只有银鲑是需要喂食养殖的，但银鲑产量只占总养殖量的1%。宫城县的养殖渔业主要在仙台湾北部的松岛湾、七浜周围到牡鹿半岛周边的广阔区域，不少渔村村民的生计主要靠养殖。这些地区在地震前有1143个养殖户。长牡蛎是宫城县渔民的主打产品，裙带菜也是主要产品，但是到了2012年以后，单以养殖牡蛎为生的渔民减少到了794户，仅为地震前的69%。2011年夏天，牡蛎种苗采集很顺利。2012年夏季，由于水温过高，松岛湾的牡蛎大量死亡，2012年到2013年宫城县的牡蛎总产量仅为往年产量的15%左右。裙带菜是继牡蛎之后的主要产品，有1167户渔民以此为生，到2013年已有八成以上的渔民恢复了生产，这是因为裙带草的生产周期短、见效快。紫菜养殖主要在牡鹿半岛以北和松岛湾周边，地震前有163个养殖户，2013年已有148户恢复了生产。银鲑养殖主要在女川町、鲇川和志津川区域，2011年停产，2012年产量恢复到了往年的70%。2011年后为了加快渔业生产的恢复，日本政府实施了"加油！复兴养殖渔业"项目。该项目指的是包括"加油！渔业"项目的238亿日元投资以及其他项目在内的总计817亿日元的政府投资。该项目经费与以往国家拨给渔协的必要经费（用船费、燃料费、购冰费）不同，是对渔民恢复渔业生产共同作业所产生的费用（设备购置费、养殖作业费、材料费）的补助，政府实施"加油！渔业"项目是希望渔民在恢复生产过程中加强合作。"加油！复兴养殖渔业"项目是恢复养殖渔业的项目，补助金额高，使用方便。尽管如此，渔民并不踊跃参加，只有15%的渔民参加。可以看出，政府希望的养殖渔业合作化，渔民收入均等化，实施起来难度很大。①

"3·11"大地震对日本东北地区特别是宫城县渔业的生产造成了巨大的破坏，白须敏朗的《东日本大地震与未来的水产》一书中指出："东日本大地震发生以后引起的海啸是前所未有的，东北地区的沿海地区是重灾区。特别是太平洋沿岸的青森县、岩手县、宫城县和福岛县受灾更为严重，市内的水产设施、港口、渔村、渔场、养殖设施、市场水产加工等与水产相关的设施和渔船遭受的是灭顶之灾。其中水产业的受损金额为1兆

---

① 『漁業水産業における東日本大震災被害と復興に関する調査研究』，东京水产振兴会，2013。

2000亿日元之多，主要集中在宫城县、岩手县。宫城县受损金额为6680亿日元，岩手县受损金额为3832亿日元。渔港方面，宫城县受损金额为4243亿日元，岩手县受损金额为2800亿日元。渔船方面，受损渔船25014艘，受损金额为1701亿日元，其中宫城县受损金额1160亿日元，岩手县受损金额为217亿日元。养殖设施方面，受损金额为575亿日元，其中宫城县受损为332亿日元，岩手县受损金额为110亿日元"[①]。

2011年3月11日日本东北地区发生了9级大地震，之后引发了史无前例的海啸，日本东北沿海地区受灾严重，日本政府在渔民原有保险的基础上，启动再保险的应急措施，分担了保险责任，采用了官民一体的保险体制，而且收集了有地震保险的再保险专业公司（日本地震保险株式会社）的所有合同，筹集了民间的所有防风险资金，还一起启动了火灾保险，目的是使受灾者的生产、生活早日恢复。地震保险的目的不仅是恢复受损的建筑物，也为受灾者提供生活保障。地震保险的合同附带房屋的火灾保险，所以兑现的不仅是地震保险，还有房屋火灾保险。保险兑付的内容包括居住房屋和家产，兑付灾害对象为地震、火山喷发、山体滑坡、海啸等。如果72小时之内连续发生两次以上的地震，则视为一次地震。渔船保险由渔船保险组合运作，渔民交付保险金后，便成为组合员。这样的保险组合在日本有45个，以这些组合为会员组成渔船保险中央会，有渔船的人可以就近加入渔业协同组合（渔协），如果不加入渔协的话是不能加入渔船保险组合的。渔船保险组合负责给组合员兑现保险，渔船保险中央会再兑付一部分，而且国家会再给渔船保险中央会兑付一部分。另外，渔业保险根据发生事故的不同，分为特殊保险和普通保险，特殊保险是指发生战争、暴乱等影响了正常的捕鱼作业时的保险，普通保险指的是地震、海啸、台风等自然灾害和渔船操作故障情况下的保险。地震发生以后，日本灾害保险协会立刻成立了"地震保险中央对策本部"，在仙台还设立了"地震保险本地对策本部"，落实当地渔民的保险兑付工作。

---

① 白须敏朗：『東日本大地震と未来の水産』，日本成山堂书店，2012。

## 七 日本渔民社会的田野调查

### 1. 表浜渔协支所工作人员访谈录

表浜不是一个实体，类似行政村，管理小渊浜、给分浜、小纲仓浜。谈到渔业保险，渔协工作人员讲，日本的渔业保险由各县的渔业共济组合、日本渔船保险组合负责推广，实际上这些组合的背后都是日本政府推动的。日本政府通过这些组织完成国家对渔业的补助，这些组合每年都能获得日本政府的巨额渔业补助金，日本政府要求将这些钱用到渔业保险上。渔业保险包括对渔民渔船的保险、对渔民生产效益的保险。

### 2. 广岛安浦渔民访谈录

安浦是广岛养殖牡蛎的重要基地之一，这里的养殖户以前都是纯渔民，二战后开始从事紫菜养殖，现在大多数人从事牡蛎养殖。在那里笔者遇到了西冲女士，她47岁，大阪人，丈夫比她大13岁，现在有两个孩子，一儿一女，儿子已经大学毕业，女儿还在读大学，儿子还没有继承父业的想法。她丈夫和她结婚不久就回到了原籍安浦，继承父业从事牡蛎养殖，到目前为止已经快30年了。她家养殖的牡蛎有两种，一年四季都能上市，一种是天然的牡蛎，也叫二倍体牡蛎，属于真牡蛎；另一种是人工培育的品种，叫三倍体牡蛎，这种牡蛎明显比二倍体牡蛎大。三倍体牡蛎是由广岛水产试验场培育出来的，培育的成功率为60%。广岛目前用三倍体牡蛎种苗的只有1%的养殖户，99%的养殖户用二倍体牡蛎种苗。西冲女士说，她家一年四季没有休息日，每天都有客户等着她家生产的牡蛎，一年都有干不完的事。她丈夫讲，养殖牡蛎很辛苦，而且现在挣的钱越来越少，原因是生产成本在不断提高，牡蛎的市场价格却没有提高。西冲家的牡蛎直接卖给客户，不经过中间商，如果经过中间商，利润更少。他们虽然也是本地渔协的成员，但生产和销售都靠自己不靠渔协，这与石卷地区的养殖户明显不同。她家的渔船买了保险，据说这是政府要求买的，其他设备没有买保险。她家生产的牡蛎每个月都要交给广岛的水产卫生管理部门进行检验。在日本，政府对牡蛎生产的管理还是很严格的。

日本渔业发达，在传统的农业社会，渔业对社会发展的贡献率也很高，渔业历来受到日本政府的重视。日本政府对渔业有各种补贴，不断提高渔民的抗风险能力，其中一个重要内容就是"渔业保险"。渔业保险是任何商业保险公司都不愿意做的险种，但日本政府的渔业保险做得很成功。

在日本，渔业保险分为官方保险和民间保险两种。官方保险属于政策性保险，属于灾害补贴。日本是个自然灾害多的国家，日本政府每年都有灾害补贴的预算，当有地方受灾的时候，政府会以救灾项目的方式动用灾害预算，动用的名目是政府对灾民的再保险，以保险的形式兑付给灾民。但是，政府部门不直接参与兑付，而是把再保险资金交给代理公司，由代理公司负责兑付，代理的保险公司要和政府签订合同，接受政府的监督、管理，负责把政府的救灾款以保险的形式落实到灾民手中。这种保险日本称为政府再保险，当然接受保险的受灾渔民必须是合法的渔民。在日本，所谓的合法渔民就是加入了"入会集团"和渔协的渔民。笔者在日本做过长期的田野调查，发现在日本根本就没有中国的"三无"渔船，因为在日本只有成为合法渔民才能买船，买的船都是国家统一标准的渔船，造船厂都是注册的合法企业。合法渔民受到法律的保护，受到政府的保护，在他们受灾的时候，就会得到保险的兑付。民间保险指的是由民间的保险公司出售的保险。民间保险也可以分成营利保险和互保保险。营利保险即商务保险，日本的商务保险对渔民的财产保险，也对渔民的生命保险。财产保险包括对渔船、渔具等生产资料的保险。日本渔协有共济组合，共济组合既负责与保险公司联系给渔民签订保险合同，也组织渔民互保。

笔者在日本渔村做田野调查，发现日本的渔民在受灾的时候没有中国渔民受灾时的那种焦虑。笔者认为这两者的区别可能就在于日本渔民社会有一个健全的保险体系，而这个健全的保险体系是在清晰的"渔民"和"渔村"概念的基础上建立的。日本的沿海渔民是受各种法律约束、有组织的、有纪律的，有自己固定的生产、生活区域的一个"实体"。其活动既受到法律的规范，又受到传统文化的规制，还要受渔协的管理。渔协和农协一样，既代表渔民，也代表政府。在日本，农协和渔协是政府与村民联系的纽带，在这个纽带的作用下，政府与渔民社会是利益互补的利益共同体。渔民有问题找渔协解决，政府有问题也找渔协解决，政府把一部分权力下放给渔协，渔协可以用政府赋予的权力管理渔民，这样既维持了渔民社会的正常秩序，又保证了渔民社会的和谐、稳定、发展。

　　日本的渔业保险是由政府推动的保险，它涉及渔民社会的方方面面。中国的渔业保险多是商业保险，风险高的渔业不是所有领域都能投保。保险制度源于西方社会，但日本的保险制度不完全是照搬西方社会的保险制度，而是西方制度本土化的产物。日本的渔业保险不是单纯的商业保险，它是政府与民间共建的保险制度，这种制度的基础是日本传统文化中的"共同体"意识以及政府与民间共同管理社会的共建意识。从这个意义上讲，日本的渔业保险也受到日本传统文化的规制。

# 结　语

## 一　海洋渔民社会建构中本土文化的挖掘

关于疍家，研究已经表明它是一个古老的族群，它的历史可以追溯到春秋战国时期，"自宋代以来疍民就以一个独立的文化群体出现，各种历史文献包括地方志多有关于疍民的记载。"① 黄淑娉在《汉族的一个群体——水上居民》中认为："渔民浮生江海，没有土地，不可能过自给自足的生活，不可能形成一个完整、独立的文化体系。"同时也承认，"水文化与汉族既有一致性又独具特色，且随着社会生活的变化而变化。"② 也就是说，疍民虽然不是一个独立的民族，但它的水文化与其他汉族人还是有区别的。张银锋在《族群歧视与身份重构：以广东"疍民"群体为中心的讨论》一文中指出："疍民长年都在水上居住活动，四处漂泊不定，由于他们教育文化水平落后，没有能力记录谱系发展的脉络，加之生活贫困没有多余的财富维系扩大的亲属关系网络，因而不能像汉人那样建立具有血缘认同的宗族共同体。"由于历史上的种种原因，疍民很难去谋求族群认同，但不可否认，疍民具有独特的文化。麻国庆在《文化、族群与社会：环南中国海区域研究发凡》一文中指出："历史上环南中国海区域内各个

---

① 张银锋：《族群歧视与身份重构：以广东"疍民"群体为中心的讨论》，《中南民族大学学报》2008 年第 5 期。
② 转引自秦璞、徐桂兰《河疍与海疍珠疍》，黑龙江人民出版社，2009，第 5 页。

## 结 语

族群的交流互动可以大致分为几种类型：一是瑶族、畲族、苗族等民族在我国西南和华南及中南半岛的扩散；二是汉族的各大民系（广府、客家、潮汕和福佬等）近代以来遍布于东南亚，或者通过东南亚流动到世界各国；除上述居于山地、平地的社会外，还存在岛屿社会和水上居民社会。要深入讨论环南中国海内部的文化网络和社会组织，就不得不首先弄清楚这些复杂的族群关系。"① 该文首次把水上居民社会纳入环南中国海区域内族群的交流互动关系，与其他民族和族群相提并论，反映出学界对水上居民的重视程度日渐提高。

在以往对疍家的叙事中，疍民总被描绘成一个被歧视的、被边缘化的族群。历史上，疍民确实一直受歧视，但是新中国成立以后政府很注意保护和扶持疍民，这也是事实，其中有很多经验值得总结。唐国建"对一户海洋渔民三代流动的考察，认为自新中国成立以来，代际流动经过了一个由'显性制度安排下的结构性流动'到'有限的自由流动'，再到'隐性制度安排下的自由流动'的过程。在这个过程中变迁的主轴是以户籍为核心的身份制"② 这个观点与笔者调查的结果一致。唐国建调查的疍家渔民属于城镇"渔民"，失去了船只，还可以有其他选择。而笔者调查的湛江沿海地区的疍家，失去船只的渔民生活很难保障。可以说，湛江沿海地区疍家渔民社会的变迁完全是在制度的影响下形成的。

2010年9月5日《湛江日报》一篇题为《硇洲岛渔民的过去和现在》的文章比较翔实地描绘了硇洲岛的今昔变化。"硇州岛人杰地灵，物产丰富。它是南海大陆架的一个肥沃渔场，盛产名闻世界的硇洲鲍鱼、龙虾等名贵水产。硇州岛也正因为有着丰富的海洋资源，所以一直以来，岛上人民以捕鱼为业的人群占了相当一部分。硇洲渔民主要集中在硇洲镇红卫渔民大队。红卫渔民历史上主要是由港澳、茂名、阳江等地的渔民移民而形成的，所以渔民的语言是粤语为主。硇洲岛除了红卫大队的渔民，也有相当部分说雷州方言的渔民（福建移民），但这些渔民的捕鱼工具大多数都是一些小渔船或小渔艇，所以不管从行业规模和从业人数来说，红卫渔民才是硇洲真正具有代表性的渔民。"③ 文章反映的内容与本人调查的结果相

---

① 麻国庆：《文化、族群与社会：环南中国海区域研究发凡》，《民族研究》2012年第2期。
② 麻国庆：《文化、族群与社会：环南中国海区域研究发凡》，《民族研究》2012年第2期。
③ 梁德林：《硇洲岛渔民的过去和现在》，《湛江日报》2010年9月5日。

吻合。该文还介绍说:"红卫渔民有着他们自己独特的文化,像《渔家咸水歌》《哭嫁歌》等等,特别是《渔家咸水歌》,旋律的优美、内容的即兴发挥等特点,让人叹为观止。湛江市有关部门也已意识到这个文化艺术遗产的珍贵,现正努力使这种艺术种类能够传承下去。解放后政府落实了渔民政策,硇洲成立了红卫渔民大队,渔民住进了渔民新村,终于在岸上有了自己的家,风雨飘摇、受人歧视的日子永远画上了句号。渔民大队成立了后,把过去的帆船全部改成机帆船,出海捕鱼也是以团队的形式进行的,渔民从此不再用落后危险的帆船自己一叶孤舟在海上作业了。新中国的成立使广大渔民改变了社会地位,改变了生活水平,从此当家做了主人,为硇洲的建设做出应有的贡献。随着国家改革开放政策的贯彻落实,硇洲渔民大队也进行了改革。从 80 年代初开始,渔民大队就打破大锅饭,把作业渔船以银行贷款、渔民集资的方式,把渔船的经营权下放给渔民,大队只拥有渔船的所有权,只不过渔民收益除了要还银行贷款外,还要交纳一定的管理费用给大队。这样改革后,渔民由于个人收益多少和渔船的经营作业有很大关系,所以大大提高了工作的积极性,硇洲渔业比集体经济时代有了更大的发展。渔民由于无形中也成了经营者,所以经济水平比过去有了大幅度的提高,经济实力慢慢和其他民众拉开了距离,成了先富起来的人群。"① 研究表明,疍民从一个松散的个体渔民族群转变成一个有集体意识的富裕的"现代渔民"群体,传统文化得以延续,就在于国家"制度的安排"。

笔者除了对湛江本地沿海的疍家进行采访和调研之外,还去广西的北海、海南的陵水县、珠江三角洲地带、汕尾等地的疍家居住区进行了实地考察。从疍家文化的保存情况看,北海情况最好,其次是海南的陵水这些地方疍民的生活中保留了具有疍家特色的婚礼、葬礼、服饰、"白话"和"咸水歌"等文化传统。陵水疍家还保留了疍家女性喜欢戴耳坠的习俗,当地的疍民都会说"白话",至今"咸水歌"盛行。有记者说,初到陵水时,疍家渔民会和客人说:"疍家文化全在歌,你要想了解我们的文化,先上渔排听一听我们的疍家调。"② 笔者 2017 年 12 月在陵水调研时,发现

---

① 梁德林:《硇洲岛渔民的过去和现在》,《湛江日报》2010 年 9 月 5 日。
② 刘俊:《疍家文化全在歌》,《南国都市报》2017 年 12 月 5 日。

## 结　语

疍家已婚妇女都佩戴耳环，老人都会唱咸水歌，年轻人会的少了，疍家渔排为了给食客助兴，还有人专门为客人表演"咸水歌"。"疍家的语言、文化、信仰和风俗习惯以及喜庆风情、丧葬、禁忌等与众不同，自成体系，有着浓厚的人文传统和习俗传承。最能代表疍家文化精华的就是流传到今天的'咸水歌'。"① 随着时代的变迁，疍家艇已经不再是该族群的标志性特征。现在的标志性特征，笔者认为是讲"白话"和唱"咸水歌"。一听"咸水歌"，我们应该想到的就是疍家。但现在还没做到，因为"疍家"的文化还没有被大众知晓。湛江地区的疍家渔民与其他地区的疍民文化传统一脉相承。笔者采访湛江地区的疍家渔民，老一辈的会唱"咸水歌"。在硇洲岛，笔者采访一位疍家老人时问他是否会唱"咸水歌"，他立刻高歌一首"咸水歌"，字正腔圆，激情满满，令笔者感动。笔者 2015 年 12 月去乌石调研，遇到镇南渔业村委会主任石×珊时，我们谈及振兴疍家文化的事情。笔者曾经建议，最好从恢复"咸水歌"着手。之后的 2017 年，她开始组织村民举办"咸水歌"歌会，到 2019 年已经举办过两届了。笔者认为"咸水歌"、疍家"白话"是疍家族群认同的标志，具有凝聚人心的力量。松散的渔民社会需要凝聚人心。"社会凝聚力是现代社会面临的共同问题，改革开放以来，伴随着乡村劳动力的转移，老龄化的加剧，乡村不同程度出现了表征不同的'空心化'现象，'空心化'的肆意发展使得乡村认同随之下降并趋于消解，这给乡村治理、乡民合作、村社公共产品生产等带来一系列的社会治理问题和消极后果，所以建构乡村认同成为亟待解决的问题。作为乡村内生性、可持续的传统文化资源，节庆民俗具有重构乡村认同的作用。"②

笔者认为，渔民社会不仅是老龄化的问题，更主要的是"社会秩序"问题，我们期待要做的事是使趋于"无主体化"的渔民社会恢复其社会主体，并以其社会主体的传统文化资源建构渔民社会共同认同的社会发展模式。新中国成立以后，党和政府在对待疍家渔民的问题上，积累了丰富的经验，取得了巨大的成功。除了把一个有着悠久历史文化，但还是一个松散的族群整合成了一个具有很强凝聚力的族群外，还建构了以疍家渔民为

---

① 周胜林口述，李玉华整理《我是疍家人》，《文史春秋》2018 年第 8 期。
② 王昊：《节庆民俗自组织与乡村认同建构》，《东南学术》2019 年第 5 期。

主体的海洋渔民社会，而且这种社会形态持续了近30年。这30年海洋渔民社会稳定，社会矛盾冲突少，海洋渔民生活安定。笔者认为，现代化和城市化是中国社会未来发展的方向。但什么是现代化，什么是城市化，值得反思；如何实现现代化、城市化，也值得反思。我们可以利用制度的优越性建构一个更加和谐的渔民社会。

## 二　渔民社会建构中的渔民身份确定

中国的渔民社会有农民社会的问题，还有比农民社会更复杂的问题，中国的渔民社会体系还不完备，有待进一步整合。渔民社会的整合除了需要明确渔民概念之外，还应该培育出渔民自我管理的健全机制。渔民自我管理的健全机制应建立在渔民传统文化的基础上。整合渔民社会的传统文化，厘清中国渔民社会的发展方向是转型期中国社会应该完成的重要任务。

笔者考察了30多年来的中国渔民社会变迁，和其他学者一样，认为国家政策在社会变迁中起了决定性的作用，特别是在"转产转业"政策的推动下，传统的渔业生产模式转变成为现代承包制的生产模式，即将原有的渔业大队的渔船承包给个人，渔村的渔业生产逐渐走向市场化，少数渔民成为渔船的承租者，多数渔民则转变成承包者的工人，最后大部分渔船的承租者成为船主。为此，一部分没有渔船的渔民改行做了其他职业。但其他职业不是他们的本行，尽管他们接受过一些短期培训，但因为文化程度低，很多没有上过学，就是做其他行业也做不好。有一些人又开始重操旧业，没有资金的人给船主打工，有点资金的人造"三无船"，出海打鱼。还有不少渔民的后代不再从事祖业，很多渔村就此走向"终结"。应该说，中国渔民社会的自然、经济、社会、文化等诸多方面的变化都与渔民身份的变化、渔村共同体特征的消失有关。中国有1万多个渔村和2000多万与渔业有关的人口，大多在经历同样的变化。要想阻止这种变化，笔者认为，重建渔民社会势在必行。渔民社会的重建，首先要发挥传统文化的作用，明确渔民身份。

# 结　语

## 三　日本渔民社会对中国渔民社会建构的启示

"3·11"大地震发生后不久，2011年5月19日，日本东北地区的人类学学者聚集在日本东北大学，由东北大学的高仓浩树主持了"灾民与学者共有经验的大地震"研讨会，笔者有幸也参加了。之后日本东北大学东北亚研究中心接受宫城县政府的委托，进行了题为"东日本大地震受灾地区的民俗文物的损害的调查"。"3·11"大地震发生以后，又引发了海啸，对日本东北地区的太平洋沿岸地区造成了巨大的破坏，调查内容为该地区的非物质文化遗产，包括民俗技艺、祭礼、节庆活动、生计模式在地震前的状况、受灾的情况、恢复的情况等。完成调查以后出版了题为《灾害中的无形民俗文化遗产——东日本大地震和宫城县沿岸地区社会的民族志》的论文集，汇集了22篇论文，论文的着眼点为非物质文化遗产的修复情况。非物质文化遗产包括民俗技艺、祭礼、节庆活动以及与日本农林水产业等生计有关的民俗和技术。非物质文化遗产与佛像、神社寺庙、神轿、历史文献不同，有形的东西破损后可以修复，有形的文化遗产是否受到破坏一目了然。非物质文化遗产指什么，保护非物质文化遗产有什么社会意义，这些需要明确。论文集的编者指出：所谓以修复非物质文化遗产为着眼点，指的是把非物质文化遗产放到与社区的关系上、恢复它对社区居民的影响上。为什么要关注非物质文化遗产呢？编者在书中解释，1995年在日本大阪神户地区发生了"关西大地震"，地震的中心在城市，地震的灾害被称为"城市型地震灾害"。城市是多种文化汇集的地方，为了妥善处理好灾害带来的问题，日本政府为此还出台了"多文化共生政策"，以此来协调各方的利益。日本政府为此煞费苦心，这件事给日本老百姓留下了深刻的记忆。反之，日本"3·11"大地震以后，宫城县的石卷市恢复了法印"神乐"①、岩手县恢复了"鹿舞"，由此振奋了民心，当地的灾后恢复非常顺利。由此，日本政府和学者都注意到了非物质文化遗产的复兴对灾区民众的影响很大。由此，以日本东北大学高仓浩树教授为首的十几位

---

① 神乐，日本祭神时奉献给神的舞和歌，分为在宫廷举行的御神乐和在民间举行的里神乐。

教授深入上述灾区的 23 个地区进行广泛的田野调查。他们有清晰的问题意识。他们发现灾害地区的村民为了避难，有的投奔远方的亲戚，有的住进政府搭建的简易住宅，传统的渔民社会出现了流动。村民的居住地、受教育地、就业地发生了很大的变化，如何才能把离去的村民再呼唤回来，重建家园呢？他们想到利用各地的非物质文化的招数。为此他们首先对各地区的非物质文化资源进行了调查，并把调查结果汇编成论文集。参加调查的专家都是专业的人类学学者，论文集展现出了翔实、丰富的灾区非物质文化资源状况实录以及调查者的调查感言。调查区域覆盖广泛，调查内容细致入微。调查地包括宫城县的气仙沼、南三陆、石卷、女川町、东松岛、气浜、多贺城、仙台、名取、岩沼、山元等地区。笔者曾经在宫城县做了一年半的稻作农业田野调查，这些地方多数是笔者熟知和曾经去过的地方。高仓浩树是日本东北大学东北亚研究中心教授，早年一直致力于俄罗斯西伯利亚地区的研究，近几年转向对日本本国的研究。"3·11"大地震以后，他敏锐地感到，此时正是转向对日本国内研究的最好时机。因为大地震给日本东北地区带来了巨大的破坏，如何才能尽早地使灾区得到恢复是日本社会面对的问题，他主张首先要对灾区的非物质文化遗产进行保护和恢复，他非常了解文化传承在日本社会中的作用。笔者和高仓浩树的相识始于 2009 年 7 月，当时笔者为完成博士学位论文，去仙台市秋保町马场村做田野调查。这期间在与日本东北大学师生进行学术交流时结识了高仓先生，之后有了长期的交流。高仓浩树的"文化保护主义"和笔者对日本传统社会考察的结果不谋而合。笔者在博士学位论文《稻作传统与社会延续——日本宫城县仙台秋保町马场村的民族志》中已经明确地阐述了日本传统文化的延续是日本农业社会延续的根本的观点。为了完成本书，笔者又对日本渔民社会进行了长期调查。笔者与高仓先生一直保持着学术交流。2015 年高仓先生参加了由四川大学举办的"灾害人类学国际研讨会"，其间参观了汶川大地震灾区遗址。之后他对笔者讲，看到一栋栋由政府援建的楼房和修整一新的汶川街道，他大为震惊，感到了中国政府的强大，感到了中国现行体制的优越性。听到高仓先生的话，作为一名中国人，笔者当然感到自豪。为此，笔者想到，中国有中国的优势，日本也有日本的优势，如果中国也能把民间传统文化作为整合社会的力量加以利用，中国的发展会更好。

# 附　录

## 一　海南省陵水县田野日志

2017年12月12日，笔者去海南省陵水县办事，之后连续几天去了新村镇，这里是疍家聚集的地区。这里的疍家居住集中，疍家意识强。笔者在渔排上遇到了一位姑娘，她是这里的服务员，是疍家。笔者问她，"叫你疍家，你能接受吗？"她说，"我当然能够接受啦，疍家就是我们的名称，就像其他少数民族有他们的族称一样，疍家就是我们族群的符号，现在也有人叫我们疍家佬、疍家婆，这很正常，无所谓。"话语中流露出自信。笔者问她，疍家人找对象有什么清规戒律吗？她说，过去疍家人找对象都找疍家人，现在不那么严格了，疍家人与外族人结婚的现象也很普遍，但还是疍家人找疍家人的情况多。现在疍家男人出海打鱼，经营渔排，女人经营渔排餐厅。她这辈人也有不少人出海打鱼，她哥哥也在出海打鱼。她说，她小的时候也是在船上长大的，也随父母出过海。她说，她听说祖先是从广东珠江三角洲附近来的，他们都会说广东话。另一位女孩说，疍家人有疍家人的歌，就是咸水歌，但她不会唱。疍家婚礼也很独特。疍家人造了新船一定要拜神，即使平时不拜神，过年的时候也要拜神。拜的是海神，海神在这里的三江庙里，庙里也有妈祖。新村镇的猴岛与陆地之间是个海湾，里面布满了疍家的渔排和外地的渔船，外地渔船主要是临高镇的。在与疍家渔排上女服务员交谈时，感受到的就是她们对"疍家"称谓的自豪和自信。笔者原本想在疍家渔排上再逗留一会儿，但看到她们各个都很忙，不想打扰她们，就离开了渔排。

一位疍家小哥开小船把笔者送到了岸边。小船是专门接送客人到渔排就餐的。到了岸边，小船还没有完全靠岸，就看小哥冲着另外一艘小船上的人大声嚷嚷，好像是嫌对方占了他的码头。对方也不示弱，回敬了一句，码头又不是你家的，我怎么就不能停呢！火药味十足，最后还是小哥占了上风。据说，这里的人，为了生意，争夺地盘的情况时有发生。

12日下午回陵水镇的时候，笔者乘坐的是一位妇女开的三轮摩托，她自称陵水县城人，嫁给这里水利局的一位工作人员。一路上笔者和她聊天，通过她，笔者了解了一些关于陵水县和新村镇的情况。她说，疍家人普遍比较老实，刁钻的人很少。疍家人现在的生活水平比新村镇的其他居民要好，因为他们有钱，现在出海打鱼也打不到什么鱼了，他们的钱主要是靠国家的油补。言外之意，她对国家的油补政策不满。

14日下午，笔者再次来到新村的疍家渔排，这时天色已晚，笔者和其他人一起乘上了一条渔排送客的小船，开船的是位姓陈的老人。他以前一直打鱼，现在不打鱼了，靠开船送客维持生计。他是疍家人，祖籍广东，这里不少疍家人都说自己的祖籍是广东，按照笔者的经验，这个情况比较符合实际。他一边开船一边和笔者聊天，从疍家的过去聊到疍家的现在，他会说广东话，又说他的曾祖父说祖先是从福建来的。其实很多疍家人，也说不清自己是从哪里来的，一般知道是从广东那边来的，对以前的事情，他们也不十分清楚，所以，说话的时候经常是自相矛盾，笔者已经见怪不怪了。他说，祖先是从福建来的是有根据的，因为福建那边的人小脚趾有特征，说着就让笔者看他的脚，笔者看不出他的脚和我们的脚有什么不同。这时旁边的一位广西的女游客，也把脚露出来，说自己也是这种脚。用脚的特征来证明自己是来自福建的，显然不科学。他说，他有三个孩子，一个儿子，两个女儿，三个孩子都不打鱼了，一个女孩嫁到阳江了。他56岁，现在只靠运客为生，1986年才上的岸，当时岸上开发商品房，他买房上了岸，当时买的是平房，现在原房子上加了一层。1986年之前他家生活在海上，他在船上出生，上岸之前一直生活在船上。笔者问他，"我们叫你疍家，你会不高兴吗？"他说，没有啊，我们很喜欢被人称为疍家。他家几代前就来到了这里。笔者问他，过去有人欺负你们吗？他说，他们疍家人很纯朴、勤劳，没有人欺负他们，他们内部也很团结。他说的可能是对的，因为这一带除了疍家，很少有人居住，稍远处虽然有黎族居住，但黎族也不会骚扰他们的。他们是笔者看到的最自信的疍家人。他们由新村村委会管，他的三弟是村委会主任。他说，他姓陈，新村有100多户姓陈的，祭祖的时候要去海口市的东沙村。他的大女儿嫁到了阳江市的阳春，他以前搞水运去过阳江、广州。他原来捕鱼的时候用的是围网。"文革"期间这里也成立了渔业大队，有海鸥、海燕、海韵三个大队，还有新村大队，都隶属新村公社。现在的新村村委会就是原来的新村大队，他的父亲原来是海鸥大队的书记，几个大队的渔民都是疍家。直到20世纪70年代80%的渔民在船上生活，现在也有渔民住在船上，但是一般在岸上有房子。现在疍家渔民除了出海打鱼之外，也从事养殖渔业，经营疍家渔排。他说，现在的疍家渔民也有分化，20%的渔民属于富裕阶层，70%左右的渔民属于中等生活水平，10%左右的渔民生活贫困。笔者问他，你希望你们未来的生活是什么样的？他一下子答不出来，只是说希望国家多关怀。

笔者沿着疍家渔船停靠的渔港去寻找可以交流的疍家渔民，正巧遇到在这里工作的渔政工作人员，他向笔者介绍了不少疍家渔民的情况。他说，海南疍家集中的地方有几个，一个是海南文昌蒲泉，那里的疍家讲白话。还有陵水新村、赤岭，赤岭疍家在新村有不少姻亲，他们之间通婚，现在疍家人也有找陆上人的。他说，在全省的渔民中，疍家渔民比较好管理，他们听话，不闹事，他们规规矩矩地做他们的事。

在海边笔者遇到一位疍家青年H，H向笔者述说了他的苦闷。H找了一位陆上人，比他大几岁，但父母不同意，父母执意让他找附近的女孩，最好是疍家女孩。因为没有经济实力，H找不到当地的疍家女孩。现在H找的女孩学历不高，只有小学文化，是河南人，在陵水的一家餐馆打工。H28岁，小的时候也和大人一起出过海，长大以后在别人的船上当过渔工。H的哥哥小学五年级的时候就和父母一起出海打鱼了，现在他哥哥靠修船为业。虽然他哥哥没有什么文化，但悟性好，现在的修船手艺比师傅都高，还会开船。H说，如果结婚的话，会和父母住在一起，家里房子比较宽敞，每个人都有自己的房间。H现在和女朋友一起住在陵水，现在的女朋友的情况还没有和父母说。他说，女朋友是河南人，不好和父母提及。他会说疍家话（白话）和陵水附近的海南话，海南话各地都不相同。现在疍家年轻人的择偶观已经改变，但是父母这辈人的观念还没有改变，疍家孩子比较听父母的，所以在婚姻问题上，他们的内心还是很矛盾的。

告别了H，笔者在回陵水的路上来到一家小超市买东西，顺便和店主聊了起来。他听说笔者是为中央民族大学陵水分校而来，特别感兴趣，不停地问这问那。他的儿子（小周）本来一直在玩电脑，后来也凑过来了。店主姓周，叫周×贵，58岁，以前是打鱼的，去过西沙，现在不打鱼了，在新村镇开了商店。我们谈到了疍家的文化问题。小周是湖南某高校毕业的，学饭店管理，"80后"。小周说，小的时候他住过船，也住过疍家寮（小周称疍家寮为吊脚楼，前几年三亚红沙地区的疍家还有住吊脚楼的，现在没了）。小周很关心疍家的文化，想收集有关陵水疍家的资料，比如疍家棚等照片，到目前为止还没有收集到。笔者鼓励小周继续收集。小周说，20世纪70年代，海滩上布满了疍家棚，小船就拴在疍家棚上，孩子在疍家棚里穿梭，嬉戏打闹，当时的船比较小，一家人挤在一艘小船上。小周说，他收集到了疍家小孩上学的照片，当时疍家小孩的学校是在大船上，按照大队分船，一个大队的孩子一艘船，之后就上陆了。小周介绍说，疍家有咸水歌，但是现在的年轻人基本不会唱了，婚礼和广东那边差不多，和海南本地人的婚礼有所不同。当地的黎族人被称为坡上人，我们被称为水上人，黎族人主要在陵水县英州镇，陵水县汉族居多，黎族人和疍家人都不多，黎族人住在山坡上，疍家人住在海边，苗族人住在山里。疍家戴有自己特点的帽子，还有背小孩的背带，这些都与众不同。小周说，现在出海打鱼也不容易，附近的鱼很少了，到远海打鱼要大船才行，造大船费用也高。笔者看到了他们拿来的疍家妇女背孩子用的背带，做工很讲究。周家父子很热情，他们知道笔者是大学老师，并且以后有可能经常来陵水，希望笔者多了解一些疍家的情况。看天色很晚了，笔者不得不离开。小周问我第二天有什么打算，笔者说，还是想了解疍家的情况，于是他自告奋勇地说，第二天可以开车陪笔者去附近的疍家渔村。笔者很感激。

15日早上，小周如约开车到饭店接笔者，我们驱车去附近的赤岭和三亚的后海疍家渔村，一路上我们聊了很多。小周说，新村镇疍家的消费能力比较高，以至于遭到其他居民的嫉妒，称他们疍家是白眼鸽子，他为此很反感。很长一段时间，疍家渔民的收入比陆地的农民和新村的居民高，但是现在政府打造海南旅游岛，到处在征地，有些被征地的农民有钱了，有的买了好车，有的用补助的钱开了店。从他的话中，可以看出他是很羡慕那些人的。不久我们就到了赤岭疍家渔村，这个村的渔民基本是疍家。据村委会负责人说，这个村的疍家人来自不同地方，有来自福建的，有来自广东顺德、阳江的，还有来自广西北海的。村里的房子一座接一座，挨得很近。村民大部分靠打鱼为生，笔者去的时候正好赶上陵水渔政的工作人员在统计渔民的船只情况，很多渔民拿着渔船证排队等着登记。笔者问一位渔民渔船是否可以上保险，他说，出海的渔船都要上保险，保险有渔船保险和人身意外保险，说着拿给笔者看了。

在回来的路上，小周问笔者，疍家能不能成为一个独立的民族，当笔者说不能的时候，他很失望。笔者说，就是疍家族群也要好好保护才行，否则也会消失的。他似乎感觉到了身上的担子。当笔者对小周热心陪同调研表示感谢的时候，他说，"我们应该感谢你，你在为我们疍家做事。"从小周身上，笔者看到了新一代有文化的疍家人的觉醒。笔者鼓励小周成立一个保护疍家文化的组织，只有组织起来才有力量。

15日晚上笔者又独自来到新村的新港，这里与以前看到的疍家码头不同，这里有不少中型渔船，据了解这些中型船大多是临高的，新村的不多。这次去海南陵水，真是不虚此行，了解到了不少东西，接触到了正宗的疍家，也体会到了为什么那么多疍家聚集在海南的海湾里。笔者觉得其中一个重要的原因就是他们来到海南的时候，海岸只有少数民族，岸上大多荒无人烟，没有人和他们争地盘，没有人欺负他们。另外，笔者看到陵水新村的港湾，条件好，易于停泊船只，比广东湛江沿海的条件好。这里的疍民集中，疍民的自我意识强，在政府的官方语境中，疍民是个固定的概念。疍民不避讳被人叫疍民，政府也在打造海南疍家这张名牌。从海南的疍民身上，笔者看到了疍民的希望。

## 二　北海侨港镇疍家采访日志

北海的侨港镇是广西疍家的主要聚居点。2017年6月28日，笔者来到了闻名遐迩的北海，寻找疍家的踪影。笔者先到的是北海渔港。正好赶上休渔期（5月1日至8月15日），渔港里停满了大小渔船，传统的疍家渔船不少，偶尔见几艘小船进出。笔者与岸上的一位青年攀谈起来，他说，他是渔民，是疍家。北海的渔民大多数是疍家，笔者是知道的。这里的疍家文化保存良好，很多人会唱咸水歌。疍家婚礼很独特，送亲迎亲都用船，举行婚礼的时候，有女方家划船把女儿送给男方家的场面。休渔期绝大多数的渔船能按规定休渔，只有小船偷着摸着还去出海打鱼。他解释说，小船平时挣得少，三个半月的休渔期，如果不打鱼，他们就无法生活。他家没有大船，对有大船的人羡慕嫉妒恨，认为国家的油补政策不合理。他告知笔者，北海小港有很多疍民。

随后笔者去了小港。小港实际上是侨港镇，听渔政的工作人员介绍，这里是华侨村，大多数村民是渔民。据说这些人多为疍民，早年一直在附近打鱼，住在船上。1945年后渔民们集体转移到了越南，在越南，他们很少与当地人交流，所以很少有人会说越南话，20世纪80年代回来以后被安置到了小港。小港的绝大部分居民是疍家渔民，镇里发展当地旅游业，把疍家作为主打招牌，每年都要举办疍家旅游节，2017年6月10日已经举行过。这里的渔民称得上是真正的渔民，大多数在岸上没有土地。渔政的工作人员介绍说，也有一些农民和外地人在大船上当渔工，渔工收入不高。

在渔港笔者遇到一位年轻人，自称疍家，中学毕业就随船出海打鱼了，现在在一艘船上当渔工。他说，这里的渔民都是疍家，有一段时间渔民都去了越南，20世纪80年代陆续都回来了，有的在岸上买了房，有的在岸上租了房。现在政府在岸上给他们盖了廉租房，但还有个别的渔民住在船上。这里渔民的孩子很少人读大学，文化程度普遍不高，主要是认为读书没有用，读书不如早点出海打鱼，现在的海鲜价格比较贵，出海打鱼能赚钱。他的这种思想很有代表性。他认为这里的渔民无论是有证的还是无证的都比较有钱，小船渔民一年挣十几万元也不成问题。过去渔民很忌讳人们称他们是疍家，因为过去对疍家很歧视，现在没有人歧视疍家了，现在叫他们什么也无所谓。镇里为发展经济，大力宣传疍家文化，开展疍家文化节活动。他认为开展这些活动对这里的旅游、餐饮业有好处，对渔民来说无所谓，渔民出海打鱼，打鱼多就能赚钱。笔者感到，这里的疍家渔民的生活状况很好，这主要取决于政府的支持和帮扶。这里就像一个少数民族聚居区，有专门的管理和服务部门，发展的经验值得推广。

## 三　汕尾渔村走访录

汕尾距离广州市 250 多公里。在对湛江沿海地区疍家渔民的调研期间，笔者先后去广西的北海、海南省陵水的疍民聚集区进行过调研，发现几个地方的疍民对他们祖籍地的表述一般有两种说法。一种说法是，祖籍是珠江三角洲，其中说自己的祖籍是中山、顺德、阳江地区的很普遍。还有一种说法，祖先是福建的。本来学界对疍民的发源地就有不同说法，听疍家渔民这么说，笔者更难判断了，甚至认为疍家渔民说自己的祖先是福建的说法是一种误传，但是据广东省民族研究所编的《广东疍民社会调查》一书介绍，"散居于粤东陆丰、海丰、惠阳等县沿海各地港湾的疍民，他们之中又可划分为两种主要类型，一种是讲福佬话的后船疍民，一种是讲白话的疍民，风俗习惯各不相同。后船渔民主要集中在陆丰的甲子、碣石，海丰的汕尾新港，惠阳的平潭和澳头、霞涌两个乡等。讲白话的疍民，除了原籍汕尾者外，有的来自中山、硇洲（湛江）、阳江、番禺、顺德、宝安和香港、澳门等地。"[①] 这个结论对笔者来说充满诱惑，笔者希望有机会亲自考察一下粤东的疍民。

2019 年 11 月 9 日，笔者来到了汕尾市新港街道，该街道有三个渔村，一个是红卫渔业村，这个村的村民就是《广东疍民社会调查》中的白话疍民，还有两个渔村是东风渔业村和前进渔业村，这两个渔村的村民就是《广东疍民社会调查》中的后船疍民，即所谓的福佬话疍民，祖籍是福建的。前进渔业村是过去的新风渔业大队和前进渔业大队合并而成的，东风渔业村是东风渔业大队和新霞渔业大队合并而成的。这里的疍家渔民称这两个渔村为"中渔"，即中海渔民，中海实际上就是现在的近海，中海渔民使用的渔船主要是罟帆船；而红卫渔业村过去是深海渔民，他们使用的是机帆船，作业区域为远海。虽然这里的渔民被称为疍家，但是他们之间

---

[①] 广东省民族研究所编《广东疍民社会调查》，中山大学出版社，2001。

没有什么联系，一个是讲福佬话，另一个讲白话，来自不同的地区。从这里的疍家来看，疍家族群的称谓并不是由血亲关系决定的，而是由生计模式决定的。疍家生活在船上，原本是散居生活，只是1949年以后才被真正地组织起来，可以说疍家族群的建构与1949年后的公社化运动有关。虽然新港街道的福佬话疍家和白话疍家交往不密切，但他们都有相似的文化传统，比如福佬话疍家人过去都会唱渔歌，据说现在还有不少人会唱渔歌。东风渔业村有村民组成的渔歌队，渔歌队还受到党和国家领导人的接见，在当地家喻户晓。前进渔业村也有自己的渔歌队。在前进渔业村经营婚丧嫁娶仪式业务的一位年轻人，得知笔者对渔歌感兴趣，他热心地领笔者见了一位双目失明的渔民。这位渔民是村里渔歌队的组织者，他现场为笔者唱了一首渔歌，渔歌的曲调和歌词与笔者在湛江沿海地区、海南省陵水县听到的咸水歌很相似。据说，这里的渔歌与福建的渔歌类似。在前进渔业村，笔者遇到了该村的陈书记。他介绍说，他从20多岁就开始在渔村当书记，一直当了近40年。他讲，我们疍家和客家人差不多，都是由于在陆地上无法生存，客家人躲到了山里，而我们疍家躲到了船上。他说，这里的疍家有两种，一种是从福建来的，说福佬话，另一种说白话。我们是说福佬话的疍家，从福建往西走，说白话的疍家是从西面的珠江三角洲往东走。他们的家族成员中有的到了惠阳的平潭和澳头，深圳也有他们的亲戚。他的话使笔者想到了湛江乌石和海南陵水县的不少疍民说自己的祖先是从福建来的，从文献记载和访谈来看，可以认为粤西地区的疍民中确实有不少是从福建来的，只是由于这些人的后代会说白话，就很难把他们和祖先地福建联系起来。湛江雷州地区的陆上人一般都说"雷（州）话"，"雷话"与福建闽南话相通，说"雷话"的人如果没有上过学，一般不会说白话，而疍家人一般会说"雷话"和白话，"雷话"是当地话，白话是他们祖先说的话，从这点判断，即使他们的祖先是从福建来的，也是很早以前的事情了，至少有一代人在珠江三角洲待过，之后慢慢往西走，最终停留在了湛江或海南、广西的沿海地区。不管是福佬话疍家还是白话疍家都是疍家，尽管他们的文化存在不同之处，但是"渔歌"或"后船歌"都是他们的传统文化，都是疍家人自我认同的依据之一。过去疍家人平时穿的衣服与陆上人也有区别，现在只有疍民表演渔歌的时候才穿疍家的衣服。据笔者观察，新港街道的3个渔业村的村民都没有放弃渔民身份，户籍上还是"渔民",仍然享受政府对渔民的特殊政策。前进渔业村还有 9000 人有渔民户口,东风渔业村有 11000 多人有渔民户口。看来渔民户口在广东也不是统一的,湛江乌石地区渔业村的村民过去都是渔民户口,最近都改成城镇户口。前进渔业村和东风渔业村有渔民户口的村民有 2 万多人,出海打鱼的人不到总人数的 30%,其余的人都改行了。新港街道有天然的港湾,这里停泊的渔船除了本地的渔船之外,还有阳江、珠海、湛江的渔船。港湾的滩涂早已被填成了陆地,盖满了房子,3 个渔业村就坐落在填海的陆地上。这里已经成为汕尾的市中心,美丽的沿海长廊已经成了市民和游客休闲、散步的好地方。渔民不出海的时候,也会聚集在沿海长廊的树荫下,下棋、打牌。夜幕下还有不少妇女在跳广场舞,这里俨然成了城市的一个繁华地带。年事已高的渔民,不能出海打鱼了,没有了正常的收入,只靠政府发放的微薄养老金,生活拮据,不免有些怀旧的情愫。据了解,从 20 世纪 50 年代起,政府把疍家组织起来,成立了渔业生产队,他们当时的生活水平比农民和市民都好。他们也经历了其他沿海地区渔民所经历的渔业大队解体—渔船承包给个人—转产转业的过程。经历了这些以后,红卫渔业村的村民相对富裕一些,大部分村民都有小二层房屋。渔业村成了城中村,有的人家在楼底下还开了商铺。这里的渔民已经习惯了现在的生活,改变现状的愿望并不强烈。福佬话疍民的受教育程度低,有不少人不会说普通话和白话,只会说福佬话,一旦不能出海打鱼,再找其他工作很难。但是红卫渔业村的村民不同,他们受教育程度高一些,很多人在承包渔船后,买下了渔船,很少有人在转产转业中失去渔船,他们比福佬话疍家要富裕。笔者访谈的那家红卫村渔民讲,我们渔民跟着国家政策走就行,这句话让笔者想起了前进渔业村村口的"永远跟党走"的标语。这里的渔民后代只有 1/3 的人希望像父辈一样出海打鱼,更多的人觉得在汕尾市找一份工作就行。汕尾的渔民社会已经基本定型,疍家渔民已经是渔民社会的主体,传统文化已经在社会建构中发挥了很大的作用。

  人与自然的和谐是人类持续发展的基础。人与自然的和谐应以传统文化为引领,疍家渔歌或"咸水歌"只是疍家渔民文化的一个象征,一旦确立了疍家为渔民社会的主体之后,还应深入挖掘其更多的传统文化,形成体系,使之成为社会整合的力量。

# 参考文献

## 中文著作和译著

〔美〕保罗·拉比诺：《摩洛哥田野作业反思》，高丙中、康敏译，商务印书馆，2008。

陈序经：《疍民的研究》，上海书店，1936。

崔凤、宋宁而、陈涛、唐国建：《海洋社会学的建构》，社会科学文献出版社，2014。

费孝通：《乡土中国》，北京大学出版社，2012。

广东省民族研究所编《广东疍民社会调查》，中山大学出版社，2001。

贺雪峰：《新乡土中国》，北京大学出版社，2013。

黄平主编《乡土中国与文化自觉》，三联书店，2007。

黄淑娉、龚佩华：《文化人类学理论方法研究》，广东高等教育出版社，2004。

〔英〕凯蒂·加德纳、大卫·刘易斯：《人类学、发展与后现代挑战》，张有春译，中国人民大学出版社，2008。

〔美〕康拉德·菲利普·科塔克：《文化人类学：欣赏文化差异》，周云水译，中国人民大学出版社，2012。

〔美〕康拉德·科塔克：《远逝的天堂——一个巴西小社区的全球化》，张经纬、向瑛瑛、马丹丹译，北京大学出版社，2012。

李调元：《南越笔记》卷一，商务印书馆，1936。

林有能、吴志良、胡波主编《疍民文化研究——疍民文化学术研讨会论文集》，香港出版社，2012。

〔美〕卢克·拉斯特：《人类学的邀请》，王媛、徐默译，北京大学出版社，2008。

麻国庆：《人类学的全球意识与学术自觉》，社会科学文献出版社，2016。

麻国庆主编《山海之间：从华南到东南亚》，社会科学文献出版社，2014。

农业部渔业局监制《中国渔业统计年鉴2010》，中国农业出版社，2010。

乔建、李沛良、李友梅、马戎主编《文化、族群与社会的反思》，北京大学出版社，2005。

〔美〕塞缪尔·亨廷顿、劳伦斯·哈里斯主编《文化的重要作用：价值观如何影响人类进步》，程克雄译，新华出版社，2010。

水产辞典编辑委员会：《水产辞典》，上海辞书出版社，2007。

同春芬等：《海洋渔业转型与渔民转型》，社会科学文献出版社，2013。

魏德才：《渔民与南海：我国南海渔民权益保护研究》，法律出版社，2013。

湛江日报新闻发展公司：《湛江城镇》，广东人民出版社，1989。

湛江市人民政府研究室编《湛江乡镇大全》，1996。

张雯：《自然的脱嵌：建国以来一个草原牧区的环境与社会变迁》，知识产权出版社，2016。

张震东、杨金森编著《中国海洋渔业简史》，海洋出版社，1983。

中国人民政治协商会议湛江市坡头区文史资料研究委员会编《湛江市坡头区文史》第三辑，1996。

中国人民政治协商会议湛江委员会文史资料研究委员会编《湛江文史资料（湛江港口）》第十四辑，1995。

周晓红编著《人类学跨文化比较研究与方法》，云南大学出版社，2009。

朱炳祥：《社会人类学》，武汉大学出版社，2004。

## 日文著作

高倉浩樹，滝澤克彦：『無形民俗文化財が被災するということ—東日本大震災と宮城県沿岸部地域社会の民俗誌』，新泉社，2014。

田辺悟：『近世日本蜑人伝統の研究』，慶友社，1998。

水野祐：『古代社会と浦島伝説』，雄山閣，1975。

日本神奈川県文化財保護委員会：『相州の海士』，神奈川県教育委員会発行，1969。

小川博：『海の民俗誌』，名著出版社，1984。

坪井洋文：「ムラの論理―多元論への視点」，磐田恵一著『日本民族文化体系』（第8巻），小学館，1984。

瀬川清子：『海女記』，三國書房，1943。

河岡武春：『海の民―漁村の歴史と民俗』，平凡社，1987。

濱田武士：『漁業と震災』，みすず書房，2013。

白須敏朗：『東日本大地震と未来の水産』，成山堂書店，2012。

羽原又吉：「關東漁業の近世的發達と上方漁民の役割」、羽原又吉編『日本漁業経済史』（中巻），岩波書店，1954。

羽原又吉：「舳倉蜑漁業」、羽原又吉編『日本漁業経済史』（下巻），岩波書店，1955。

田中四朗：「近世の志摩における海女と御師」，『三重県漁業史の的実証研究』，松阪市光出版印刷株式会社，1987。

## 日文论文

羽原又吉：「日本蜑族考」，『三田学会會杂志』，慶応義塾理財学会，1944年7月。

池野茂：「徳川時代の海女漁業のむら―三　重県志摩町を中心にして」，『人文地理』第93期，1957。

和田勉：「伊勢志摩の海女の史的考察」，三重大学学芸学部歴史研究会，1964年7月。

大林太良，黛弘道：「海人の伝統」，『日本古代社会』，中央公論社，1987年2月。

郷田名奈子，神野水希，福田皓，横山貴一：「日本漁業再生」，政策フォーラム発表論文，ISFJ，2015年11月。

日本経済レポート専門ニュース：「漁業資源管理と日本の課題」，東京財団，2017年10月，http://www3.keizaireport.com/report.php/RID/3234

54/。

谷川尚哉：「日本の水産業の現状と課題」，『人間？自然論叢』，2009 年 7 月。

红桂兰：「人類学における観光文化の捉え方に関する考察」，筑波大学『地域と教育』研究会報，2012 年 5 月。

佐藤孝裕：「観光の文化人類学 ～グァテマラの事例」，Bulletin of Beppu University Junior College，2001 年 2 月。

東京水産振興会：「漁業水産業における東日本大震災被害と復興に関する調査研究 – 平成 24 年度事業報告」，2013 年 1 月，https://www.suisan-shinkou.or.jp/promotion/report/report_2013。

## 中文论文

陈海发：《美日休闲渔业成功启示录》，《中国乡镇企业》2013 年第 12 期。

陈金星：《〈写文化〉与当代民族志写作》，《中南民族大学学报》（人文社会科学版）2016 年第 7 期。

董加伟：《论传统渔民用海权》，《太平洋学报》2014 年第 10 期。

傅贵九：《明清疍民考》，《史学集刊》1990 年第 1 期。

管筱牧等：《基于共同管理的渔业管理制度分析——以日本为例》，《中国渔业经济》2014 年第 3 期。

郭莲：《文化的定义与综述》，《中共中央党校学报》2002 年第 1 期。

韩吉光、梅冬周：《中国渔业商业保险机制研究》，《农村经济与科技》2017 年第 10 期。

韩吉光、王德强：《我国渔业保险发展困境及对策分析》，《山西农经》2017 年第 7 期。

韩立民、林超：《关于渔民问题的思考》，《中共青岛市委党校青岛行政学院学报》2007 年第 5 期。

韩立民、任广艳：《"三渔"问题的基本内涵及其特殊性》，《农业经济问题》2007 年第 6 期。

何劭玥：《从布迪厄"文化资本"理论看中国传统文化的传承与发展》，《学理论》2009 年第 4 期。

何薇:《珠江三角洲咸水歌的起源与发展》,《广州大学学报》(社会科学版)2007年第1期。

何孝允:《西方保险理论研究的比较分析》,《南开经济研究》1989年第6期。

贺喜:《流动的神明——硇洲岛的祭祀与地方社会》,载李庆新、郑德华主编《海洋史研究》(第6辑),社会科学文献出版社,2014。

黄妙秋:《广西北海疍民咸水歌研究》,《中国音乐学》2008年第4期。

黄向春:《从疍民研究看中国民族史与族群研究的百年探索》,《广西民族研究》2008年第4期。

姜娜:《"首届东亚人类学论坛:人类学与历史"研究综述》,《广西民族大学学报》(哲学社会科学版)2012年第4期。

李明锋、李成瑞:《关于乡村旅游中旅游渔业问题的初步研究》,《现代渔业信息》2008年第8期。

李明锋、李成瑞:《渔业生态旅游问题的初步研究》,《现代渔业信息》2009年第11期。

李宁利:《明清时期疍民社会与中国对南海诸岛的管辖》,《西南民族大学学报》(人文社会科学版)2014年第10期。

李永祥:《灾害的人类学研究述评》,《民族研究》2013年第5期。

林凤群:《浅论中山咸水歌的源流和发展》,《神州民俗》(学术版)2011年第2期。

楼筱环:《休闲渔业旅游内涵初探》,《商业经济与管理》2006年第8期。

罗建仁:《我国大陆休闲渔业发展评述》,《中国水产》2012年第4期。

罗建仁:《休闲渔业:概况与发展》,《水产科技》2010年第8期。

麻国庆:《明确的民族与暧昧的族群——以中国大陆民族学、人类学的研究实践为例》,《清华大学学报》(哲学社会科学版)2017年第3期。

孟凡祺:《珠海淇澳岛旅游资源调查与开发——以日本端岛旅游开发为导向》,《经济研究导报》2016年第8期。

莫雁诗:《试论疍民不是民族》,《广西地方志》1995年第2期。

纳日碧力戈:《从中国民族识别看"家系类似性"的方法论意义》,《云南民族学院学报》(哲学社会科学版)1999年第11期。

秦和平:《"56个民族的来历"并非源于民族识别——关于族别调查的认

识与思考》,《民族学刊》2013 年第 5 期。

孙良媛、徐小怡:《广东渔业保险发展:问题与对策》,《华南农业大学学报》(社会科学版) 2008 年第 4 期。

唐国建:《渔村改革与海洋渔民的社会分化——基于牛庄的实地调查》,《科学·经济·社会》2010 年第 1 期。

涂炯:《多点民族志:全球化时代的人类学研究方法》,《中国社会科学报》2015 年 12 月 2 日,第 6 版。

王灿、李技文:《近十年我国族群认同与历史记忆研究综述》,《内蒙古民族大学学报》(社会科学版) 2012 年第 5 期。

王光记:《"渔民、渔业、渔村"逻辑和悖论——以龙海市浯屿村渔业调查为例》,《中国渔业经济》2010 年第 4 期。

王惠丽、陈修颖:《中日渔业组织形态的比较分析》,《长春大学学报》2015 年第 1 期。

王建友:《渔民市民化与"三渔"问题探析》,《农业经济问题》2011 年第 3 期。

王磊、姚玉琴、彭玲玲:《"失海"渔民社会保障体系的构建》,《水利经济》2012 年第 1 期。

王琪:《民歌中的奇葩——咸水歌和高堂歌》,《佳木斯教育学院学报》2009 年第 4 期。

王书明、兰晓婷:《海洋人类学的前沿动态——评〈海洋渔村的"终结"〉》,《社会学评论》2013 年第 5 期。

王晓江:《西方"族群"思潮研究》,《新疆社会科学》2011 年第 3 期。

乌小花:《论"民族"与"族群"的界定》,《广西民族研究》2003 年第 1 期。

夏秀梅:《日本、美国渔业保险模式及其借鉴》,《世界农业》2017 年第 2 期。

徐杰舜:《论族群与民族》,《民族研究》2002 年第 1 期。

徐杰舜、张祎凌:《族群结构简论》,《广西民族学院学报》(哲学社会科学版) 2005 年第 9 期。

徐小怡:《中国渔业保险研究文献综述》,《中国渔业经济》2010 年第 3 期。

严飞、周雪秋：《我国休闲渔业发展研究综述》，《科技创业》2012 年第 1 期。

阎根齐：《论南海早期疍民的起源与文化特征》，《南海学刊》2015 年第 1 期。

杨斌、朱俊生：《日本的渔业保险制度》，《世界农业》2010 年第 1 期。

杨福泉：《多元因素影响下的纳族群称谓与认同》，《民族研究》2013 年第 5 期。

殷文伟：《失海渔民概念探析》，《中国海洋大学学报》（社会科学版）2009 年第 3 期。

于晓利、郭欣：《发展中国政策性渔业保险的对策》，《大连海事大学学报》（社会科学版）2009 年第 6 期。

曾雅等：《日本渔业协同组合体系的发展历程、现状及改革方向》，《安徽农业科学》2013 年第 4 期。

詹坚固：《建国后党和政府解决广东疍民问题的举措及成效》，硕士学位论文，华南师范大学，2004。

张金荣：《鄂伦春人族群意识的当代转型研究》，《社会科学战线》2010 年第 1 期。

张丽元、张莉、陈本良：《广东省海洋渔业保险发展现状及对策分析》，《安徽农业科学》2015 年第 2 期。

张锐：《广东省牡蛎产业发展的公共政策研究》，硕士学位论文，广东海洋大学，2016。

张先清、王利兵：《海洋人类学：概念、范畴与意义》，《厦门大学学报》（哲学社会科学版）2014 年第 1 期。

张银峰：《族群歧视与身份重构：以广东"疍民"群体为中心的讨论》，《中南民族大学学报》（人文社会科学版）2005 年第 5 期。

赵嘉等：《日本渔民专业合作经济组织发展的经验借鉴》，《农村经济》2012 年第 7 期。

赵莞丽：《明清时期的广东水上居民》，硕士学位论文，广东省社会科学院，2007。

郑杭生：《改革开放三十年社会发展理论和社会转型理论》，《中国社会科学》2009 年第 2 期。

周大鸣:《论族群与族群关系》,《广西民族学院学报》(哲学社会科学版) 2001 年第 3 期。

朱鹏:《旅游人类学在实践中的应用——以日本游客云南游为例》,《贵州社会科学》2016 年第 9 期。

# 后　记

十几年前，我从塞外名城呼和浩特来到位于湛江的广东海洋大学就职，一种跨越时空的感觉油然而生。湛江三面临海，我住的公寓面对大海，在窗前极目望去，就是湛江渔港。大小渔船进港出港，忙忙碌碌，看到这些，我有一种原始的冲动，经常是伴着晚霞，徜徉在渔港，穿梭在港口买鱼、卖鱼的人群中，时不时地问问到港的渔民，去哪里打鱼，出海打鱼几个人。渔港最终成了我经常去的地方。

我是日语教师，按说和渔民没有什么关系，也许是缘分吧，我供职的广东海洋大学，学校希望教师搞科研最好与海洋有关，怎么才能与海洋有关呢？我开始思考起这个问题。2008年完成了创建日语系的任务，迎来了第一届学生，我松了口气。为了让日语系走得更远，也让自己走得更远，我决定报考中山大学人类学博士研究生，后来如愿以偿成为中山大学人类学系麻国庆教授的博士生。麻国庆教授早年师从费孝通先生，曾经在日本东京大学留学，在东京都立大学任教，学养丰厚，视野开阔。费孝通先生、麻国庆老师两代人的学术精神激励着笔者。攻读博士学位期间，我确定了自己的研究方向，即日本传统社会与中国传统社会的比较研究。为了完成《稻作传统与社会延续——日本宫城县仙台秋保町马场村的民族志》这篇博士学位论文，我在日本宫城县仙台秋保町马场村进行了为期一年多的田野调查。2011年，我顺利地完成了博士学位论文答辩，获得了中山大学人类学博士学位。

获得博士学位以后，我并没有中断研究，继续去日本的田野点调查，

# 后 记

加深对日本社会的了解。每次去日本,我都要去日本东北大学东北亚研究中心,与该中心的教授赖川昌久等进行学术交流,他特意为本人的《稻作传统与社会延续——日本宫城县仙台秋保町马场村的民族志》一书作序,他在序言中写道:"日本农村和渔村受1960年以后出现的经济高度发展和1990年以后日益严重的少子化、老龄化的影响,经历了巨大变化。日本学者多关注这些变化发生前的农村和渔村社会以及现在的变化结果,往往忽略与其他社会相比,日本社会特色中不变的方面。在这一点上,李晶先生的研究准确地捕捉到了日本社会特色中不变的方面,可以说在这个意义上,该研究提出了一个大问题,并取得了重要的研究成果。"导师麻国庆教授在我博士毕业以后仍然不断激励我。在导师、同学、朋友的鼓励下,我开始认真考虑如何把自己的研究领域扩大的问题。在攻读博士学位期间,我在日本和日本学者交流时,谈到日本稻作农民和渔民的时候,有日本学者讲过,日本的农民和渔民从传统上讲有很大的不同,农民的共同体意识强,渔民则不同。在日本,自古以来,渔民就是以家庭为单位出海捕鱼,在没有现代科技的古代,捕鱼全凭经验,有经验的渔民能比较准确地发现鱼群,确定渔场,这些都是他们祖祖辈辈世代相传的法宝,是他们安身立命的技能,是不能与他人共享的。因此,渔民没有共同体意识。我读了很多关于日本传统社会的文献,它们都认为稻作农业是日本传统社会的基础,是日本的文化根基。笔者从事日本稻作文化研究十几年,不否定日本学者的基本观点,但我更想知道日本渔民与稻作农民究竟有什么不同。另外,在完成了博士生阶段的学习之后,我又开始考虑如何响应学校的"号召",把自己的研究与海洋结合起来的问题。我重新走进湛江渔民社会,接触渔民。与此同时,每次去日本的时候,我都要去宫城县石卷的沿海地区考察。其实,我早在2011年就已经进入了日本的渔民社会。2010年9月到2011年9月,我在日本仙台秋保町做田野调查。这期间2011年3月11日发生了东日本大地震,之后引发了海啸,日本东北地区的沿海地区受灾极为严重。6月灾区稍微稳定一些以后,我便加入了救灾志愿者队伍,骑着50马力的小摩托,往返于灾区和住处。这一段时间,我有幸接触到了日本的渔民,为日后进入日本渔民社会奠定了基础。麻国庆老师除了对华南山地民族的研究之外,还关注海洋社会,在中山大学成立了南海区域社会研究中心。毕业以后每次见到麻老师,我们谈得最多的就是南海区域社会的研究问题。在和麻老师以及同门师兄弟的交流中，我时时受到鞭策。结合过去对湛江沿海渔民社会和日本宫城县石卷地区渔民社会的了解，我决定深入研究中国渔民社会和日本渔民社会。于是2015年我以"社会转型期南海区域渔民社会的比较研究"为题，申报了当年的国家社会科学基金项目并获批。

说实在的，申报的时候我虽然很期待获批，但内心还是忐忑不安，毕竟我对渔民社会的前期研究成果不多。感谢评审专家对我的信任，感谢国家社科基金对本人的信任。接到批准通知以后，我立刻开始规划研究计划。为了确定田野点，我在3个月内跑遍了湛江沿海地区的渔民聚集区，2015年底便确定了湛江沿海地区的企水、乌石、外罗、硇洲岛为湛江的田野点。2015年10月，我在国庆节假期，去了日本宫城县石卷沿海地区。"3·11"大地震以后我在那里做过志愿者，对那里的情况比较熟悉，很快就确定好了田野点。中日两国的田野点确定好以后，我一有时间就驾车去湛江的田野点，开始接触渔民，了解他们的生产、生活情况，其间接触了大量的渔民、渔政工作人员、政府官员，日积月累，我开始融入渔民社会。过去我在日本农村待过一年多，对日本农民社会很熟悉，这次进入中国的渔民社会后，感觉反差很大。日本农民与都市人的生活在现代化程度方面相差无几，只是生活环境有所不同而已。日本农村干净整洁，村里都是硬化的道路，饮用的是自来水，有垃圾回收点、污水处理站。反观中国农村在这方面做得就很不到位，渔村也一样。强烈的反差让我难以平静，我开始下定决心，一定要为中国的渔民，为中国的渔民社会做点什么。

在之后的3年，我除了去湛江的田野点调查外，还专程去日本调研了3个月。2016年4月，我因参加学校的校际足球比赛，腿部跟腱断裂，在床上静养了4个月。稍微好转一点，我便拄着拐杖，开车去湛江田野点，坐飞机去日本做田野调查。这期间，经历了很多感人的事情，我常常为朴实无华的中国渔民和日本渔民所感动。我步履蹒跚地走在中国和日本的田野上，也感动了中国和日本的渔民，素不相识的日本渔民会开车为我引路，刚刚认识的中国渔民把我请到家里吃饭，向我讲述渔民的历史。渔业管区主任饱含深情地给我讲述中国渔民的艰辛，对我给予无限的信任。传统渔民给我讲述了他们的困惑，对我给予无限的期待。有的日本渔业技术人员把宝贵的渔业资料拿出来让我看，日本渔协的工作人员给我讲述日本渔民的情况，这一切都深深地感动了我。就是在这些人的期待与鞭策下，我克服了身体不便带来的困难，完成了中日渔民社会的田野调查，写出了将近30万字的田野日志。在此基础上，完成了这部书稿。本书付梓之际，我衷心地感谢这几年给予我支持和帮助的所有人。2020年3月4日，本研究课题顺利通过了国家社科基金的结题评审，在此，再次向国家社科基金、评审专家表示真诚的谢意。本书得到了广东海洋大学的资金支持，谨表谢意。

李　晶

2020年6月8日于广州绿茵斋

## 图书在版编目(CIP)数据

中日渔民社会:社会转型期湛江与石卷地区渔民社会的人类学民族志/李晶著. -- 北京:社会科学文献出版社,2021.4
ISBN 978-7-5201-8064-1

Ⅰ.①中… Ⅱ.①李… Ⅲ.①渔民-对比研究-中国、日本 Ⅳ.①F326.4②F331.364

中国版本图书馆 CIP 数据核字(2021)第 042059 号

## 中日渔民社会
### ——社会转型期湛江与石卷地区渔民社会的人类学民族志

著　　者 / 李　晶
出 版 人 / 王利民
责任编辑 / 黄金平

出　　版 / 社会科学文献出版社·政法传媒分社 (010) 59367156
　　　　　地址:北京市北三环中路甲 29 号院华龙大厦　邮编:100029
　　　　　网址:www.ssap.com.cn
发　　行 / 市场营销中心 (010) 59367081　59367083
印　　装 / 三河市尚艺印装有限公司
规　　格 / 开　本:787mm × 1092mm　1/16
　　　　　印　张:15.25　字　数:248 千字
版　　次 / 2021 年 4 月第 1 版　2021 年 4 月第 1 次印刷
书　　号 / ISBN 978-7-5201-8064-1
定　　价 / 108.00 元

本书如有印装质量问题,请与读者服务中心 (010-59367028) 联系

版权所有 翻印必究